子どもの多様な学びを促す合理的配慮と教科指導

著●トビー・J・カルテン　訳●川合紀宗

学苑社

Inclusion Strategies & Interventions
by Toby J. Karten

Copyright © 2011 by Solution Tree Press

Japanese translation rights arranged with Solution Tree, Inc.
through Japan UNI Agency, Inc., Tokyo.

謝　辞

　本書が出版できましたのは、児童生徒やその家族、学校の先生方やソリューションツリー出版の皆様、また、継続的に私を励まし、支えてくれた私の家族、友人、同僚など、インクルーシブな実践を支えるあらゆる人々に心から賛辞を贈りたいと思います。また、インクルージョンを受容する新しい21世紀の法律や制度にも感謝したいと思います。

　ソリューションツリー出版は、以下の方々に謝辞を述べます。

キャシー・デシュインズ
　学習支援教員
　ウエスト高等学校
　アイオワ州アイオワ市

デボラ・キース
　理科主任教員
　ロジャース中学校
　フロリダ州リバービュー市

クリスティン・ドレイヤー
　国語科教員（学習障害担当）
　シャンティー高等学校
　バージニア州シャンティー市

ジョン・マーク・マーフィー
　4学年担任教員
　レイブ小学校
　ペンシルバニア州ドーバー市

ペギー・キャツロミツ
　数学科教員
　ハーモン中学校
　オハイオ州オーロラ市

キャリー・レイジ
　特別支援教育指導主事
　ファーゴ教育委員会
　ノースダコタ州ファーゴ市

はじめに

　インクルージョンの一般的な概念は、すべての学習者に利益をもたらす通常の教育と特別支援教育の融合です。これには文化的、学術的、社会的、行動的、感情的な違いや多様性を価値づけすることが含まれます。インクルーシブな学級では、特別な教育的ニーズのある児童生徒は、通常の教育環境における不可欠な一員として扱われ、友人関係を尊重し、学ぶ意味のある教育課程へのアクセスを提供する連携した支援体制を備えています（Causton-Theoharis, 2009）。

　インクルージョンの概念は、一見とても単純そうなのですが、研究者、実践家、政治家は、インクルージョンの適用についてさまざまに異なる考えを示しています。社会的姿勢、法律、教育理念、行政指導、家族の関与、教師の期待はすべて、インクルーシブな学校の教育プログラムの実施とその有効性に影響を与える要因です。例えば、共通の中核となる評価は、後でそれらを付け足すよりも、むしろテストを実施する前の段階から、適切な合理的配慮を提供するように設計されています。これは修正された予習成果に基づいて、代替的な評価へと置き換える必要があります（Samuels, 2010）。教師、管理職、児童生徒、家族の中には、これらの新しいテストデザインを採用する者もいますが、こうした変化を望まない者もいます。一般的な法律が存在していても、インクルージョンは、個別に定義され、さまざまなニーズに応じて実施されなければなりません。

　1つの方法として、すべてのインクルーシブな学級に適しているものはありません。教師は、児童生徒の学術的、社会的、情緒的、行動のレベル、興味、多様な能力を考慮に入れながら、何が児童生徒と教育課程との間の接続を可能にするかを判断するためのさまざまな戦略を探求しなければなりません。

　インクルージョンの教育的介入は、すべての児童生徒が高い期待を満たすことができ、児童生徒が自分の最高の潜在能力を達成することを可能にする、学術的、社会的、情緒的、行動の利点を提供するために信念を尊重することを意味します。インクルージョンの教育的介入は、指導と児童生徒一人ひとりのニーズをつなぎます。

　インクルーシブな学級では、多様な児童生徒のための配置、指導、および支援を公平に提供する必要があります（Winzer & Mazurek, 2009）。また、現在の状況や生まれな

がらの才能、あるいは予め設定された目標に関係なく、到達する機会を児童生徒に提供することは、インクルージョンを推進する過程の重要な一部分です（Ollerton, 2009）。つまり、教師は、児童生徒のこれまでの学習成果や到達度に関係なく、児童生徒のために高い期待を抱き続ける必要があります。意図的に継続的なコミュニケーションを図るための計画が重要です（Dukes & Lamar-Dukes, 2009）。

インクルージョンの目標は、単に標準テストに合格する児童生徒を育て、学力レベルを高めることだけではありません。発達面に課題のある児童生徒は、通常教育の設定場面に含まれる行動面、社会面、感情面、またはコミュニケーション面についての目標を設定する必要があるかもしれません。ある研究では、児童生徒にどのように指導をすると、彼らが自然な形で包含され、学校環境の中で、互いにふさわしい対話ができるようになるかについて述べられています（Marchant & Womack, 2000）。例えば、応用行動分析や行動記録などを教育課程に導入するようなインクルージョンの教育的介入をしたら、自閉症スペクトラム障害のある児童生徒は、行動マネジメント、コミュニケーション、社会的スキルが改善したと報告している研究もあります（Waddington & Reed, 2009; McGarrell, Healy, Leader, O'Connor, & Kenny, 2009）。このような方法は、多くの練習や、笑顔や口頭による賞賛の増加、トークン（シールなどの代用貨幣）などの適切な報酬による正の強化を介した個別のステップによって児童生徒が目指すスキルを獲得・維持する手助けとなります。

障害の種類や重症度に関係なく、通常の学級であらゆる能力のある児童生徒が在籍することを意味する完全インクルージョンには、多くの課題があります（Ferguson, 2008; Karten, 2010a）。完全インクルージョンの支持者は、こうした多様な児童生徒を通常の学級のみに在籍させたいと願っていますが、適切な合理的配慮が行なわれることがなければ、児童生徒は、インクルージョンを装いながらも排除されてしまうことが多くあります。通常の学級は、児童生徒の参加を可能にするニーズが適切に満たされるように再構築される必要があります。通常の学級で成功する特別なニーズのある多くの児童生徒は、学術的、物理的、感情的、社会的、そして行動上必要となる合理的配慮やモディフィケーションの提供を可能にする適切な足場かけを受けます。プログラムが変更されない場合は、通常の学級は、あらゆる児童生徒を物理的に包含しているにもかかわらず、実際には特別なニーズのある児童生徒を排除していることになります。

インクルージョンには、常に簡単な実施方法があるわけではありませんが、連携や構造化された計画を立案することによって、児童生徒に成果を与えることができます

(Hollingsworth, Boone, & Crais, 2009)。一般的に、インクルージョンとは特別支援教育と通常教育の統一概念となっています（Gavish, 2009）。特別支援教育の実践が通常の学級に導入されると、例えば、通常の学級担任教師は、個別に多様化された指導の利点を体感することができます。通常教育と特別支援教育双方の教師が連携することにより、すべての学習者は、インクルーシブな環境で確固たる教育基盤を達成することの価値がある優秀な児童生徒とみなされます。

　本書は、学習面や身体面、コミュニケーション面、感情面、社会性、行動面、感覚、知覚、あるいは文化的な違いが存在する今日のインクルーシブな学級についての教師の学びを最大限支援することに焦点を当てています。もし、教育的介入が児童生徒の個々の実態につながっていなければ、それは意味がありません。多様性とは、個々の児童生徒のレベルや能力を尊重するインクルーシブな学級での生活の方法です。教育とは、決して排他的に教えるものではありません。それは教室にいるすべての児童生徒についても同様です。児童生徒の実態によって、授業の配信、概念の深化、教育的介入の方略、授業のペース、共同的な構造の種類、授業計画、および意思決定されたカリキュラムを定義します。卓越したインクルーシブな教師は、インクルーシブな学級とは、学級集団が常に個々の学習者で構成されていることを理解しています。

▶ 法律によるインクルージョンの位置づけ

　米国の個別障害者教育法（IDEA）は、現在のインクルーシブな教育プログラムにおいて非常に大きな影響力があります。この法律は、1975年全障害児教育法（PL94-142）に由来するもので、障害のある児童生徒が、最も制約の少ない環境（LRE）として判断される通常教育のカリキュラムへのアクセスを可能にするために制定されました。個別の指導計画（IEP）は、個々の児童生徒のために作成されています。カナダでは、IEPに似た個別支援プログラム計画（IPP）が、支援プログラムの計画チームによって適切な教育環境に応じて児童生徒をクラス分けするために策定されています。それぞれの州では、規定された役割や期待される内容に独自の基準を採用しています。

　米国では、通常の学級において必要な支援や人的配置が実施されても、障害の特性や重症度によって児童生徒が満足のいく教育の実施が困難と考えられる場合を除き、通常の学級への在籍が児童生徒にとっての最初の選択肢です。すべての子どもたちが、通常の学級に在籍するわけではありません。たとえ特別支援学級や特別支援学校がより制限

はじめに

された環境であるとみなされていても、児童生徒のニーズによっては、こうした環境を必要とすることもあります。カナダの学校も同様に、すべての児童生徒のための公正な就学システムを確立するために、通常教育の再構築を行なうことには課題があります。(Porter, 2008)。

　インクルージョンは時に、分離した小さなリソースルームの中で、一部の児童生徒は算数・数学の補充指導を受け、一方で残りの児童生徒に対する指導は、大きなインクルーシブ学級内で実施するといった形でのサービスや環境の組み合せを含みます。時に、児童生徒はチームティーチングを行なうペアの教師や教育支援員と共に通常の学級に在籍することがあります。それぞれのクラス分けのあり方は個々の児童生徒に固有のものです。

　法律は、インクルージョンに関する多くの決定事項を推進します。例えば、2001年の落ちこぼれ防止法（NCLB）（1965年の初等中等教育法［ESEA］の再承認）は、すべての子どもたちが到達レベルの格差を狭めるための高い成果を求めています。NCLBは、すべての児童生徒が専門性の高い教師によって提供され、質の高い教育を受ける権利があることを主張しています。これには、通常の学級に在籍する障害のある児童生徒のために、成功したさらなる学習機会を要求する説明責任のシステムも含まれます。説明責任における大きな重点は、そのインクルーシブな教育プログラムを刷新するために、多くの学校の組織や機能を変更させたことです。学校は、IEPの長期目標と短期目標を継続的に計画し、チェックし、年間を通してすべての関係者とこれらについて話しあいます。

　例えば、個別障害者教育法（IDEA）や1973年リハビリテーション法第504条、障害のあるアメリカ人法（ADA）などの法律は、学校環境やその他公共および民間の施設・設備において、障害のある児童生徒に対して合理的配慮やモディフィケーションを実施します。教職員は、指導と評価双方の合理的配慮を含む適切なクラス分けおよび関連サービスを決定するために、児童生徒の家族と連携します。

　児童生徒に対する個別の指導計画は、個々の児童生徒が自分の最大限の可能性を広げるために必要となるクラス分け、支援、合理的配慮、モディフィケーション、および関連サービスの種類の概要を説明するために作成されています。

　個別の指導計画は、提示された目標に従うことに同意する正式な署名をするによって、自動的にその児童生徒の成果が得られることを保証する魔法の書類ではありません。児童生徒に学級の合理的配慮を提供するいくつかのIEPや教育的介入の計画、あ

るいは第504条による計画（1973年リハビリテーション法）は、もしそれらに適切な評価の情報、ベースラインデータ、短期目標、または合理的配慮が含まれていない場合、十分有意義に書かれているとは言えませんし、個別的または包括的でもありません（Capizzi, 2008）。さらに複数の州が、計画の進捗状況のチェックは、教師が児童生徒の個々のニーズに合わせるためにとったステップの少ない説明責任によって多少制限されていると主張し、個別の指導計画の短期目標を設定することを必ずしも求めていないという事実に多くの研究グループや団体は反対しています（Cortiella, 2005; Wright & Wright, 2006; National Committee of Parents and Advocates Organized to Protect IDEA, 2006）。しかし、IEPがもし継続的に見直され、児童生徒の進捗状況と継続的なニーズに基づいて修正されるなら、それは価値のある教育上の道しるべになります。

IDEAの支流としての、教育的介入に対する応答（RTI）は、児童生徒の習熟度およびスクリーニングテストのデータを参照して適切な教育的介入を決定し、児童生徒が学習障害の評価を受ける対象であるかどうかを検討する前に、児童生徒の進捗状況をチェックします。RTIでは、児童生徒が失敗するのを待つのではなく、その代わりにできるだけ早期に教育的成果を達成する適切なカリキュラムを提供するための方法を見つけます。RTIは、学習面や社会性に困難のある児童生徒にとって、彼らが特別支援教育の対象となる前に、インクルーシブな学級の中で、個々のレベルに応じた学習をするための実行可能な方法です。

▶ 本書について

本書は3部構成になっています。第1部では、インクルーシブな学級での学習を促進させる在り方に焦点を当てています。第1章では、インクルーシブな学級に在籍している児童生徒について紹介し、彼らがもっている特異な能力に焦点を当てることにより、第2章以降を読み進めていくための基礎知識を提供します。この基礎知識が確立されると、第2章では、その後、RTI、児童生徒の多様性に応じた指導、デザインの理解、学習のためのユニバーサルデザイン、多重知能、多感覚アプローチ、学びあい、共同（協同）学習の原則を利用したインクルーシブな学級を構築する方法について解説します。支援テクノロジーなどの適切な関連サービスについても紹介しています。第3章では、インクルーシブな学級づくりの実際の話に推移し、児童生徒への教育的介入について障害種ごとに説明します。効果的なチーム・ティーチングによる実践についても説明して

います。第4章では、現実的な合理的配慮についての説明と、説明責任を確立するために、それらがどのように児童生徒や評価データに直接的に関連づけられているかに焦点を当てています。

　第2部では、教育的にしっかりとした共同授業の実施を通じて、学習スキルが備えられた戦略的な学習者を育成することの重要性を強調し、効果的なカリキュラムの実践を推進するための効果的な方略を提供しています。第5章では、読み書きとコミュニケーションに焦点を当て、多感覚アプローチと構造化された読書指導プログラムを提供することで、国語学習者のための明解な書き込みによる指示方略も紹介しています。第6章では、算数・数学の指導について詳しく説明し、RTIによる算数・数学を実施する上での推奨事項を提供します。社会科と理科の指導法については、第7章で紹介しています。一方、第8章では、重要とは認識されながらも、しばしば見落とされがちな図工（美術）・音楽・体育について焦点を当てます。また、この章ではライフスキルについても概説します。第9章では、カリキュラム全体に指導体制を関連づけ、教科間連携の重要性を示している学際的なアプローチの利点を紹介しています。第2部の最後である第10章では、中等教育修了後の成果を成功へと導くための移行支援計画について説明します。

　第3部では、児童生徒、教師、家族にとって望ましい目標を達成するために何をすべきかに焦点を当て、継続的にインクルーシブな学級を育て、維持する方法について解説します。第11章では、専門家の連携と、チーム・ティーチングを行なう教師、関連スタッフ、管理職、地域のゲストティーチャーや専門家、家族、児童生徒自身を含む、協力的環境を創造するインクルーシブ教育に携わる人たちについて説明します。第12章では、本書の情報すべてを結びつける結論となっており、エビデンスに基づく実践が効果的にインクルーシブな学級の中の児童生徒のニーズを満たし、尊重する方法であることを読者の皆さんと共に最終確認を行なう役割を担っています。この最終章では、カリキュラムの意味やインクルーシブな実践の概説と共に、今、私たちがインクルーシブな実践のどの段階にいるかについての調査が含まれています。

　教師が画一主義的ではない標準を実施する方法はいくつかあります。児童生徒の多様性に応じた指導、学習のためのユニバーサルデザイン、デザインの理解、チームによる計画、共同（協同）学習、学びあい、および相互協調的コミュニケーションによる理解はすべて、インクルージョンを現在の学級に適用できる実行可能な方法です。本書は、児童生徒の学習面や情緒面の能力や潜在能力、レベルや興味を活用するために教師を支

援する、学校における日常の教育的介入の在り方に焦点を当てています。また本書は、受容的で包括的な世界におけるインクルーシブな学校づくりを実現させるために、教師側と児童生徒側がチームとして効果的に連携して取り組んでいくことを奨励しています。

●目次●

謝辞　　　i
はじめに　　　ii

第1部　インクルーシブな学級における学びの促進

第1章　インクルーシブな学級の理解
- ▶担当する子どもたちが何を知っているかを知る　2
- ▶社会性、情緒面、学習面の成長　5
- ▶意識を高める　7
- ▶行動面の問題　7
- ▶社会性の問題　10
- ▶コミュニケーション面の問題　12
- ▶教師の役割　13
- ▶固定観念を乗り越える　14

第2章　指導のための組織づくり
- ▶教育的介入に対する応答（RTI）　18
- ▶共同（協同）学習　24
- ▶個別化教授法（DI）　25
- ▶理解をもたらすカリキュラム設計（UbD）　27
- ▶学習のためのユニバーサルデザイン（UDL）　28
- ▶多重知能・感覚様相・支援テクノロジー　32
- ▶構造と指導の体系化　37

第3章　児童生徒のニーズへの対処
- ▶成功するための14のポイント　46
- ▶戦略的な学習者　48
- ▶注意と意欲　51
- ▶ペース配分と学習内容の複雑さ　52
- ▶効果的なチーム・ティーチングの実践　54
- ▶適切な教育的介入　55
- ▶レッテルとしての障害の先を見据える　66

第4章　評価・合理的配慮・データの利用
- ▶データの利用　73
- ▶合理的配慮とモディフィケーション　74
- ▶学習性無力感の回避　81

- ▶授業の例　81
- ▶機能的で代替的な評価　83
- ▶機能的行動評価（FBA）　87
- ▶過ちがもたらすメリット　89

第2部　効果的なカリキュラム実践のための方略

第5章　読み書き・コミュニケーション
- ▶読み能力の違い　94
- ▶読みの方略　96
- ▶書きの方略　102
- ▶コミュニケーションの方略　108

第6章　算数・数学
- ▶算数・数学的表現　124
- ▶算数・数学をワークシート型から生活密着型へ　125
- ▶教育的介入に対する応答（RTI）算数・数学の推奨　126
- ▶算数・数学の方略　127
- ▶計算の流暢さの強化　129

第7章　社会科・理科
- ▶社会科のカリキュラム　137
- ▶理科のカリキュラム　139
- ▶社会科と理科のストラテジー　140

第8章　図工（美術）・音楽・体育
- ▶アートフルな教育　152
- ▶音楽について　155
- ▶本を使った学習を超えた体育　156
- ▶ライフスキル　158

第9章　学際的アプローチ
- ▶授業ストラテジー　162
- ▶テーマ別の計画　166

第10章　移行支援計画
- ▶目標の設定　169
- ▶ストラテジー　169

第3部　インクルーシブな学級の維持

第11章　専門家間の連携
- ▶インクルージョンの実践者　178
- ▶コミュニケーション　181
- ▶専門性の向上　184
- ▶教育的介入　185

第12章　インクルージョンの賞賛
- ▶障害への自覚　190
- ▶すべての学習者を成功へと導く支援　193
- ▶革命的なプロセスとしてのインクルージョン　194

訳者あとがき　197
文献　199
索引　219

原著が出版された当時は、精神疾患の診断・統計マニュアル第4版改訂版（DSM-IV-TR）が最新版であり、これに則った分類や表現が原著の中では用いられているが、翻訳作業の途中で精神疾患の診断・統計マニュアル第5版（DSM-5）が出版された。そこで、本書では、なるべく原著の表現を忠実に日本語化するため、障害の定義や分類法は原著通りDSM-IV-TRに従った。しかし、用語については最新のDSM-5に従った。よって例えば、自閉症スペクトラム障害とアスペルガー症候群が併記されているなど、分類と表現が一致しない箇所が存在するが、なにとぞご容赦願いたい。

装丁：有泉武己
カバーイラスト：鑓溝純子

第1部

インクルーシブな
学級における
学びの促進

第1部　インクルーシブな学級における学びの促進

第1章
インクルーシブな学級の理解

僕は、昼食や課外授業のときに差別されるのが嫌だったんだ。僕のクラスはたった10人で、先生は2人もいた。他のクラスにはもっとたくさんの生徒がいたよ。みんなが僕のことを見て、バカにしていることくらいわかってたんだ。今は他のクラスにいても平気だから、ほとんどの時間を大きな教室で友達と一緒に過ごしてるよ。近所に住む友達と一緒に登校したり、体育や美術、音楽の授業に一緒に行っているよ。まだ、国語や数学のときにはみんなとは別の教室で、別の先生と、別の教科書を使って勉強しているんだ。時々小さな教室でも大丈夫なんだけどね。リソースルームの友達と一緒にいるときは、混乱することがあってもあまり気にならないし、先生は僕が知りたいことを学べるように支援してくれる。以前は、学校も嫌いだったし、時々自分のことも嫌いだったんだ。でも今は、たくさん友達がいるし、学校もそんなに悪くない所だと思っているよ。

　他の子どもたちから、自分たちとは違うと見られている環境にある子どもたちの中には、そのような環境に適応することが難しい場合があります。このような状況は、その子どもたちの学力や社会性を左右する自尊心に影響を及ぼします。子どもたちを分離し、彼らの「違い」を明確にする特別支援学級は米国においても現存しますが、どの子どもも非難することなく、すべての子どもたちを受け入れる指導ストラテジーを展開する学級へと急速に変化しつつあります。

▶ 担当する子どもたちが何を知っているかを知る

　2004年に改正された米国の個別障害者教育法（IDEA）では、特別支援教育の対象となる3～21歳までの子どもたちの障害を、次の13カテゴリーに定めています。

1. 自閉症スペクトラム障害
2. 外傷性脳損傷
3. 盲ろう

第1章　インクルーシブな学級の理解

4. 全盲を含む視覚障害
5. ろう
6. 音声言語障害
7. 難聴
8. 知的障害
9. 情緒（感情）障害
10. 肢体不自由などの整形外科的障害
11. 重複障害
12. 特異的学習障害
13. その他の健康障害

　地方の教育委員会によっては、「発達上の遅れ」というもう1つのカテゴリーを定めているところがあるかもしれません。その場合、このカテゴリーに該当するのは、認知面、身体面、コミュニケーション面、社会性、感情面、または適応面の困難があるために早期教育が必要な3～9歳までの子どもたちのことを指します。

　インクルーシブな学級では、多くの異なる言語を話す多様な文化を背景とする学習者で成り立っていることも珍しくありません。したがってこのようなグループでは、英語を母国語としない子どもたちの理解・表出能力はさまざまです（Pransky, 2009）。統計上は、特異的学習障害、知的障害、それから情緒（感情）障害に加え、文化的そして言語的に多様な、あるいは英語を母国語としない子どもたちの出現率はとても高いという指摘が繰り返しなされています（Artiles, Trent, & Palmer, 2004; Macswan & Rolstad, 2006; Klingner & Harry, 2006; Hart, 2009）。しかし、米国で約100万人におよぶ英語を母国語としない子どもたちの中には、特別支援教育を受ける必要のある学習面や感情面の困難をもちあわせている者もいます（Hart, 2009; Baca & Cervantes, 2004; Artiles, Rueda, Salazar, & Higareda, 2005）。

　現在、どのインクルーシブな学級においても、子どもたちの能力、学習レベル、概念やスキルを獲得するための意欲の程度は異なるでしょう。そのため、担当する子どもたちが何をどの程度知っているかを把握することは必要不可欠です。また、学習場面において、子どもたちが自分自身や他の子どもたちをどのように見ているかを理解することも重要です。例えば、自閉症スペクトラム障害あるいはアスペルガー症候群の子どもたちは、有効活用されるべきすばらしい予備知識や特定の事項に対する興味をもっていま

す。あるダウン症候群の子どもが、自分の好き嫌いについてことばで伝えることができないとします。しかし、周囲が知っておくべき個々の好き嫌いが必ずあるはずです。身体面、感覚面、情緒面、行動面、社会性あるいは学習面の違いは、教師がその子どもの得意な学習様式や知能・知性を理解し、活用すれば、必ずしも障害とは呼べないのです。

学びは、抽象概念が子どもたちの予備知識とつながっていなければ中断してしまいます。授業を聞こうとする動機づけや意欲がなければ、子どもたちの学びの獲得は最小限にとどまり、生産性が低く、一時的なものになります。自分が担任する子どもたちのこと、教科の学習内容、そして最善の指導アプローチに対して自信をもって理解している教師は、自分たちが考えている内容を子どもたちに考えさせるメタ認知ストラテジーを適用することの意義に気づいています。解答が正解か不正解かを採点するだけでは不十分です。子どもたちがなぜ解答が正しいのか、あるいは正しくないのかを理解できなければなりません。メタ認知ストラテジーには、自己チェック練習、セルフトーク、自己コントロールなどが含まれます。

教師と同様に、子どもたちも、自分自身についてもっとよく知る必要があります。自身の学びに責任感のある子どもたちは、現実的な自己認識を獲得します。内省的な学びは、子どもたちの学習面や社会性の発達にプラスの効果を生み出します（Joseph, 2010）。

さらに、学校の管理職や教職員、家族の内省からも子どもたちは恩恵を受けます。以下に挙げる質問は、それぞれのインクルーシブ教育の利害関係者によって与えられなければなりません。

子ども
- 授業中、質問をしているか。それともたくさん微笑んだり、意味もなくうなづいたりすることで、単に授業の内容を理解しているふりをしているだけか。
- 学ぶことへの価値づけができているか。それとも単に成績を気にしているだけか。
- 追加的支援が必要な場合、誰のところに行けば良いかを知っているか。

教師
- 子どもたちの実力や長所について何を知っているか。
- すべての子どもたちが授業の内容を効果的に理解しているか。それとも授業のペースや内容の複雑さのために、中には理解できていない子どももいるか。
- どの授業の要素も変える、繰り返す、あるいは放棄することができるか。
- 根拠（エビデンス）に基づく実践のスキルをどのように伸ばすことができるか。

- チーム・ティーチングをしている教師や教育支援員、関係する教職員、家族に支援ストラテジーを計画し、共有しているか。
- もっと良いアイデアを得るためには、誰と連携できるか。

管理職
- 最新かつ最善の実践で、教師に過度の負担を強いることなく、適切な子どものデータやリソース、授業計画時間を与えることによって教師を支援しているか。
- チームワークの精神に価値を置く環境の中で教職員と連携しているか。

家族
- 学校や教師のインクルージョンに対する努力をサポートしているか。
- 困ったときに学校に相談したり、コミュニケーションを図ることができる手段があるか。
- 誰が追加的なリソースや支援を提案できるか。

▶ 社会性、情緒面、学習面の成長

　インクルージョンとは、単なる哲学ではありません。それは、児童生徒が学習面や社会的な成長を可能にし、カリキュラムとクラスメートの双方にアクセスする環境のことです。認知心理学者レフ・ヴィゴツキーは、個人間の健全な関係を固く信じており、認知発達を社会的なやりとりと密接に関連するとみなしていました（Kearsley, 2009）。ハワード・ガードナーとダニエル・ゴールマンのような研究者はまた、児童生徒の対人関係や個人内スキルの重要性を確認し、成功につながる感情的知性と結びつけました（Hoerr, 2009）。感情的、社会的、および行動上の問題は、あらゆる能力の児童生徒の授業にも影響を与えるので、学力の獲得や向上と同様に、その重要性は強調されなければなりません。実際に、児童生徒が自分自身についてどのように感じているかは、彼らがどのように学習しているかと切り離すことはできません。クラスメート、家族、教師からのメッセージは、児童生徒の自己イメージと成績に影響を与えます。例えば、教師が一貫して児童生徒を褒めると、彼らはもっと達成しようと努力します。児童生徒は、その家族や支援者からの励ましを受けたときに、自己価値を大きく変換させ、その自尊心を向上させます。

　一般の高校に適応しようとしている特別なニーズのある生徒にとって、所属は困難な問題です。多くの場合、学習到達レベルは、適切な感情面の足場かけの有無による影響

第1部 インクルーシブな学級における学びの促進

を受けます。障害のある生徒が物理的には通常の学級に包含されている、さらに、他の生徒と並んで作業を行なっているとしても、それは必ずしも常に社会的に受け入れられているということではありません。彼らは仲間とは違うことに早く気づき、そのことで、それぞれの障害以外の困難が生まれます。感情面の困難がある児童生徒は、多くの場合、対人スキルの不足により、仲間からの拒絶、孤独、そして社会的孤立を経験します（Mathur, Quinn, Forness, & Rutherford, 1998）。知的障害のある児童生徒は、主要教科の授業よりもそうでない授業で共に学ぶことが多いのですが、学校以外のソーシャルインクルージョンは共通のものではありません（Siperstein, Parer, Bardon, & Widaman, 2007）。子どもたちは、多くの場合、行動面に困難がある子どもと距離を置きたがります。しかし、教師はそのとき、子どもから行動を切り離すことは困難であるとわかります（Karten, 2010a）。その結果、学校内外における特別なニーズのある子どもが経験する対人接触や社会的包摂の程度に影響を与えます。

したがって、例えば、実行機能や組織に難しさがある非言語性学習障害のある児童生徒は、本来なら通常教育にうまく適応できるはずなのに、いまだに排除され、自己肯定感や感情の調整能力をさらに減少させています。排除されているという意味では、共同（協同）学習の際に、教室での話しあいや評価に参加したときに、学習だけでなく、選択や行動にも影響を及ぼすことになります。特別なニーズのある児童生徒は、学習面や社会面においてクラスメートと同等でありたくても、嘲笑されることや支援がたくさん必要な存在であると思われることを恐れて、追加的支援を求めない可能性があります。幼いときには、特別なニーズのある児童生徒は社会的影響や自分が周りと異なることに気づいていないため、追加的支援を受けることをあまり躊躇しません。しかし、彼らの学年が上がるにつれて、自分のニーズをだんだん認識するようになり、自分が他人からどのように見られているのかを過剰に意識するようになります。彼らはその後、あまり追加的支援を求めなくなり、最終的にそれが学習面にも影響を及ぼすのです。教師は、児童生徒がインクルーシブな環境についてどのように感じているかを理解することが重要です（Miller, 2008）。

幼少時における友人関係は、大人になってからの社会適応に影響を与えることから、インクルーシブな学級を受け入れ、支援し、社会性の能力を促進する必要があります（Meadan & Monda-Amaya, 2008）。たしかに、カリキュラムの基準を満たさなければなりませんが、社会性、感情面、そして行動面にかかわるスキルも尊重し、さらに、児童生徒の達成感を増やすための直接的なスキルの指導を行なう必要があります。これに

は、ポジティブなかかわりをモデルとしたインクルーシブな学級の雰囲気が必要です。ポジティブな学習環境を提供する教師は、生徒の心と魂を受け入れます。教師は、勉強を教えるだけでなく、客観的に構成された学習環境の中で、児童生徒の感情的、社会的、行動的なニーズを見て、聞いて、自分の経験を方向づけることを認め、尊重することを教えるのです。私たちは、インクルージョンとは、児童生徒が自分自身をサポートしながら、支援される環境で共に学ぶことを指すということを覚えておく必要があります。

▶ 意識を高める

　障害についての意識を高める強力なツールは、読書療法です。多くの場合、障害のある子どもや彼らの仲間にとって、仮想の物語上の登場人物について読み、そのメッセージを日常の学級での状況や場面へと移行させる方が、授業として提示された障害についての情報を要約するよりも効果的です。子どもたちは主人公に共感し、障害に限定されない共通のテーマをもった物語を通して潜在的なメッセージを理解します。

　読書療法は、社会的、感情的な困難のある児童生徒の学習面やソーシャルスキルを構築するためにうまく使用されています。この「本」という媒体を通して、教師は、障害のある子どもたちが、仲間も同じ問題を抱えているというメッセージを送ることができます。同時に、こうした本を読むことで、児童生徒の多様性と差異に関する意識を高め、先入観や固定観念を最小限に抑えることができます。このような本は、仲間の無神経な行動に訴えかけるのです。児童生徒は、建設的に仮想の物語上の登場人物と共に類似した感情に対する正しい答えを出します。彼らが一人ではないということを知ることは、障害のある児童生徒が対立した行動をあまり起こすことなく、恐れずに問題に直面することに役立ちます。

　表1.1（8ページ）は、学年や障害に応じた能力や違いについて調べるための参考図書の一部です。障害者に少しだけ触れた、または否定的に人々を描いた複雑なテーマではなく、積極的に障害のある児童生徒を描いたわかりやすい図書を選んでいます。

▶ 行動面の問題

　発達面、学習面、身体運動面、そして感情面の違いは、多くの場合、児童生徒の学習

第1部　インクルーシブな学級における学びの促進

表1.1：障害のある人への意識を高めるための参考図書一覧

	幼稚園年長〜2年生	小学3〜5年生	小学6〜中学2年生	中学3年生以降
学習障害	The Don't-Give-Up Kid by Jeanne Gehret Leo the Late Bloomer by Robert Kraus	Thank You, Mr. Falker by Patricia Polacco I Got a "D" in Salami by Henry Winkler and Lin Oliver	My Thirteenth Winter by Samantha Abeel Many Ways to Learn: Young People's Guide to Learning Disabilities by Judith M. Stern	Learning Outside the Lines by Jonathan Mooney and David Cole
身体障害	Rolling Along With Goldilocks and the Three Bears by Cindy Meyers	All Kinds of Friends, Even Green! by Ellen B. Senisi	Freak the Mighty by Rodman Philbrick	The Dive From Clausen's Pier by Ann Packer
感覚障害	Silent Lotus by Jeanne M. Lee	Follow My Leader by James Garfield	Singing Hands by Delia Ray	Of Sound Mind by Jean Ferris
自閉症スペクトラム障害	Ian's Walk by Laurie Lears	My Friend With Autism by Beverly Bishop	Al Capone Does My Shirts by Gennifer Choldenko	The Way 1 See It by Temple Grandin
アスペルガー症候群	All Cats Have Asperger Syndrome by Kathy Hoopmann	Blue Bottle Mystery by Kathy Hoopmann Buster and the Amazing Daisy by Nancy Ogaz	Look Me in the Eye by John Elder Robison	The Curious Incident of the Dog in the Night-time by Mark Haddon House Rules by Jodi Picoult
ダウン症候群・知的障害	Be Good to Eddie Lee by Virginia Fleming	The Summer of the Swans by Betsy Byars	The Man Who Loved Clowns by June Rae Wood	The Memory Keeper's Daughter by Kim Edwards
社会性・感情・行動障害	How to Behave and Why by Munro Leaf	Matt the Moody Hermit Crab by Caroline C. McGee	Help! I'm in Middle School... How Will I Survive? by Merry L. Gumm	Running With Scissors by Augusten Burroughs

第 1 章 インクルーシブな学級の理解

上や社会的な行動、興味関心や学習進捗度に影響を与えます。例えば、外傷性脳損傷のある児童生徒は、ていねいに指導しても、評価が上がらないことがあります。その原因として記憶の問題がありますが、努力しても評価が上がらないことに対してイライラした感情を示すことがあります。多動性や衝動性などを調整する薬が処方されることもありますが、こうした児童生徒には、この薬の効果と同様の自己を制御する方法を学ぶことが必要です。心理的な要因が、行動にどのような影響を与えるかを意識することは、インクルーシブでない学級よりも優れた環境を作り上げる準備の一環となります。

感情面や行動面に困難のある児童生徒は、多くの場合、他の児童生徒の学習や教職員の授業進行に影響を与えるため、教師や管理職がより注意を向けておくことが必要です。その場合は、適切な行動介入計画を作成し、適切な行動の増加を積極的にチェックし、不適切な行動を減らす必要があります。

行動面について児童生徒と約束事を決めておくことは、児童生徒が行動を自己コントロールし、感情を調整するための手助けとなります。自己コントロールや注目を集めることが、学びの過程であることを認識するのは困難な場合があります。しかし、改善が見られ、定式化されると、行動やソーシャルスキルは教師、児童生徒、家族にとって指導上のより具体的な発想へとつながります。時に、教師は彼らの社会的行動の一部となる基盤的スキルを分析する必要があり、児童生徒の行動の般化を確実にするために、生活環境の中で言語によるコミュニケーション増加の強化、モデリング、話しあい、そして実践を提供する必要があります。

架空のシナリオを通した適切なかかわり方の模倣やモデリングは、適切な行動を強化します。児童生徒も、自分とは異なる他者の考え方や観点を通して物事を見る練習をする必要があります。児童生徒は、その観点に必ずしも賛成する必要はありませんが、そのような見方を認め、受け入れることを学ぶ必要があります。他の人の観点を理解することは重要なライフスキルなのです。

スキルの獲得に必要な指導とスキルの実行に必要な指導は違います。表 1.2 にあるように、インクルーシブな学級内では、児童生徒がスキルを獲得するのか、実行するのかによって指導ストラテジーは変わってきます。全体的に目標とすべき望ましい結果は、インクルーシブな学級の壁を超えた環境で、児童生徒がこれらのスキルを適用できるようになることです。

第 1 部　インクルーシブな学級における学びの促進

表 1.2：行動介入の種類

スキルを獲得するための指導	スキルを実行するための指導
モデリング	プロンプト
コーチング	シェーピング
直接的指導	直接的強化

出典：Gresham, Cook, Crews, & Kern, 2004

▶ 社会性の問題

　教師は、入学前の児童生徒に、適切なソーシャルスキルがあるかどうかを予期することはできません（Johns, Crowley, & Guetzloe, 2005）。特別なニーズのある児童生徒の中には、仲間に自分の行動が与える影響や、どのような発言、ボディーランゲージ、経験不足、または不適切な選択によって孤立したり、仲間を怒らせたりすることに気づいていない児童生徒もいます。直接的な指導スキルを必要とする学習と同じように、多くの場合、社会性についても障害のある多くの児童生徒にとって直接的な指導スキルを必要とします。説明責任、合理的配慮、データは学習面においても重要な要素です。

　アスペルガー症候群、自閉症スペクトラム障害、または感情面に困難のある児童生徒は、しばしば、学習に対する困難と共に社会性にも困難を抱えています。これらの困難は、さまざまな社交的場面において見受けられます。例えば、休み時間の遊び、共同グループでの作業、他の人とアイコンタクトをとる、適切な会話をする、順番を待つ、1つの作業から次の作業へと移行する、助けを求める、非言語的な手がかりを読み取る、などです。このような社会的なかかわりは、日常生活の一部であり、学校内外どちらにおいても大切です。相互の社会性、自立した生活、ストレスへの対処は、きちんとした実体はなく、標準テストの得点には反映されませんが、重要なスキルです。

　教師は、どのように児童生徒が社会的な手がかりを読みとるのか、社会性を向上させるにはどのようなスキルが必要かを知る必要があります（Meadan & Monda-Amaya, 2008）。ソーシャルスキルには、他者への共感、責任感、適切な意思決定、倫理的な行動、さまざまな状況や人間関係への対応が含まれます（Zins, Weissbert, Wang, & Walberg, 2004）。

　ソーシャルスキルの指導例として、自閉症の子どもにソーシャルストーリーを使って

第 1 章　インクルーシブな学級の理解

ゲームのスキルを伸ばすものがあります（Qirmbach, Lincoln, Feinberg-Gizzo, Ingersoll, & Andrews, 2009）。キャロル・グレイ（www.thegraycenter.org）のソーシャルストーリーは、自閉症スペクトラム障害の児童生徒が他人の視点を理解するのに役立ちます。ジェド・ベイカーのソーシャルスキル絵本の中では、適切な行動を視覚的に概説した社会的な優れた絵が提供されています。その他のベイカーの著書である『ノーモアメルトダウン』は、児童生徒が計画やストラテジーを受け入れることを通して、うまく感情を調整していく手助けとなります。児童生徒は絵を見てスケジュール、方向、移行、不慣れな学習内容に対する視覚的なヒントや手本に応じて行動することができます。

　ソーシャルスキルの指導や評価は、学習環境が構造化された環境で行なうことが大切です。教師はクラスメートの前では当該の児童生徒に対して必要以上の注意を行なうべきではありません。児童生徒との個別で秘密の取り決めや合図は、児童生徒の気づきを高め、困惑や無意識を避けることになります。行動上や感情面に困難のある児童生徒には、自己省察を増やし、良い行動をとるためのフィードバックを行なうことが必要です。強迫神経症、反抗挑戦性障害、注意欠陥／多動性障害（注意欠陥多動症：ADHD）、双極性障害、およびうつ病などの障害がある児童生徒は、わざと不適切行動をとっているわけではありません。彼らには、外からの調整、ガイド付きの練習、モデリング、そして自分の社会的スキルを理解し、改善するために自己コントロールすることが必要です。

　児童生徒に社会性の困難がある場合、教師がそれを受け入れ、具体的で適切にかかわる必要性のある社交性が求められる場面に対して、社会的で行動的な洞察力を得るのに役立つ科学的根拠に基づく知見を、効果的に適用して実践することが重要です（Barton-Arwood, Murrow, Lane, & Jolivette, 2005; Lane, Gresham, & O'Shaughnessy, 2002; Lane & Wehby, 2002）。これは、一貫した注意と、適切な行動への正の強化子と共に、児童生徒を成功へと導く通常教育の環境における専門的なプログラムを確立することも含まれています。

　社会性の困難を改善するために、適切な行動を強化する必要があります。児童生徒は、多くの場合、適切に行動する方法を知っていますが、適切な行動をとる回数を増やすためには、彼ら自身が適切な行動をとっていることに気づく必要があります（Gresham, Cook, Crews, & Kern, 2004）。強化子には、単純にことばで褒めるものからトークンエコノミーや校内の売店や近隣の店などで買いたいものを自由に選べるなどまであります。効果的な報酬は、児童生徒の興味や発達レベルに応じてさまざまです。

第1部　インクルーシブな学級における学びの促進

　The Council for Exceptional Children と The Interstate New Teacher Assessment and Support Consortium（INTASC, 2001）は、知的発達だけでなく、それぞれの学習者の絡み合った社会的および個人的な発達の重要性について提唱しています。適切な行動に気づき、褒めること、怒りの感情の調節方法を教えること、喧嘩の解決策を設けること、指導が入りやすい瞬間を逃さないことは、感情面で学級を健全に経営するために重要なことです（Johns, Crowley, & Guetzloe, 2005）。また、学校が望ましくない行動を回避するために、進路指導主事や生徒指導主事、学級担任による指導や、構造化されたルールを導入する必要があります。いじめに対しては教室、スクールバス、食堂など、どこで見られても一切許容しない方針を一貫して強化しなければなりません。

　社会性を身につけさせるためには、個人や学校の努力だけでなく、当然特別な指導を行なう必要があります。ソーシャルスキルの指導は学ぶ機会を広げますが、適切に対処しなければ児童生徒の社会的孤立につながることになりかねません（Deshler, Ellis, & Lenz, 1996）。

▶ コミュニケーション面の問題

　コミュニケーションにはさまざまな側面があり、児童生徒が困難を示す領域もたくさんあります。受容言語によって、他者の発言を理解したり解釈したりします。また、口頭や書面による言語、ジェスチャー、ふれあいのようなさまざまな方法を通した表出によるコミュニケーションを図ることができます。実用的言語は、社交的場面で使用します。これには、会話の内容を考えること、発言をまとめること、誰か他の人が話しているときに待つこと、話題を続けることが含まれます。コミュニケーションは、学習面の進歩と同様に、友達や教師とのかかわりに影響します。

　学習、感覚、知覚、コミュニケーション、発達、感情、行動上に困難のある児童生徒は、異なった情報の処理やコミュニケーションを行なうことがあります。多くの場合、障害のある児童生徒は、話したり書いたりするような方法によって自分の思いを表現することに困難を示します。例えば、自閉症スペクトラム障害の児童生徒の約3分の1から半分は、コミュニケーション手段として発話を使用しません（Light, Roberts, Di-Marco, & Greiner, 1998; National Research Council, 2001）。具体的な事物、写真、ジェスチャー、ボディーランゲージを使用した非言語的な方法でコミュニケーションを図る者もいます。これらの児童生徒にとっては、言語の表出および理解の困難は、読み、書

き、話す、聞く力に影響します。

　コミュニケーションに困難のある児童生徒は、不慣れな内容に関連する語彙や、友達と会話するための適切な方法を事前に教えることができることばの教室担当教師や言語聴覚士から追加的支援を受けることが必要です。視覚または運動面に困難のある児童生徒には、彼らの感覚やコミュニケーションの違いだけでなく、彼らの能力にも着目しながら個別の指導計画（IEP）を作成し、その内容に基づいた教室における合理的配慮が必要となります（Kirch, Bargerhuff, Turner, & Wheatly, 2005）。

　通常の学級では、多くのクラスメートのロールモデルがあり、より多くの社交的な機会や実用的な会話があるので、インクルーシブな環境は、児童生徒に受容言語と表出言語双方の成長の機会を与えます。例えば、ある研究では、分離された特別支援学級とインクルーシブな学級とを比較したところ、後者の方が、ダウン症候群の児童生徒のコミュニケーション能力の向上に効果を及ぼしたことが明らかになっています（Buckly, Bird, & Sacks, 2006）。難聴やろうの児童生徒についても、正しい支援と合理的配慮があれば、インクルーシブな学級においてコミュニケーションスキルを身につけることができます。もし、読唇法や手話による授業、磁気誘導ループやFM補聴システムなどの聴力補助システムを使用する児童生徒がいる場合、円形の座席配列の導入も選択肢の1つに含まれるでしょう。

　コミュニケーションとは、人々が感情を表現し、その環境と相互に作用するために使用するスキルであり、さらに、コミュニケーションを適切に指導できる教師がいて、多様な仲間を受け入れられる状態の場合、インクルーシブな学級が児童生徒のコミュニケーションスキルを伸ばす機会を与える場になります。

▶ 教師の役割

　成功したすべてのインクルーシブな環境の中核には、教師と児童生徒とのつながりがあります。優れた教師は、児童生徒の学習への参加を最大限にするために、彼らの熱意、興味、そして目標を取り入れます。教師は、児童生徒に結果の重要さについて教え、児童生徒に社会的、行動的な学習プロセスが、社会生活上不可欠なことを伝え、行動面の学級ルールを設定する際に、その決定権を与えます。授業前に教師が笑顔で挨拶することで、児童生徒のことを本当に気にかけていることが伝わります。不適切な行動に対処する際には、教師は児童生徒自身ではなくその行動が良くないということを伝え

第1部　インクルーシブな学級における学びの促進

ます。教師が児童生徒との信頼関係を築くことが最も重要です。

　子どもたちの能力の違いを前提に考慮し、受容し、多様性を認める教育哲学をもった、感覚が鋭敏できちんと研修を受けた教師は、インクルーシブな環境を促進する準備ができています。教師が人間教育としての経験に時間をかけるとき、児童生徒の意欲を高めることができるのです。

▶ 固定観念を乗り越える

　児童生徒の能力に対する教師の理解、つまりどんな児童生徒も高い期待に応えることができるという信念が妨げられるとき、教育という水はよどみます。インクルーシブな学級に在籍する児童生徒の予備知識、受容言語力と表出言語力、そして、知覚的、感覚的、身体的、学習的、社会的、行動的、感情的なスキルは変化します。児童生徒の特性に関する教師の知識は、教師自身の能力に対する自信を失わせることなく、いつも児童生徒を理解する力を向上させていきます。

　次の演習では、ある児童または生徒のコメントにふさわしい学習者を記入します。回答は、自由回答、または次ページに設けられた「さまざまな学習者」のリストからの選択になります。

　ある児童または生徒のコメント
1. 本を読むんじゃなくて、オーディオブックを聞かせて！　　　　　　　
2. 私がそれをやるなんてありえない！　　　　　　　
3. またそれをやらなくちゃいけないの？　　　　　　　
4. なぜみんなの前で話をしなくちゃいけないの？　　　　　　　
5. なぜ作文を書かなければならないの？　　　　　　　
6. 動いて学習するのが好きなのに！　　　　　　　
7. 私が答えたかったら、答えを叫ぶ！　　　　　　　
8. どうやったら整理できるようになるっていうの？　　　　　　　
9. 数学は全然面白くない！　　　　　　　
10. あの子たちはきっと私のことを好きじゃない！　　　　　　　
11. 私は自分のやり方でやりたい！　　　　　　　
12. 体育はしんどい！　　　　　　　
13. 私が読んだ本は良かった！

第 1 章　インクルーシブな学級の理解

14. 私はもっと近くでプリントを持つ方がいい！　_____
15. こんなチック症状はすごく恥ずかしい。私は悪口を言ってるんじゃないのに。
_____
16. 世の中はひどいよ。もっと眠っていたいのに。　_____
17. あなたが話すときは、私の方を見てください。　_____
18. そんなにいつも保健室にいたら恥ずかしい。　_____

さまざまな学習者

脳性まひ	読字障害	トゥレット障害	自閉症スペクトラム障害	糖尿病	書字障害
ADHD	視覚障害	構音・音韻障害	学習障害（LD）	計算障害	強迫神経症
反抗挑戦性障害	選択性緘黙	うつ病	腹膜透析	ろう	アスペルガー症候群
その他健康障害	二分脊椎	聴覚障害	外傷性脳損傷	情緒（感情）障害	重複障害

　答えの手がかりは見つかりましたか？　もしくは、あなたの予備知識を使えば、この生徒の発言から問題点が簡単にわかりましたか？　予備知識は回答の手助けとなりますが、時に同様の予備知識が児童生徒の能力の見方を歪めたり、可能性を低めたり、以下のような発言につながったりすることもあります。

- 彼は ADHD だ。彼を授業中に着席させることは困難だろう。
- 大変。予定が変更になった。アスペルガーの子どもがパニックを起こすかもしれない。
- これを教えるのは苦手だ。LD の男の子[*]には理解できないだろう。
- 情緒障害のある子どもは学級を崩壊させるだろう。
　　*注意：ピープルファーストなことばを使用しましょう。例えば、"a child with Asperger's syndrome" や "a boy with a learning disability" など。

　この演習の目的は、障害名によってではなく、児童生徒のニーズに応じて指導するということを重要視することです。児童生徒の特性や障害は、必ずしも典型例に当てはまりません。教師は子どものニーズに合わせて授業を日々変えています。ある障害のある

第1部　インクルーシブな学級における学びの促進

児童生徒には共通して似た特性があるかもしれませんが、それぞれの子どもはたいてい考え方も違えば、好きなことや嫌いなことも違います。

> ## 考えてみましょう
>
> **教師が日常の授業に導入するべき感情的に健全であるための必要条件は何ですか？**
>
> 　明確な期待値や目標レベルの設定は、すべての児童生徒が学び、感情面が健全な学級で成長できるような行動的、社会的な機会を学習で保障するために必要不可欠です。落ち込んでいる、または、授業に無関心そうな児童生徒には、彼らが抵抗なく授業に入っていけるような励ましが必要です。これを実現するための活動には、教師と児童生徒の会議、オープンな討論；書くこと、芸術、演劇プロジェクト；読みの選択肢、そして個人的な記録づけをなるべく多く行なうことなどがあります。妥当な賞賛は、テーマが少し難しいようなときでさえ、課題に取り組む時間や挑戦する時間を増加させます。
>
> 　思慮深い教師は、児童生徒の人生に建設的な違いを生み出します。目の前の児童生徒は果たして落ち込んでいるのか、それとも聞く耳を持っていないのかを注意して見てください。服装の変化、身だしなみなどの自己管理、そして気持ちの変化にも注目しましょう。家族、学校心理士、進路指導主事、生徒指導主事、学級担任教師、その他の学校や地域のリソースに支援の協力を求めましょう。それは体育や図工（美術）などの授業や、チェス部、文芸部、コンピュータ部、合唱部、バンド部、またはチアリーディング部などのクラブ活動を通して、楽しい気分を味わうために、自分の興味のある活動をストレスの健全なはけ口にするように促すことも含まれるでしょう。学校は心を刺激しますが、私たちは子どもの性格や感情的な健全性を無視することはできません。時に大きな声で叫ぶのは、実は普段最も静かな児童生徒なのです。

第2章
指導のための組織づくり

「わかったよ。あの子の社会科の宿題を手伝ってやるよ。でも、あの子には私よりも良い点数を取ってほしくないな」
「私は問題を起こす子が好きだ。彼が問題を起こしてくれると、苦手な数学の勉強をあまりしなくて済むしね」
「あと1教科でも先生がテストをするって言ったら、感情が爆発しそうだ。学校なんてきらいだ！」
「やっと私に支援が必要であることをわかってくれる人が現れた」

　子どもにはそれぞれ違いがあります。ある子どもには重要なことでも、他の子どもには取るに足らないこともあります。違いを受け入れられる子どもたちもいれば、公正と平等に反するため、能力の違いという事実を受け入れられない子どもたちもいます。授業のペース配分や内容の複雑さ、評価の要求が大きな負担となる子どもたちもいれば、学習や支援に対して感謝している子どもたちもいます。

　インクルーシブな学級では、授業を実践する際に、子どもたちの多様な学習ニーズを考慮することが重要な要素の1つです。学習困難のある子どもたちを無視してはいけません。そのような子どもたちには、適切な教育的介入や支援を行なわなければなりません（Ervin, 2008）。子どもたちに一斉に復唱させ、学習内容を暗記させるだけのやり方は、すでに過去の遺物です。インクルーシブ教育の実践で成功している教師は、子どもたちの違いを認め、その違いのために積極的に準備をし、子どもたちの不均一なレベルや能力をつなぐための指導を適用する根拠（エビデンス）に基づく実践を行ないます。現在のインクルーシブ教育の原理を唱える指導実践や評価は、教育的介入に対する応答（RTI）や共同（協同）学習、児童生徒の多様性に応じた指導、多様な知能・知性・知覚特性の理解を前提とした学習のユニバーサルデザイン化のような事項に該当します。

　教師は、効果的な指導ストラテジーに関する最新の研究成果に遅れずについていく必要があります。例えば、児童生徒の多様性に応じた指導やRTIは、読み困難に対処す

第 1 部　インクルーシブな学級における学びの促進

るための予防策として使用される適切な指導を提供することで、文化や言語面の違いや、学習面に困難のある子どもたちの過剰な出現の削減に大きな期待ができることを示す研究を行なってきました（Walker-Dalhouse et al., 2009）。成功の秘訣は、教師が教える内容にあるのではなく、適切な指導法やプログラムの選択や応用にあります。この章では、インクルーシブな学級構造の体系化の一部として、効果的なプログラムの選択について概説します。

▶ 教育的介入に対する応答（RTI）

　米国の特別支援教育は、個別障害者教育法（2004）の改正によって早期介入サービスと共に通常の学級における多様性のある児童生徒への教育的介入も行なわれるようになりました。これらの教育的介入は、学習、感覚、知覚、発達、コミュニケーション、そして文化に違いがある広範囲の子どもたちに手を差し伸べることを目的としています（Vaughn & Ortiz, n.d.; Fletcher, Lyon, Fuchs, & Barnes, 2007; Stuart & Rinaldi, 2009）。RTI は、ことばの壁や異なる学習能力のある子どもたちが、彼らの能力レベルやニーズに応じて適切な教育的介入を受けることを確かにするものです。

　RTI では、根拠（エビデンス）に基づく実践が用いられ、子どもたちの学習進捗度はチェックされ、教師はどの支援法を用いるかを決定するために、そのデータを有効に利用します。教師は、現在の子どもたちの能力レベルを測定し、どのレベルまで伸びてほしいかについての目標を決定し、そしてその目標を達成するための道のりを決めます。RTI には、目標までの道のりとなる、以下のような指導スケジュールが含まれます。

- 初期段階：支援が必要な子どもについてのデータやアセスメントの精査
- 中期段階：適切な支援サービスの決定と実施
- 再検討段階：教育的支援が有効かどうかの振り返り

　教育的介入は、子どもたちの学習面のギャップを狭めるための助けとなる、あるいは能力の高い子どもたちのニーズに合致するための高度な学びを提供するために、複数の層が準備されています。通常これらの層は、次の 3 つです。

- 第 1 層：学級全体での中核的な指導

- 第2層：小グループでの戦略的介入
- 第3層：より集中的に支援の的を絞るまたは個別指導

　学級によっては、第1層で約4分の3またはそれ以上の子どもたちが学級全体に向けた一斉指導を受け、適切に学習します。第2層では、対象を絞った小人数のグループが、系統立てられた明確な学習スキルの指導を受けます。一方、第3層では、個々の子どもに対してより集中的な教育的介入を行なうことが求められます。すべての層において、子どもたちの学習進捗度はチェックされなければなりません。次節で説明しているように、支援チームは、支援実施の頻度や期間、RTIプログラムの場所、ベースラインデータ、そして教育的介入の全般的な効果を再検討し、教育的介入を続けるべきか、調整すべきか、中止すべきか、あるいは延長すべきかについての計画を立てるためのミーティングを開催します。

　表2.1は、小学校から高校までの児童生徒に対して、どのようにすべての層についての支援計画を立てるのかを示した例です（これはあくまで例であり、このように書くことを推奨しているわけではありません）。

表2.1：RTIによるカリキュラムの例

読み				
幼稚園児・小学生	幼児児童が正確かつ無意識に文字を読めることが重要である。この流暢性がなければ、さまざまな教科に渡る理解を促すための基盤的な力にならない。1分間にいくつの単語を正確に読めたかによって読みの正確性を測定する。年度初め、年度の中間、年度末の少なくとも3回は評価を実施する。集中的な教育的介入を行ない、その効果のチェックをより頻繁に行なう。誤りの種類—消去、省略、置換、反転、繰り返し、自己修正—を記録する。読み指導の専門家が、学級を訪問し、第1〜3層までの異なるレベルの層にいる幼児児童に対して、彼らの課題や困難に応じた指導を行なう。			
ベースライン（指導前）データの解釈	自力でできるレベル：読みの正確度が98%以上 指導レベル：読みの正確度が95-97% 挫折レベル：読みの正確度が90%未満			
	第1層の記録	第2層の記録	第3層の記録	
短期目標 指導手順 教材・教具	モデリングと構造化された日常的なスキルの練習を含む、音節の種類についての系統立て	学級に在籍する児童のうち8名に、単語を2音節語表や3音節語表に分類し、正しく読	5週間後、8名中4名の先生に、開音節（母音で終わる音節）、閉音節（子音で終わる音	

第1部　インクルーシブな学級における学びの促進

	られた指導を学級全体に対して行なう。視覚（絵や写真、色分けされた暗記カード）、聴覚（手をたたく、声に出す）、そして触覚［ソルトトレー（トレーを平坦にならした塩で満たし、その上に指で文字などを書く多感覚教材）、指を使った音節の合成、タッピング］を使用する。 教材・教具：幼稚園児〜小学3年生までは、Wilson Fundations®（多感覚アプローチによって楽しく読み書き能力の基礎を養う指導プログラム）小学4〜6年生までは、Wilson Reading System®（特に第3層の児童を中心にした、読み書きの基盤的能力を養う指導プログラム）（www.wilsonlanguage.com）	むための追加的支援が必要となる。Wilson指導プログラムの無意味語を正確に読むための指導を行なう。この学級に在籍する数名の児童は水準を上回る能力があり、これら8名に少人数指導を実施する間、空所補充型によるより高度な指導を実施する。	節）についての追加的支援を含む、さらなる集中した教育的介入が必要となる。構造化された毎日20分の指導時に、音節の練習を含むすべての母音と子音の復習を実施し、その理解度を確認する。読み書きに関する研修を受けた教師と、読み書き指導の専門家が巡回し、児童を支援する。
評価	単語リストや文の読みレベルの評価や、文章の読み時間の計測を指導前、指導中、指導後に実施し、読みの流暢性の変化をチェックする。			
数学			
中学生	整数や小数、分数に渡って数学を自由に操れる高い学力のある生徒は、この学びを関数の日常的適用や高度な数学へと関連づける。校内の教科専門学習委員会は、生徒にとって適切かつ困難でやりがいのある授業での活動や作業を見つけ出すために、協力しながら算数・数学教育全国協議会（www.nctm.org）から情報源をチェックしたり、組み合わせたりする。同学年の他の教師と共に、教科間連携による学際的な授業を、継続的に年間を通じて計画する。			
ベースライン（指導前）データの解釈	日々の授業における単元ごとの数学ドリル、週ごとのテスト、単元テスト、小グループによる共同（協同）学習における問題解決力における得点により、生徒の数学の学力レベルを評価する。生徒の学習進捗度を図式化し、ポートフォリオに評価記録を蓄積する。			

第 2 章　指導のための組織づくり

	第 1 層の記録	第 2 層の記録	第 3 層の記録
短期目標 指導手順 教材・教具	生徒の概念的理解や問題解決能力を向上させるために、日常生活の状況を適用した学級全体に対する指導を行なう。概念は、数概念、代数、幾何、計量、解析、確率を含む。問題解決方略の表をすべての生徒に配付する。 教材・教具：Connected Mathematics 2（中学生向けオンライン数学教材）(http://www.phschool.com/cmp2/)	数名の生徒が、繰り下げを伴う引き算、2 桁 × 2 桁の掛け算、割る数が 2 桁の割り算のような基礎的な計算の復習が必要である。これらの生徒には、数学教師が、1 回あたり 30 〜 40 分程度のスキル指導を週 3 回行なう。学級にいるその他の生徒に対しては、数学学習コーナーにおいて、学習を深化させるために、教師による指導を受けながら、生徒同士で協力して課題を解かせる。	年度初めの数学の評価によって第 3 層へと移動した生徒には、数学用語、計算スキル、問題の解法ステップについての集中的な教育的介入が必要となる。苦手な部分を強化するために、個別に課題分析を行なう。基礎的スキルを教える数学教師が、30 分間の個別のガイド指導を含むモデル提示を毎日実施する。
評価	学力テストや、単元テスト、形成的テスト、授業中の観察などといった公式、非公式な評価を含む数学のポートフォリオを図式化し、生徒自らが実態を把握し、次に向けての対策を練ることができるように、その結果を教師が生徒と共に振り返る。		
読み書き			
高校生	読み書きは、未成年者にとっては下方スパイラルにある。彼らは、改まった手紙を書くよりも、友達にテキストメッセージを送ることのほうが多いだろう。より優れた調べ学習や研究をするためのスキルを育むために、さまざまなジャンルの本や雑誌を読みむよう、生徒にさらに働きかけることが必要である。教師は、年度初めに流暢性、語彙力、そして読み理解レベルを確認するための読みテストを生徒に実施し、学期ごとあるいは年に 4 回程度、再度読みテストを実施する。生徒は、さまざまなジャンルの読み教材を使いながら、通常教育の教師、特別支援教育担当教師、その他関連サービスを行なうスタッフから直接的指導を受ける。指導は、学級全体、小グループ、そして学級で継続的に展開されている語彙センターにおける共同（協同）学習を通じて実施される。		
ベースライン（指導前）データの解釈	空所補充法によるオンライン上のテストや短文の読み課題を生徒全員に実施することにより、語彙レベルのベースラインを確認する（ワークシートは www.teach-nology.com/worksheets/language_arts から入手可能）。		
	第 1 層の記録	第 2 層の記録	第 3 層の記録
短期目標 指導手順 教材・教具	生徒の語彙レベルを高めるために、授業でギリシャ語やラテン語の	生徒の中には、単語を接辞と語根に分解する、あるいは語幹を見	2 名の生徒が、学年レベルよりも顕著に低い読み能力である。個別

第1部　インクルーシブな学級における学びの促進

	語源を、単語リストやさまざまなジャンルの短文、関連情報が掲載された文書から調べる。パソコン室で、インターネット上の練習課題や、以下のホームページにあるような、教師が作成した学習活動をチェックしながら、学級全体に対する指導を実施する。 ・www.studyisland.com ・http://grammar.ccc.commnet.edu/GRAMMAR/quizzes/vocab/match2.htm	つけ出すことに困難がある者がいる。こうした生徒に対しては、週に3回程度、単元内容に関連した単語で小グループによる30分間の指導を実施する。事前、事後テストを毎週実施する。生徒は、単語を色分けしたり、コピーした文章を蛍光ペンで塗ったり、文脈の中で学習した単語を実際に使用したりする。学習成果物については、生徒と話しあいながら採点する。学習コーナーでの指導を繰り返し実施する。	化され、内容を本人の読みレベルに合致させた宿題を与え、通常教育、特別支援教育双方の教師が、本人たちの宿題の実施状況をチェックする。特別支援教育担当教師と通常教育の国語科教師は、生徒が学年レベルの文章や記事の抜粋（例えば、www.timeforkids.com/TFKの記事を抜粋する）を選択し、読み上げるときに、彼らの読みを交代で聞き、指導する。生徒たちは、学校にいる読み支援の専門スタッフから週に5回、各40分間、1つのワードファミリー（ある単語の名詞形・形容詞形・動詞形・副詞形を別の単語として考えず、1つの単語のまとまりとして考えること）を取り上げ、直接読みスキルの指導を受ける。
評価		空所補充法によるオンライン上のテストや短文の読み課題を再実施し、その結果をベースライン期のデータと比較する。	

■チームによる計画

　RTIモデルは、共同で取り組まれるので、教育的介入を正しく計画・実施・精査すれば、多様性のある児童生徒の識別と教育的介入の実施において大変有望です（Murawski & Hughes, 2009）。学校のチームは、校長・教務主任・その他の管理職・各学年の通常の学級担任教師・特別支援教育担当教師・読み書きや算数・数学の基礎を教える教師・障害のある児童生徒に読み書きを指導する特別支援教育担当教師・行動分析の専門家・その他の支援スタッフから構成されます（情報は保護者・家族にも報告されます）。チームのメンバーが集まり、児童生徒の学習到達度を精査して、適切な提案をします。児童生徒を観察するスタッフは、他の関連スタッフと見識を共有し、チーム内で

協力しながら活発な協議をします。

　RTIのプロセスを成功させるには、通常の学級担任教師に負担をかけずに、物的資源と知識に関する、継続的な支援を提供しなければなりません。RTIには、指導とデータ収集に的確な教材や器材、適切な環境、そして当然ながら、支援者の協力と見識が必要です。これには、単独のテスト領域・追加のフォルダ・専門的知識・技能の継続的開発・データ収集のためのチェック制度・チームメンバー全員の時間と支援の提供などがあります。

　データの分析により、実行可能な情報に基づいて、学習者のニーズに対応する具体的な教育計画と方法が作成されます。児童生徒の多様なレベルでなく、カリキュラムだけを考慮して独断的に書かれた授業計画ではありません。データとは、児童生徒の強みと弱みを見極め、必要とされる教育的介入を教師が判断・選択するのに役立つ推進力となります。年4回の読書テスト・宿題の採点・学級の学習プロジェクト・授業への参加・書面による作業サンプル・単元テスト・小テストといった、教室での継続的な評価によって、児童生徒の学習到達度は絶えずチェックされます。その上で、学年レベルの支援チームは、カリキュラムや授業の実践方法を協力して策定します。

■学習到達度のチェック

　教育的介入の効果は、学年度中の所定の時期に児童生徒の学習到達度をチェックすることにより評価されます（Johnson, Mellard, Fuchs, & McKnight, 2006）。RTI第1層の児童生徒には、年度初めにチェックを実施し、中間と学年度末に再度行ないます。第2層、第3層の児童生徒には、通常は評価をより頻繁に（日々または週ごとに）行ない、1ヵ月あるいは5～8週間の集中的な指導の後、データを精査します。評価により、直接的な指導が児童生徒にとって有益であるか、また、児童生徒が適切な指導に対する効果を示しているかが明らかになります。

　高い学力のある児童生徒や、苦戦していて支援が必要な児童生徒にも、学習到達度をチェックし評価する必要があります（Hughes & Rollins, 2009）。クラスの上位25パーセントに入る児童生徒にも、同じように能力を伸ばす機会を与える必要があり、RTIが適切に実施されれば、すべての児童生徒の学習到達度が評価されます。

　カリキュラムに基づく測定値（CBM）は、クラス全体、小グループ、または児童生徒個々の学習到達度を精査するために用いられます。CBMには、教師が作成したテスト・観察・その他の定式の評価と定式でない評価などがあります。成績の向上を測定す

第1部　インクルーシブな学級における学びの促進

るためには、事前・事後テストの測定値の難易度は同じでなければなりません。特定の教育的介入を受けている児童生徒の学習到達度をグラフで示すと、その介入がどの程度効果的かが即座に見てとれます。教師はそこからヒントを得て、収集したデータと学習到達度のチェックを利用して、インクルーシブな環境における日々の授業と教育的介入の効果の程度を判断します。

児童生徒の教育的介入に対する応答（RTI）は、教育的介入に対する応答（RTI）計画と教育的介入に対する応答（RTI）学習到達度チェックシートに記録できます（それぞれ41ページと43ページ）。

RTIはまだ導入初期段階ですが、介入システムが全学年に適用されるにつれ、大きな期待が見込まれています。概して、RTIでは、画一的な指導は今日の学級において訴求力がなく、集中的な介入・チーム計画・CBM・データ分析・学習到達度のチェックが児童生徒に有益であることが認識されています。RTIは、問題解決のプロセスであり、チームによる指導計画会議と必要な足場かけによる教育的介入を通して、児童生徒の学習到達度をチェックします。評価は、価値ある情報として捉えられ、教育的判断につながります。RTIプログラムと教育的介入の成果については、これまでにも言及されてきました。RTIにおいては、学習に困難のある児童生徒はないがしろにされることはなく、個別の指導を受けることになります（Barton & Stepanek, 2009）。

▶ 共同（協同）学習

教師が教育および学級経営に関するさまざまな判断や決定をする際は、常に児童生徒を第一に考える必要があります。共同（協同）学習を行なうインクルーシブな学級において、学力の向上は、教師の行動や選択された教材によってだけでなく、クラスメートの支援と交流によっても成し遂げられます。教師は、学習の厳格な伝達者というよりは、むしろ進行役となり、児童生徒は共に学ぶ方法を習得します。

児童生徒は同年代の友達に引き込まれるので、教師の話よりもクラスメートの話を聞く方を好むことが多いのです。共同的なインクルーシブな学級は、協力的で相互信頼性の高い環境で、学習者によるアイデアの共有を奨励するように運営されます。健全な学級の環境は、在籍する児童生徒全員の能力を評価するものであり、協調的な学級の環境は、児童生徒を、カリキュラム強化に不可欠な人物として尊重します。共同（協同）学習を通して、児童生徒は、価値のある学習目標を達成しようと、協力して取り組みます。

共同（協同）学習とは、ただ児童生徒がグループになって学んでいるだけではありません。それぞれの学習成果に対する責任を負い、グループメンバー間に肯定的な相互依存をもたらすのです。例えば研究者・読者・作家・芸術家・音楽家・司会者・発表者・チェック者という特定の役割が、児童生徒の交流のために与えられます。そのプロセスは、報酬のために競うのではなく、成果のために協力して取り組むことなので、1人や1つのグループが学習を独占することはありません。まず小さなグループでアイデアを練り、問題解決の手順の概要をまとめ、その後、より大きなグループに加わって考えを要約・拡大・適用することで、アイデアと学習内容が伝達されます。グループでは、コラージュを作ったり、学習問題を解いたり、科学実験を行なったり、的を射た議論を行なったり、エッセイを書いたり、小説を読んだり、算数・数学の問題を解いたり、研究会を結成したりなど、無限の構成で、児童生徒は教育目標のために協力することができます。

　適切なときに、そして自発的に、クラスメートは、数学の概念や授業で学習した語彙の応用といった、自分の得意分野で助けあったり、教えあったりすることもできます。児童生徒が、競争のない環境で、望ましい目的の達成に協力して取り組み、適切な実施・チェックを行なえば、ピアモニタリング（仲間同士のチェック）プログラムは、助言者と被助言者の両者の社会的認知度の向上につながります。もちろん児童生徒には、ただ答えを教えるのではなく、どうすれば助けあえるかを指導しなければなりません。

　共同（協同）学習を行なう環境では、教室での作業も割り当てられます。教師は、教室での役割を振り分け、児童生徒にそれぞれの役割の責任をもたせます。例えば、鉛筆削り係・予定表の記述係・宿題のチェック係・プリント配布係などです。割り当てられた仕事は交替で行ない、児童生徒は、自分の努力が教室の活動力に有益な影響を及ぼしていることを学びます。

　協力とは、21世紀の市場性の高い技術であり、健全な社会的状況の中での習得・適用・熟達を伴います。Vygotsky（1962）は、児童生徒が今日一緒にやったことは、明日は単独でできる、と強く述べています。

▶ 個別化教授法（DI）

　DIでは、インクルーシブな学級の学習者が、さまざまな能力・興味・予備知識をもっていることが認識されています。特別支援教育の流行語のように思われるかもしれませ

んが、DIは新しい概念ではありません。かつて複式学級をもつ学校が、必要に迫られてこの教授法を採用しました。DIでは、指導のあらゆる側面が個別化されています。それは、内容（何を教えるか）・過程（児童生徒がどのように内容を学ぶか）・成果（児童生徒がどのように学習したことを表現するか）です。教師は、児童生徒のレベルを評価し、学習の選択肢を与え、必要に応じて足場かけをします。授業目標と目的にかかわりをもつ児童生徒は、自身の学習における利害関係者となります。DIを実行する学校は、画一的な教育哲学による教育を実践する学校よりも、全国学力テストの得点が高いのです（King-Sears, 2008）。

個別化を遂行するには、教材・支援方法・先を見越した計画を活用し、柔軟な学習の選択肢によって、カリキュラムを児童生徒のニーズとレベルに適合させなければなりません。DIのクラスでは、ある児童生徒は長文の調査レポートを書き、他の児童生徒は短い記事や文章を書く、ということがあります。書き始める前に、難しい用語を音節ごとにばらして、流暢さと理解度を向上させるような支援が必要な児童生徒もいます。内容に関する語彙は、事前に教えたり、再度教えたり、ジェスチャーで示したり、あるいは、視覚・聴覚・感覚運動・触覚による知覚の手法をさまざまに組みあわせて説明したりする必要があるかもしれません。

個別化には、事前・中間・事後の評価があり、その評価によって児童生徒の学習到達度を確認し、実践する指導内容や手法を微調整、改良、または再考します（King-Sears, 2008）。それぞれの評価を行なうにあたり、教師は、児童生徒の開始時のレベルと成績に基づいた次の2つの問いかけをします。

1. 何を教えるべきか？
2. 指導は効果的だったか？

ある指導が特定の児童生徒にとって有効でなければ、代わりの指導が必要となります。教育計画・授業の進め方・評価の選択は、学級内の児童生徒の多様な能力に訴求する必要があります。真の個別化とは、教師が、児童生徒に課題を与えると同時に支援することです。

テーマに関連した学習コーナーは、教室での個別化の選択肢を与えます（King-Sears, 2005, 2007; Tomlinson & McTighe, 2006）。学習コーナーでは、教育、強化、または復習の目的で、その日やその週のさまざまな時間に、児童生徒がグループで協力して課題

を完成させます。その際、それぞれの教師、チーム・ティーチングを行なう教師、または教育支援員が、教室内を机間巡視します。スキルの向上や修正のために、一対一や小さなグループで支援します。学習コーナーは、カリキュラム全体に拡張させることで、多くの内容を盛り込むことができます。次に挙げる学習コーナーの名称に、想像力がかき立てられるでしょう。著者に会おう・詩人のコーナー・お金の狂気・スポーツの数学・タイムトラベラー・健康的な習慣・星に近づこう・楽しいパレット・仲間の研究などが例として挙げられます。児童生徒への指導・課題・支援・ワークシートは、テーマの複雑さと予備知識によって変わるでしょう。

▶ 理解をもたらすカリキュラム設計（UbD）

UbD の指導法では、教師は、指導ストラテジーを計画する前に、児童生徒の成長・カリキュラムの目的・州や地域の基準を考慮して、学習成果の概要をまとめます（Wiggins & McTighe, 2006; Tomlinson & McTighe, 2006）。児童生徒が参加する活動は、このように概説した目標を達成するよう計画され、細部ではなく、教えられた内容に焦点を当てて評価されます。以下のステップは、UbD の指導を要約しています。

1. 児童生徒が学習すべき内容を特定する。
2. 採用する評価の形式を決定する。
3. 各児童生徒の最大限の可能性に基づいた目標を定め、それを達成させるための学習活動を計画する。

UbD は、暗記を奨励するよりも、理解を最大限にするものです。もちろん教師は、活動を計画するために、教科書・ワークシート・支援テクノロジーを利用しますが、まず初めに、それらの活動や教材の目的を決めます。授業の前に評価について考えることで、些細で余分なことに焦点を当てることが避けられます。誰が一番暗記しているかではなく、どの児童生徒が真に理解しているかについて評価しなければなりません。そして、その評価に応じて、学習計画目標の達成に必要な指導法が導入されます。

インクルーシブな学級の教師は、適切な足場かけ・提示・関連情報により、概説されたUbDの成果を児童生徒に結びつけます。これには、例えば、情報を言い換えるように指示する、もっとグラフィックオーガナイザー（第7章参照）を使用する、継続的な

第1部　インクルーシブな学級における学びの促進

フィードバックを提供する、より視覚的な補助教材を使わせる、主要概念とすべての重要課題をより理解させるために、児童生徒にすべての能力を使わせるような個に応じた支援を組みあわせる、などの調整があります。

　UbDの利点は、自己の現状のレベルと、より高い成果に結びつける方法を児童生徒自身で判断するように促されるため、自己認識力が向上することです。この自己コントロールのプロセスは、どの学年でも行なわれ、学習者の生涯を通じて続けられます。

　図2.1と2.2（29-30ページ）は、算数と読み書き能力の教科におけるUbDを例示しています。UbDがどのようにDIに関係しているかに注目してください。どちらも、児童生徒に対して、概念を獲得し、計画された目標を達成するための複数の経路を提供しています。

　UbDは、基本的に、児童生徒の学習到達度を計画・解釈・評価します。最初に目標の成果について考えるためには、設計そのものだけでなく、その設計を構築し、習得していく児童生徒についても理解しなければなりません。

　カリキュラムを検討する際は、以下のような項目を用いて、UbDを計画します。

- テーマ
- 教える概念
- 必須問題
- 目標とする学習成果
- 学習活動と教材の種類

▶ 学習のためのユニバーサルデザイン（UDL）

　UDLを授業に取り入れる教師は、さまざまな指導方針・指導方法・評価方法で、授業に出席する児童生徒を評価します。UDLの学級は、学習・行動・意思疎通・感覚・身体・発達に違いのあるすべての児童生徒を受け入れ、ある児童生徒に対して他の児童生徒よりも支援が必要であるといった特別扱いをせずに、すべての児童生徒を等しく識別します。

　ユニバーサルデザインは、当初、障害がある人々だけでなく、すべての人々が建築物を利用できることを表すことばでした。特定のニーズが発生する前に、人々が簡単に利用できるよう、環境のバリアフリー化を求めたものでした。例えば、レストランや洗面

第2章 指導のための組織づくり

テーマ：算数

教える概念：掛け算

必須問題：掛け算とはどのようなものか？

目標とする学習成果：掛け算を、視覚的表現と日常での具体例に関連づけるようになる。

学習活動と教材の種類：足し算の繰り返しを掛け算の考え方に応用するよう指導する（3＋3＋3＋3＝3×4）。児童は、掛け算、あるいは足し算と引き算を含んだ、1、2段階の文章問題に解答したり、問題を作成したりする。また、掛け算の概念と数学的事実が、どのように割り算に関連しているかを判断する。児童は、掛け算の問題を解くために、算数の寸劇を作ることもできる。ボタン・紙クリップ・鉛筆・靴のような道具を使っても良い。次の表は、掛け算に関するいくつかの学習活動を提供している。

飛ばし数えの表を埋め、パターンを作りましょう。

1	2		4	5		8		10
2	4	6		10		14	16	20
3	6	9		15	18		24	30
4			16		24		32	36
5	10		20			35		45
6	12			30		42		60
7		21		35		56		
8		24			48		72	
9			36			63		90
10		30		50			80	

このように、方眼紙に列を描き、縦方向に2段ずつを5列、または、横方向に5列ずつを2段、スマイルマークで埋めて、積が10になるようにしましょう。

図2.1：算数のUbDの例

第1部　インクルーシブな学級における学びの促進

テーマ：読み書き能力

教える概念：物語の要素

必須問題：物語の構造と、共通の要素は何か？

目標とする学習成果：児童生徒は協力して、歴史小説の登場人物・背景・あらすじ・ヤマ場・結論を特定し、口頭や記述でレポートを作る。

学習活動と教材の種類：文学サークルのグループを作り、各グループがそれぞれ別の歴史小説を読んでレポートする。グループ内では、次のような役割で、お互いに発表し合い、その後、他のクラスメートに発表する。

- **背景調査係**：小説に出てくるさまざまな時間と場所を確認し、場所と時代についての詳しい情報を、インターネットや教科書を使って調査する。児童生徒自身が作成した地図や年表、地図帳、地名辞典またはインターネットの情報を使っても良い。
- **登場人物担当**：主人公・敵役・その他の主な登場人物と脇役の身体的・性格的特徴を、短い記事や吹き出し、または2人以上の人物を比較するベン図で概説する。
- **構想担当**：話の見せ場や転機までの、重要な出来事を逐次に伝える。詩を書いたり、ラップやバラードを歌ったり、話の出来事を身振りで伝えても良い。
- **Mountaineer**：グラフィックオーガナイザー作成支援プログラム（例：www.kidspiration.comのプログラム）を使用し、物語のヤマ場の直前直後に起こる出来事を図で示す。絵は手書きでも、コンピューターグラフィックでも良い。
- **まとめ係**：ギフトボックス・索引カード・リボンを使って、それぞれの物語の要素を包み、再考察して、小説を要約する。

歴史小説の選択例：『My Brother Sam Is Dead』James Lincoln Collier、『Daniel's Story』Carol Matas、『The Egypt Game』Zilpha Keatley Snyder、『The Cay』Theodore Taylor、『Early Sunday Morning: The Pearl Harbor Diary of Amber Billows』Barry Denenberg、『Once Upon a Quinceanera: Coming of Age in the USA』Julia Alvarez、『Baseball in April and Other Stories』Gary Soto

その後、獲得した知識を結びつけるために、児童生徒はすべての物語の要素を使い、共同で壁画を作成する。

図2.2：読み書き能力のUbDの例

所、ホテルの部屋、または教室の出入口は、車椅子の人が自分で簡単に出入りできるように十分な広さが必要です。歩道のスロープ状の縁石は、車椅子の人の介助に加えて、スケートボードをする人やベビーカーを押す母親にも、利用を可能にします。エレベーターやホテルの部屋には、適所に点字の案内があります。字幕は、耳が不自由な人がテレビ番組の内容を理解する手助けになるだけでなく、読字障害（ディスレキシア）の人や外国語を母語とする人たちにとっても役にたちます。

　UDLの学級は、発表の機会を多様化し、練習と学習のさまざまな選択肢により、学習内容へのアクセスを可能にします（Palincsar, Magnusson, Collins, & Cutter, 2001）。UDLの授業では、児童生徒の多様な動機・感情・能力を認識し、さまざまな内容と授業を進めるプロセスがあります。教師は、児童生徒に選択肢を提供し、学習者としての権利が与えられるように管理します。大学院でUDLの取り組みに関して具体的な研修を受けた教師は、多様な学習者グループに向けて、よりアクセスしやすい授業を行ないましたが、UDLの研修を受けなかった教師は、授業を個別化したり、必要な修正を実施したりすることが少ないという研究成果もあります（Spooner, Baker, Harris, Ahlgrim-Delzell, & Browder, 2007）。

　教師が、情報を得るためにオンラインのチャットやトークサイトを聴くことを児童生徒に許可すれば、読みに困難がある児童生徒の概念理解を促進しますし、また、視覚障害のある児童生徒がクラスメートから取り残されることもないでしょう。注釈は、書字障害（ディスグラフィア）のある児童生徒だけでなく、ADHDや記憶・集中力・聴覚障害のある児童生徒も支援します。UDLの学級では、教師が積極的に、広範囲の児童生徒に伝える準備をするので、多様な教材を備えることになります。

　以下は、UDLの課題の例です。

- 次の5つのエッセイのうち2つを選んで答えなさい。ひな形の使用、あるいは、接続語リストや感覚語リストを参照しても良い（それぞれ118-119ページ・120-121ページ）。
- 一次資料の1つについて、歌を作りなさい。文字を音声変換したものを聴いても良い。また、一次資料の語彙を言い換えて単純化させても良い。
- 先ほど読んだ本について、漫画や寸劇を作りなさい。自由に描いても良いし、Comic Life（http://comiclife.com）のようなソフトウェアを使用しても良い。
- 理科の実験を計画しなさい。児童生徒には、パワーポイントのスライドとポッド

キャストで段階的な指示を与えること。
- 好きな有名人を登場させて算数・数学の文章問題を作りなさい。児童生徒は、1人で取り組んでも、クラスメートの助言者と協力して取り組んでも良い。教師は、クラス全体に問題の解き方についての手本を見せること。
- 探検家リストから1人を選び、パワーポイントでその人物についてのプレゼンテーション資料を作りなさい。または、このホームページ上に作成された問題を解きなさい。例えばスライドの数など、必須要件を要約した注釈を www.rubrics4teachers.com で作り、課題に取り組む前に児童生徒に配布すること。

　教師が児童生徒の多様性を考慮すると、授業に順応性と個別化を取り込むことになります。UDLの原則に従うインクルーシブな学級の教師は、授業を進める方法を変えて、整然とした一斉授業から、詳細説明・共同（協同）学習・公開討論・ディベート・体験学習コーナーまで、さまざまな学習形態を作ります。UDLの最終目標は、児童生徒の参加と関与を増加させることです。

　したがって、学習したことを吸収するための、グラフィックオーガナイザー・マルチメディアによる視覚的なプレゼンテーション・グループや個別の活動・その他のさまざまな媒体が、指導・説明・評価に含まれます。UDLは、真にユニバーサルな教育へと、多くのインクルージョンの門戸を開くのです！

▶ 多重知能・感覚様相・支援テクノロジー

　児童生徒に期待される知識の幅が広がるにつれ、カリキュラムの要求レベルは高まります。児童生徒には望ましい学習スタイルがあり、教師には望ましい指導スタイルがあります。教師の指導のスタイルが、児童生徒の望ましい学習スタイルと異なり、児童生徒の望ましい知能や知性と様相が、授業や評価の際に認識されなければ、ジレンマが起こります。しかし、教師が児童生徒に、掛け算を覚えるための歌にあわせて拍子をとらせたり、登場人物が重力・磁力・摩擦力を実演するような寸劇やパワーポイント、iMovieを作らせたりすると、さまざまな知能や知性、望ましい様相が尊重され、カリキュラムの要求が満たされます。例えば、教師がりんごを切って分数を教えたり、3〜4つずつ物を数えて倍数を教えたりというような具体例を示すと、算数は生きたものになります。社会科で寸劇を演じたり、理科で実験を行なったりすることで、児童生徒の

感覚様相と多重知能を尊重する、重要な視覚・聴覚・運動感覚または触覚型（VAKT）の要素が加わります。あらゆる年齢と学習レベルの児童生徒は、単独で抽象的な学習をする前に、具体的または表現の段階で学習内容を理解する必要があります。多重知能・感覚様相・支援テクノロジーの選択肢は、これを達成するのに効果的であり、確実にすべての教科領域と、すべての児童生徒に適用できます。

■多重知能

多重知能の理論は、ハーバード大学のプロジェクト・ゼロでハワード・ガードナーによって最初に概説されたように、知能や知性に対する伝統的で固定的な見方に疑問を呈しています。ガードナーは、9つの知能・知性を挙げています。学校環境に多重知能が適用される以前は、児童生徒は、IQテストと、より公式な標準テストの結果で判断されることが多くありました。多重知能の理論においては、子どもの全体を評価します。読み書き能力のように、言語知能と論理的算数・数学的知能のみを示すような、一部の能力だけを評価するのではありません。多重知能を認め、その強みを利用することで、インクルーシブな学級の教師は、児童生徒のより優れた知能・知性を尊重しながら、情報を異なる方法で伝達・評価し、さまざまな学習者に訴求することができます。教師は、児童生徒の知能・知性をうまく引き出さなければ、児童生徒は動機と興味を失い、授業の成果に悪い影響が出ることを理解しています。

すべての授業に、9つの知能・知性全部が必要なわけではありません。1年を通して指導と評価に関連する知能・知性に変化をもたせることは、さまざまな学習者の強みを認めることになります。次に示すのは、ガードナーの9つの知能・知性のリストとそれぞれのカリキュラム例です（ある知能・知性が他の知能・知性より重要であるわけではありません）。

1. 身体運動感覚的—操作教材
2. 実存主義的—ソクラテス式公開討論
3. 対人的—共同学習
4. 個人内的—学習日誌
5. 論理的算数・数学的—難問
6. 音楽的律動的—歌
7. 自然主義的—科学的分類

第1部　インクルーシブな学級における学びの促進

8. 言語的―ディベート
9. 視覚空間的―グラフィックオーガナイザー

「知っていることを発表しよう」リスト（45ページ）を配布して、学習内容がスース博士であろうと二重らせん構造であろうと、さまざまなプロジェクトに適用して、児童生徒に自身の多重知能を探究させることを検討してください。

■感覚様相

　児童生徒は、視覚・聴覚・触覚・嗅覚・味覚を通して環境を解釈します。しかし、すべての児童生徒が、同じ感覚能力をもっているわけではありません。例えば、聴覚処理障害がある児童生徒は、授業中に言われた内容を聞いてはいても、その意味を解釈したり、知識を他の学習場面に適用したりするのが難しいことがあります。ADHDや自閉症スペクトラム障害の児童生徒の中には、あまりにたくさんの刺激、例えば、照明の明るさや点滅、火災報知器の音、あるいは、教室の壁の掲示物が多すぎることにさえ、過剰反応する者もいるでしょう（照明を暗くする・防火訓練を予告する・耳栓を与えて聴覚の苦痛を最小限にする・掲示物を一度に1つずつ見せるなどは、実行可能で賢明な合理的配慮です）。

　感覚様相とは、学習者が環境信号にどう反応するかであり、児童生徒は特定の様相を好むことが多くあります。例えば、ある児童生徒が口頭による指示を聞くのを好む一方、他のある児童生徒は、段階的な視覚的概説を好むかもしれません。読字障害（ディスレキシア）のある児童生徒は、音節に合わせて拍子をとったり、色分けしたりするのを好むかもしれません。読字障害の児童生徒は、聴覚的アプローチよりも、視覚的で運動感覚／触覚型のアプローチを好むかもしれません。

　関連するVAKTの機会は、児童生徒が見て、聞いて、触って、学習へと移る手助けとなります。砂浜や森林のような環境についての学習は、子どもが砂に触ったり、葉の匂いを嗅いだり、波が砕ける音や、鳥のさえずり、コヨーテの吠え声の録音を聞いたりすると、生き生きとしたものになります。のし棒やクッキーの型を使って、小麦粘土をいろいろな形や大きさにすると、平坦・厚み・大中小の概念が運動感覚で示されます。ソルトトレー・ひげそり用クリーム・モールを使って、いろいろな形・文字・数字を作ることもできます。浮力の原理は、二次元の絵だけよりも、塩水と真水の実験コーナーのほうがより良く概念を取り入れられます。スプーン・じょうろ・ストローは、泡と波

を実演するのに用いられます。物質の状態を実演するのに、プラスチック容器に入れた液体・固体の氷のキューブ・気体となって消える H_2O 分子の状態の水を観たり触れたりすることよりも、さらに良い方法があるでしょうか？

さまざまな能力のある児童生徒が、音楽体験で爪弾き・リズム・歌に良い反応を示しますが、それにより、数・用語・衛生面に関する知識・身体への認識などを教えられます。以下のように、自由回答形式の文章に、書いたり、印を入れたり、絵を描いたりして回答することで、言語能力を強化できます。

私は＿＿＿＿＿＿＿＿＿＿を見た。それは、＿＿＿＿＿＿のように見えた。
私は＿＿＿＿＿＿＿＿＿＿を聞いた。それは、＿＿＿＿＿＿のように聞こえた。
私は＿＿＿＿＿＿＿＿＿＿を触った。それは、＿＿＿＿＿＿のように感じられた。

インクルーシブな学級のための、感覚を活用した指導の付加的な選択肢として、掛け算に取り組む、ポッドキャストを授業に利用する、スカイプやブログでコミュニケーションする、授業に関連したオンラインビデオを見せる、ソーシャルブックマークを使って反転表示・共有・調査・クラスメートと共同作業をする、口頭で議論し考えを発表する、絵入りの年表を作る、共同作業での適切なふるまいの手本をビデオや写真で見せる、桁の値の理解を深めるために立方体のブロックを使用する、地理・科学・数学のオンラインゲームを作ったり参加したりする、などがあります。VAKTの可能性は無限大です。

■支援テクノロジー

支援テクノロジーは、さまざまな学習様相と強みをもつ児童生徒個々に応じた探求の方法を提供します。通常教育と特別支援教育の教師・その他の関連スタッフ・チームメンバーは、協力して学習を促進するために最適な支援テクノロジーを児童生徒に提供する方法を見いだします。

IDEA（1990）の支援テクノロジーの定義は広く、既製品と、特別支援教育を増加・維持・改善するために修正・特注した製品に、関連したサービスと補助教材を加えています。1997年には、IDEAの改正で、特別支援教育のサービスを受ける児童生徒それぞれに、支援テクノロジーを検討することが義務づけられました（Lahm, 2003）。2004年の支援技術法によると、支援技術サービスは、「障害がある個人を、支援技術装置の

第 1 部　インクルーシブな学級における学びの促進

選択・取得・使用において直接支援するすべてのサービス」と定義されています。支援技術法のもとに、各州には、補助金により、障害のある個人が利用できる技術的可能性の財源として、支援技術法基金があります。

　どのような支援テクノロジーやサービスが、児童生徒のニーズと可能性を高めるかについて判断するため、多職種チームで評価することができます。例えば、児童生徒は、車椅子・電動式スクーター・白杖・携帯用キーボード・適応パズル・字幕つきテレビ・メモ取りフォーマット・コンピュータシミュレーション・三角柱状のペンなどを必要とするかもしれません。学校に支援テクノロジーの専門家がいれば、彼らが、さらなる適切な修正・援助・提案をすることになります。

　教師は、児童生徒のレベルを尊重・最大化する支援テクノロジーについて精通することで、児童生徒を絶えず支援することができます。QIAT（www.qiat.org）は、支援テクノロジーの導入における良質な指標についての手引を提案しています。コンピュータなどの支援テクノロジーを活用した教育によって提供される機会は、非常に多くあります。また、www.cast.orgでアクセスできるCenter for Applied Special Technologyには、オンラインブックの作成から学習のためのユニバーサルデザインの提供まで、担任教師が学習できる機会が多くあります。

　書字障害のように、書くことに障害がある児童生徒には、単語予測機能のあるソフトウェアや、書くと同時に記録できるコンピュータペンが有効です（www.livescribe.com/smartpen）。自閉症スペクトラム障害の児童生徒は、自分の考えを表現するために、絵カード交換式コミュニケーションシステム（PECS）や、応用行動分析（ABA）動画プログラム（www.mousetrial.com）が必要な場合があります。拡大・代替コミュニケーション（AAC）装置は、コミュニケーションボード製品から、音の出る写真アルバムまで、多岐にわたります。ことばを使わない児童生徒には、デジタルオーディオ通信装置の音声コマンドが有効です。スクリーンリーダー（画面読み上げ）は、点字を使う児童生徒を支援するでしょう。音声合成装置によって、テキストが読み上げられます。技術的サービスと装置は、児童生徒の能力とニーズに適合させることで、より多くの探求や利用によって学習が強化され、自立を促進させる手段となります。最終目標は、適切な支援テクノロジーを導入することにより、児童生徒のカリキュラムへの接近を最大限にすることです。

　装置とサービスをすべて備えた支援テクノロジーは、障害のある児童生徒に無限大の可能性を提供しますが、それは適切に実施・チェックされている場合に限ります。採用

する支援テクノロジーが何であれ、教師は児童生徒の自立と個性化を促進させる必要があります。児童生徒は皆、それぞれ異なる方法で学習します。誰にも強みと弱みがありますが、夢と抱負をもっており、支援テクノロジーによって可能となる、適切な表現と支援により彼らに対する認知が適合化される必要があります。

▶ 構造と指導の体系化

　すべての児童生徒に適合する、インクルージョンのひな形というものは存在しません。それぞれの児童生徒には多様なニーズがあり、個別化した指導法が必要です。それは、特定の障害の有無にかかわらず、すべての児童生徒を包含します。すべての学習者にとって、優れた指導・特別な注意・強化と練習の機会は効果があります。優れた教育は、児童生徒の学力レベル・課題の複雑さ・児童生徒の予備知識と経験によって、学級全体・小グループ・個別の指導の間で変化します。その趣旨は、通常の学級の中で、すべての児童生徒の学習を強化する最善の方法により、格差をなくすことです。

　インクルーシブな学級においては、個々のニーズを考慮せず、グループ全体に向けた平均的なアプローチで児童生徒と教師の両方を失望させることになるよりは、小さなグループで直接指導を行なう方が学習内容を深め、広めるのに効果的かもしれません。最終目標は、与えられた役割と社会性の獲得についての理解を確実にするために、どうすれば支援サービスを効率的に利用できるか、継続的に調査し、判断することです。それぞれの子どもの発達は、個別にチェック・観察されなければなりません。

　特別なニーズのある児童生徒が通常の学級で受ける特別なカリキュラムによる支援が、すべての児童生徒の利益となることは頻繁にあります（Galley, 2004）。例えば、組織的な授業または学習スキルの授業は、個別の指導計画（IEP）やリハビリテーション法第504条による指導計画の対象となる児童生徒だけでなく、多くの児童生徒に適用でき、有益になります。

　学習障害のある児童生徒を、暫定的な処置として別室で指導し、少人数で指導支援し、練習を増やして、読み書き・計算・意思疎通・知覚・認知能力を強化する場合には、綿密に観察し、向上が見られたら通常教育の環境に戻しましょう。聴覚障害や視覚障害、運動障害のある児童生徒も、授業で学習成果を出すための代替手段が必要な場合があり、児童生徒のより優れた様相と、聴覚障害の教師、言語聴覚士あるいは作業療法士や理学療法士による個別の支援によって、知識を吸収させるようにします。もし児童

第 1 部　インクルーシブな学級における学びの促進

　生徒の注意力に問題があって、通常教育の環境で与えられる読書支援教材ではうまく学習できない場合は、少人数の特別支援学級への配置が適切でしょう。小規模の環境での規律により、児童生徒の衝動性をコントロールする効果的な方法を教えることが不可欠です。児童生徒の読書スキルが強化され、通常教育の環境に戻るときには、不適切に大声をあげることなく、質問に答えたり支援を求めたりするときに、どうやって自分の順番を待つかを学んでいることでしょう。このような小規模の環境は、より大きな通常の学級と同じ規律を手本とし、その構造を模した縮図として機能しなければなりません。補足資料を提供するなら、通常の学級で使用する教科書の適切な部分を参照して使いましょう。通常の学級から特別支援学級へと移籍した児童生徒は、劣等感を抱きがちなので、同じテキストを読むことが彼らの自信のレベルを押し上げます。

　どのような教育的介入がなされても、管理職と教師は、指導を体系化するうえで柔軟に対応し、児童生徒の発達の程度に基づいて、さまざまなグループと学習レベルの間を移行させる必要があります。教職員研修と支援の基盤は、プログラムと地域における指導の導入に忠実に実施される必要があります（Adams & Carnine, 2003）。児童生徒はそれぞれのペースで作業を完了するので、適切な活動時間の割り当てを予測することは困難です。時に、ある児童生徒にとっては作業が難しすぎる一方で、他の児童生徒にとってはそれが簡単すぎることもあります。すべての児童生徒が、同じ方法で学ぶわけではありません。したがって、さまざまな種類の評価を通して、児童生徒が知識を発表できるようにしましょう。例えば、視覚による空間認知能力に優れた児童生徒の中には、パズルに卓越していて、自分の知識を表現するのに、4 段落の作文を書くよりは、落書きやスケッチのほうを好む者もいるでしょう。児童生徒が描いた絵に見出しをつけて、その見出しをより詳しく説明するよう指示する場合、教師は、聴覚野の弱さをカバーするために、より強い視覚野を活用していることになります。

　さらに、児童生徒は、勉強の技術を向上するための支援を必要としています。有能な学習者を育成するには、熟考する方法や情報を集積する方法、学習したことを理解して他の状況・環境・学年に適応する方法について、児童生徒に指導をすることが必要です（Steedly, Dragoo, Arafeh, & Luke, 2008）。それには、指示を慎重に読む、全体像を抽出して理解する、口頭と書面の両方の詳細情報により注目する、思考を体系化し順序づける、といったことがあります。米国教育省のホームページ Doing What Works（http://dww.ed.gov）は、児童生徒の学習スキルの向上を支援するため、研究に基づく練習を推奨しています（Pashler et al., 2007）。そのような練習には、復習とクイズをし

て学習の間隔を空け、発話による思考のように代替の問題解決と達成された（解答までの手順を示した）事例を学習に混ぜることなどがあります。児童生徒がより優れた学習スキルを得ると、自信のレベルは上昇します。

抽象概念は具体的な表現で伝える必要があり、それには、実践的な操作と活動、そして、シミュレーション・物語・視覚表現があります。構成主義アプローチを提供する教師は、児童生徒の大部分が意味のある経験を必要としており、行動によって学習内容が定着することを理解しています。抽象概念を強固にする際に、教材として、電卓・買い物のチラシ・ゲストスピーカーによる授業・郊外学習のように、学習する題材に直接触れることで、具体的な実践の機会と教材が必要な児童生徒を尊重することになります。

教師は、平均以上の能力のある児童生徒には、強化活動で継続的に知識を広げるように支援し、特別なニーズのある児童生徒には、別のやりがいのある方法で授業内容を理解できるように、改善と調整を提供する必要があります。算数・数学・理科・読み書き・歴史・図工（美術）・音楽・保健・体育の基準は、授業によって児童生徒の生活に関連づけていなければなりません。もちろん、カリキュラム基準を守ることは重要ですが、児童生徒の実態やニーズを尊重することはもっと重要です。

考えてみましょう

教師が、児童生徒それぞれのレベル・様相・知能や知性を尊重した授業をクラス全体に行ないながら、個別の指導計画（IEP）・教育的介入に対する応答（RTI）・リハビリテーション法第504条の教育的介入と目標を把握するには、どうすれば良いでしょうか？

児童生徒支援チームは、協力して、教育的介入を決定・問題解決したのち、それぞれの児童生徒のニーズに基づいて効果をチェックするための手段と方法によって、正式に介入します。個別化は、能力の高い低いにかかわらず適用でき、クラスの誰も停滞させないようにします。

著名な教育心理学者アンドリュー・ローチとステファン・エリオット（2008）は、プログラムの忠実性を評価するいくつかの方法を発表しています。その方法には、自己報告書を記入する・チェックリストと日誌をつける・作業サンプルを分析

第1部　インクルーシブな学級における学びの促進

する・ソフトウェアプログラムに観察とデータを入力する、などが挙げられます。多重知能調査のような重要な検査は、すべての学年レベルの児童生徒を対象に実施します。教師が、実施した教育的介入に関する一貫した形成的データを保持すれば、正確な情報管理により、主体的な学習が児童生徒に直接結びつきます。児童生徒が個別の指導計画（IEP）やリハビリテーション法第504条による指導計画の対象に該当すれば、計画のリストに記載された目標達成にむけての学習進捗度が、学期ごとに情報管理され、成績表と同時に家庭に郵送され、保護者に伝えられます。教育的介入に対する応答（RTI）計画と教育的介入に対する応答（RTI）学習到達度チェックシート（それぞれ41ページと43ページ）は、教師が、6～8週おきに、特定の教室における教育的介入の効果をチェックするのに役立ちます。

第２章　指導のための組織づくり

コピーOK
教育的介入に対する応答（RTI）計画

主題：

採点期間：　　　　　　週：　　　　　　日付：

クラス全体の介入：

グループを対象とした介入：

個別を対象とした介入：

通常の学級担任教師の役割：

特別支援教育担当教師の役割：

教育支援員の役割：

サポートチーム／グループの役割：

第 1 部　インクルーシブな学級における学びの促進

コピーOK

管理職の役割：

家族／家庭の役割：

クラスメートの役割：

その他の人員の役割：

関連サービス：

コメント：

出典：Toby Karten（2010）Inclusion Lesson Plan Book for the 21st Century

Inclusion Strategies and Interventions © 2011 Solution Tree Press

教育的介入に対する応答（RTI）学習到達度チェックシート

観察・児童生徒のチェック・評価・チームメンバーからの情報を考慮して、データを記入します。特定の教科や能力への教育的介入と児童生徒の興味と強みを示します。CBM（カリキュラムに基づく測定値）を特定し、最初のテスト結果を記録します。その後、改善や強化のために教育的介入をするべきか、また、するとしたらどの階層で行なうかを選択します。残りのテストと その日付を、年間の所定の週や月で示します。共同チームのメンバーのリストを作り、クラス全体・グループ・個別の教育的介入に関するコメントと記録を追加します。選択された教育的介入や特定の児童生徒についての、その他の懸念やコメント、今後の進め方を記します。

コピーOK

児童生徒	主題／スキル	興味と強み	CBM	第1回テストのレベルと日付	改善または強化を実施する階層	第2回テストのレベルと日付	第3回テストのレベルと日付

2の1

Inclusion Strategies and Interventions © 2011 Solution Tree Press

第 1 部　インクルーシブな学級における学びの促進

コピーOK

2の2

教育的介入を計画・実施する共同チームのメンバー：

学級全体への介入：

小グループへの介入：

個別に対する介入：

他のコメント／懸念：

Inclusion Strategies and Interventions © 2011 Solution Tree Press

第2章　指導のための組織づくり

コピーOK

知っていることを発表しよう

下の選択肢から1つを選んで、先ほど学習した内容について理解していることを発表しましょう。

主題についての歌を歌う	概念についてホームページ上に作成された問題に答える	詩を作る
主題と関係する感情を描写するダンスの振り付けをする	学習した概念についてのパワーポイントのプレゼンテーションを、自作の絵やアニメーションを加えて作成する	主要な概念、人々や出来事を概説するコマ割り漫画や絵コンテを描く
主題についての理解テストを作成する	協力して寸劇を書き、小道具を作り、衣装をデザインし、セリフで学習した概念を演じる	語彙や概念をカテゴリーに分類し、身ぶりで表現する
主題についてのボードゲームかiMovieを作成する	考えや問題、概念のいずれか1つを作成・調査して、その結果をグラフに示す	重要人物や出来事、物について、粘土像を作る

Inclusion Strategies and Interventions © 2011 Solution Tree Press

第1部　インクルーシブな学級における学びの促進

第3章
児童生徒のニーズへの対処

冗談じゃないよ。明日またテストがあるなんて信じられない。昨日、前に赤点をとった単元のテストがあったばかりじゃないか。先生が何を言っているのかさっぱりわからない。このへんてこりんなテストもどうせ赤点をとるに決まっているさ。パワーポイントを印刷した資料はとても助かるのに、先生が早くしゃべって進めてしまうので、ついていけなくてどこをやっているのかわからない。そして先生は私たちに質問さえさせてくれない。もし私がわかっているようなふりをしたら、先生は私を放っておくだろう。春休みまでまだ58日もあるのか……

　学校での学習を、有意義な目標の全くない単純作業と考えている児童生徒は、ただ授業を受けているふりだけをします。つまりその児童生徒は、学問を自分のものとして消化しようとしません。しかし、教師が授業内容を、学習者の多様なニーズや態度、異なるレベルを認め、適切な方法で示すとき、児童生徒は理解を示します。インクルージョンとは、児童生徒が成功裏にインクルーシブな社会へ入るために、多面的で協力的、そして連続的に構造化された、学級内のすべての児童生徒の潜在能力を価値づける方法です。状況は、児童生徒個々のニーズによって異なりますが、インクルージョンを全体的に導入するにあたり、関係するいくつかの重要な原理や方略があります。実行可能な教育的介入は、根拠（エビデンス）に基づく実践を適用し、日々の指導において授業の目当てや目標を満たします。これは、効果的で適切な説明、教材、評価を含みます。この章で紹介する方略は、教師が児童生徒と教師の両方にとって価値のあるインクルーシブな学級を創造する手助けとなるでしょう。

▶ 成功するための14のポイント

　成功を収めたインクルーシブな学級の中では、教師は特別なニーズのある児童生徒の協力や、自己肯定感、自信、そして自立心を支持します。気づきや理解は、開示的な態

度を促します。もちろん物理的なインクルージョンも重要ですが、同時に感情的、認知的な支援も実施され、それらが個々の子どもに保障されなければなりません。その環境や雰囲気は、学習者を力づけ、児童生徒の個別の指導計画（IEP）に適合した適切な教育的介入に基づいた学びの自由を保障します。特別なニーズのある児童生徒は、この平和に満ちた安全な環境で生き生きと育ちます。以下の14のポイントは、成功するインクルーシブな学級の中で保障されているものです。

1. 児童生徒の個別の指導計画を尊重し、学問的、心理的、社会的な利益を提供する、安全で生産性の高い環境で教育を受けるための絶対的な自由と最適な機会
2. 実行可能な情報を生み出す指導計画とカリキュラムの適用を伴う公平で適切な評価
3. どのように児童生徒が学ぶかを価値づける、根拠（エビデンス）に基づく指導プログラムを導入する方略と共に、多様な能力についての知識を追求する専門家
4. 児童生徒が彼らの能力の最善を尽くすことを許容しつつも、自立の道へと彼らを導く合理的配慮とモディフィケーション
5. 通常教育と特別支援教育の分野にいるすべての教職員、関連スタッフ、同様に家族や児童生徒が提案した意見を価値づける協力的な環境や雰囲気の中での教育
6. 高く、しかし現実的なカリキュラムの目標・期待値
7. 学習したスキルを他の状況へと移行させ、般化させる機会
8. 障害のない児童生徒と同様の平等な扱いや接し方
9. 読み書き、算数・数学、問題解決能力、傾聴スキル、学習スキル、認知発達、そして実用的な学業における概略化された学びを伴うすべてのカリキュラム分野の目標達成をする機会
10. 児童生徒の成長や進歩は記録され、部分的な習熟や達成が認められ、その後の計画が策定されるための努力と共に学習進捗度が適切に報告される方法
11. 多様性や違いを包容し、認め合う環境
12. すべての児童生徒を価値づける学習者の実態に合わせた授業
13. すべての能力に対する敬意
14. 人生の決断へと移行する自立の発達を促す方法で進展する、自由を伴う資源やサービスへの移行支援

インクルーシブな教師のチェックリスト、インクルーシブな学級のチェックリスト、

第 1 部　インクルーシブな学級における学びの促進

それから理想のインクルージョン vs. 偽のインクルージョン（それぞれ順に 70, 71, 72 ページ）は、あなたのインクルーシブな実践を評価に反映させる機会を提示します。

▶ 戦略的な学習者

　戦略的な学習者は、主要教科の学びに参加し、探究するために批判的思考スキルを使って知識を組み立てます。教科の知識をどのように獲得し、保持するかは、その内容の焦点以上に重要です。戦略的な学習者は、自身の学習に責任をもちますし、自身にとって最適な学習方法を積極的に探求します。児童生徒は生まれながらに戦略的な学習者ではありません。つまり、教師が彼らを戦略的な学習者にするための支援をしなければなりません。

　戦略的な学習者を価値づける学級の中では、学習は単に授業についてだけでなく、それぞれの授業が個々の児童生徒にとってどのような意味があるのかが重要になっています。つまり、答えが正しいかどうかだけでなく、なぜその 1 つの答えが正しくて、反対になぜもう 1 つの選択肢は正しくないのかについて追求することに意味があるのです。戦略的な学習者は、支援を求めることは、前へ進むための 1 つのステップであり、後戻りするステップではないことを理解しています。

■方略

　教師が戦略的な学習者を創造することができる方法があります。以下に例示します。

- 児童生徒の学習スタイルの好みをランクづけするように教示し、彼らがどうやって学びたいかについてのアンケート調査を実施しましょう。例えば、彼らは 5 ― 4 ― 3 ― 2 ― 1 ですか？　それとも 3 ― 1 ― 4 ― 5 ― 2 ですか？
    1 ＝見て学ぶのが得意だ。
    2 ＝聞いて学ぶのが得意だ。
    3 ＝字を書いて学ぶのが得意だ。
    4 ＝絵や図を描いて学ぶのが得意だ。
    5 ＝その他

　　私は＿＿＿＿―＿＿＿＿―＿＿＿＿―＿＿＿＿―＿＿＿＿

- 朝の会や毎週のミーティングのときに、児童生徒が簡単な会話スキルや傾聴スキルを身につけさせる、あるいは年長の児童生徒とのディベートやソクラテス式問答法（反対論証法）の実施を促進させるために、さまざまな話題や概念について話しあいましょう。
- 学習基盤を固めるために概念を復習しましょう。
- 言われたことを自分のことばで言い換えるよう児童生徒に尋ねましょう「ちょっと私につきあって。そしてあなたが聞いた内容を私に言って」。
- 学習する上で必要な補助スキルを決めるために、自己評価チェックリストを記入するように児童生徒に教示しましょう。
- 授業を先へ進める前に、迅速に評価できるツールとして「退出カード」を配りましょう。「退出カード」には、児童生徒に今日学んだことを1つ書くように、あるいはさらに説明してほしいことを書くように指示することができます。
- 学級を、話題や単元によって長さやメンバーの構成が変わる、異なる学習深化グループあるいは復習グループに分けるための時間を設けましょう。
- 頻繁にチーム・ティーチングを行なう教師、関連スタッフ、児童生徒、家族と話しあいをもち、日頃から良好なコミュニケーションを図っておきましょう。例えば、もしチーム・ティーチングを行なう教師と共に授業計画を練らない場合は、少なくとも授業の1週間前に指導案や授業計画を彼らに渡しましょう。それから努力したことや習得したことを記録する経過報告書を児童生徒に持ち帰らせましょう。

■KWL表と読書術本

　児童生徒が戦略的な学習者になるための手助けとなる2つの特化したツールは、KWL表と読書術本です。KWL表には3つの段があります。一段目には、児童生徒が教科について彼らが知っていること、あるいは知っていると思っていること（K）を書きます。二段目には、児童生徒はその教科について学びたいこと（W）について記します。そして授業後、児童生徒は三段目に、彼らが獲得した知識（L）を書きます。読書術本は、児童生徒が知らない単語を識別しやすいように構造化された段階を提供しています。

　KWL表を使って授業や単元の開始前、実施中、終了後に調べましょう。表3.1のKWL表は、その後の学びの妨げとなる、中世についての児童生徒の誤った学習前の予備知識を示しています。

第 1 部　インクルーシブな学級における学びの促進

表 3.1　中世についての児童生徒の KWL 表

単元名：中世		
K	W	L
中世はローマ王朝時代の 200 年ほど前に始まった。シルクロードがあった。	この時代、人々はどうやって収入を得ていたのか？彼らは何を娯楽としていたのか？	

読書術本

私が知らない単語の読み方：
　　音節に分解する。
　　電子辞書で調べる。
　　接頭辞や接尾辞のような、読み方のヒントとなる単語の部位があるかどうかを見る。
　　文の中でその単語がどのように使用されているかを見る。
　　その単語を蛍光ペンなどで塗り、後で見直す。

図 3.1 読書術本の見出しページ

指導としては、正しい時代背景を明らかにする必要があります。そして中世はローマ王朝が栄華を誇った後、野蛮人によるヨーロッパ侵攻に続いて始まったことを説明する必要があります。シルクロードについての指導は、まずその定義づけを、東（中国）西（ヨーロッパ）をつなぐ貿易ルートであったとする必要があります。それから教師は、児童生徒が後に L の段に正しい知識を書くことを確認していく必要があります。同じように、中世の経済的・社会的活動についても、児童生徒が今回新しく手に入れた正しい情報やこれまでの予備知識を情報交換するために、騎士、平民、貴族あるいは僧侶の立場に立って教科書などを読み、寸劇やロールプレイを通じて学習することが可能です。

さらに、児童生徒には、より難しい概念やスキルに挑むための手助けとするために、主要教科をまたいで読書術本を保持しておくよう勧めることができます。図 3.1 は、読書術本の閲覧開始ページの 1 例です。

第 3 章　児童生徒のニーズへの対処

▶ 注意と意欲

　戦略的な学習者は、学習に対する意欲があり、集中して学習します。その強い根拠として、教師は、学級の環境やルーティン、学習活動を再構築することによって児童生徒を学習へ向かわせ、やるべきことを実施する行動を増加させることができるのです（Epstein, Atkins, Cullinan, Kutash, & Weaver, 2008）。教師は構成主義の学習経験を創造し、グループ全体に直接介入し、小グループあるいは 1 対 1 の学習で児童生徒を支援することができます。しかし、モデリングなどの優れた指導方略は、もちろん個別の実践に先行します。

　偉大な行動科学者であるアルバート・バンドゥーラ（1977）は、児童生徒の社会性の学習について研究し、注意、保持、再生、そして意欲の 4 つの主要な要因について述べました。児童生徒が授業に集中しているか否かは、彼らのその時の気分や個人内外の妨害要因、あるいは彼らが以前獲得した知識や経験やそれ以外の刺激や状況による可能性があります。ビデオやカリキュラムソング、電子黒板、色彩に富んだ図、あるいは視覚刺激は多くの児童生徒を魅了しますが、新たな教材教具で学習することは、通常より多くの困難が伴います。多くの教師は、単に児童生徒が授業に集中しているからといって彼らが学習した内容を覚えているとは限らないという事実を、これまでの経験から立証しています。児童生徒の記憶に残る授業は、多くの場合、内容に関連した具体物や児童生徒の生活経験における概念と結びついた準抽象的な視覚刺激を含みます。学習者は、彼らのやり方で行動を再生することができるようになる前に、例や手本を見る必要があります。バンドゥーラによると、この社会学習のタイプは同様に、児童生徒がその後、彼らの行動を内在化または自己コントロールするといった固有の要因があります。さらに、自身の目標達成を想像あるいは見越すことができる児童生徒は、実際に新しい行動を始める前に、成績を上げることができます。バンドゥーラは、これを、試合前に成功したルーティンの完遂を視覚化してイメージするスケートのオリンピック出場選手と同じこととみなしています。彼はまた、意欲や行動を模倣する理由がない限り、その行動は継続しないとも述べています。

　社会的行動についてのバンドゥーラの理論は、インクルーシブな学級にも必ず適用させることができます。物理的なインクルージョンは、児童生徒に年齢に適合した社会的な考えや行動を手本とする機会を複数設けることを可能にします。また、確かにそれは児童生徒のさまざまな知能レベルや適切な学習様式を尊重するためには理にかなってい

第1部　インクルーシブな学級における学びの促進

ます。児童生徒は授業を受け入れる必要がありますし、教師は児童生徒の生活に意欲を与えるきっかけを作ること、そしてそれによる興味や参加、学習の増加によって、これを成し遂げることができます。また、評価は児童生徒の意欲を高めるために効果的です。教師が児童生徒に、例えば同じ週内に小テストや試験の答案を返却するなどの特定の即時評価を与えれば、児童生徒の意欲は高まります。児童生徒に対するタイミングの良い評価とコミュニケーションの向上は、彼らの数値的な成績だけでなく、学習を完遂するレベルや質を認識し、自己コントロールされた学習者を育てる手助けとなります。

▶ ペース配分と学習内容の複雑さ

　しばしば、特別なニーズのある児童生徒は、45〜50分の時間で提示される授業内容の量に打ちのめされます。教師の中には、児童生徒が内容を理解していようがしていまいが、きっちりと同じペースで授業を進めていく必要があると信じている者がいます。これが、結果的に学習のスピードについていけない障害のある児童生徒に悪影響を及ぼします（King-Sears, 2008）。児童生徒の中には、質問を繰り返し尋ねられるよりも、定期テストや通知簿などによる評価の結果が明らかになるまでに、何が授業の中で行なわれているかを知っているふりをする方がまだましだと思っている者もいます。卓越した教師は、児童生徒の思考停止に向かう負のスパイラルを、定期的に積極的な議論をしたり、口頭や筆記による非公式な学習進捗度のチェックをすることで授業の進行を調節したり、時折彼らの理解を教師の話したことばのままではなく、自分のことばで言い換えるよう児童生徒に指示したりすることによって防いでいます。授業の進行が速すぎる場合、議論の時間を増やしたり、知識の吸収モデリング、そして適切な足場かけや指導のための時間を設けたりするなど、適切なペース配分をすることで、進行を減速させる必要があります。教師は、学期ごとの授業カリキュラムのペース配分と、頻繁に年間目標の焦点化を維持するために、ペース配分図を使用したり、通常教育の短期目標を用いて授業計画を立てたりすることもできます。

　効果的な指導ができる教師は、さまざまなレベルの表現、交流、そして評価・アセスメントを許容する授業づくりをします。違いを許容するペース配分には、より上級レベルの学習者のための、徐々に難易度を増やしたものを含むベースラインとなる短期目標の設定があり、追加的支援が必要な児童生徒のための学習機会もあります（Karten, 2007d）。例えば、もし教示された概念が、単語を音韻やモーラに分解した構造分析な

らば、異なる難易度の単語リストを児童生徒に与えることで、学級全体の活動をしながらも、さまざまな読みレベルの異なる児童生徒に応じた活動になるでしょう。児童生徒は個別に学習したり、教師に指導を求めたり、あるいはグループで仲間と協力しながら学ぶことが可能です。全員が同じ概念を学んでいるわけです。単に難しさの程度が異なるに過ぎません。

カリキュラムが要求する内容は膨大です。教師の中には、次々と授業を進めて内容をより多く取り扱おうと努力する者がいますが、そのような教師は、時には押さえる範囲をあえて広めない、あるいは代替の学習法を適用する方が望ましい場合もあることを見いだせていません。

児童生徒の限界を超え、頭を混乱させ、イライラさせる学級の進行スピードを維持するくらいならば、むしろカリキュラムを一時停止させる方をお勧めします。しかし、1〜2名程度にとって有効な学級全体への指導における授業速度の緩和は、残りの児童生徒の授業からの離脱を招きます。この問題を避けるための選択肢として、下位の質問についてはグループで回答してもらい、一方で上位の質問については十分な待ち時間を設けたり、個別化され、短く、構造化された課題を与えたり、個別の形成的評価を頻繁に与えたりすることなどが含まれます。

スポンジ活動（児童生徒の何もしない無駄な時間を吸収し、常に何らかの学習に取り組ませる活動）の学習コーナーを与え、進行中の学習活動を見直し、概念を吸収させる教師は、1つ単元が終わるまでにかかる時間数にも注意を払いつつ、意味のある学習機会に児童生徒を従事させることにも関心をもっています。児童生徒は自身の学習に参加し、誰が何をやっているのかを見るために、周囲の児童生徒を背中越しにのぞき込んだりしていません。一方、教師はファシリテーターとしての役割をしており、授業の宣伝人ではありません。スポンジ活動や学習コーナーでは、モノポリーのゲームで遊ぶことから、地理の単元の学習に関連づけてさまざまな種類のモノポリーをデザインするまでの範囲での活動を含めることができます。児童生徒は、計算練習をしたり、自由研究をしたり、詩や学級新聞の編集記事を書いたり、彼らが学習したことについてのコラージュを描いたりすることもできます。スポンジ活動は、次の単元への移行期間や教師が小グループ活動をしているとき、もしくはこれから実施するまたは急に入った管理職からの指示や分掌などの業務で多忙なときに有効です。

スポンジ活動は、年間を通してインクルーシブな児童生徒のために進行中の学習経験の概要をまとめます。この活動は、さまざまな課題に児童生徒が異なるペースで同時に

第1部　インクルーシブな学級における学びの促進

取り組むことを可能にしますし、教師に対しても、より小グループで概念を見直したり、他の児童生徒の学習を深化させたりするための柔軟性を与えます。児童生徒は個別にあるいは協力的なグループの中でスキルを学習することができます。

　結局のところ、児童生徒は学びを咀嚼し、飲み込むまでに一定の時間が必要であり、その時間によってより認知的な思考や練習が可能になります。イソップ童話の「うさぎとかめ」のように、ゆっくりで着実な者が競争に勝つのです。速いペース配分の授業は、カリキュラムの損失を招きます。カリキュラムや教育の基準は重要です。しかし、児童生徒の理解の方がより重要ではありませんか？　学習者は、カリキュラムよりも優先されなければなりません。よって、授業のペース配分を決めるのは児童生徒であるべきです。児童生徒が参加者として認められているときのみ、授業には真価があります。

▶ 効果的なチーム・ティーチングの実践

　インクルーシブな環境にいる教師が、児童生徒の共通の目標に到達するために連携・協働するとき、さらなる改革が必要になることが裏づけられています（Brownell, Adams, Sindelar, Waldron, & Vanhover, 2006）。また、校長やその他管理職が、連携・協働スキルを効果的に使用することを促すための指導や継続的な支援を提供することが必要です（Hines, 2008）。協力的な態度や実践は、家族やチーム・ティーチングを行なう教師、教育支援員、そしてその他関連スタッフとの関係の一部であるべきです。

　管理職はスタッフを連携の方向へと導きます。しかし教師とは、正の共同相互作用の手本を示し、児童生徒が受容する協力的な社会的風潮を学級内に招く存在です（Causton-Theoharis & Malmgren, 2005）。そこで、同じ学級でチーム・ティーチングを行なう教師との人間関係は、継続的で実りが多くなければなりません。チーム・ティーチングを行なう教師は、授業計画や短期目標、合理的配慮、モディフィケーション、そして評価に関して必ずしもすべてに同意してくれるとは限りませんが、意見が食い違っても良いということに彼らはきちんと同意しなければなりません。

　学級担任の教師にとって、密室で自分1人で行なうことは、もはや選択肢の1つではありません。教えるということはわかち合うことであり、それには時間や発想、授業ワークシート、意見、好みの本、そして責任感が含まれます。インクルーシブな学級の中では、チーム・ティーチングを行なう教師や教育支援員は、障害のある児童生徒、障害のない児童生徒を含むすべての児童生徒のために、学習計画を改善させることを目標

に連携します。連携とはまた、学年間や学校間の学習をつなぐことでもあります。そうすることで、毎年教師が異動する際、白紙状態を有効な指導方略、教師としての社会的経歴などで満たされたものと交換します。

　チーム・ティーチングと連携オプションには、以下の計画が含まれますが、この限りではありません。

- 2人の教師が内省的な考えをモデル提示し、学級内でのより多くの話しあいを促すために、発想を相互に投げかけあう。
- 2人の教師が学級を2つの小グループに分け、同時に同じ授業あるいは難易度や教育的介入の種類、学習の階層、合理的配慮が異なる授業（並行授業）を行なう。
- 1人の教師が授業を先導し、もう1人の教師が補助をする――1人の教師が授業を行ない、一方でもう1人の教師が児童生徒の行動をチェックし、学習スキルのヒントを提供したり、さまざまな方法で先導する教師の全般的な支援をしたりする。
- チーム・ティーチングを行なう教師は、学習上または行動上の改善や促進を追加的支援の必要なグループに与え、一方で追加的支援を必要としないその他のグループや個々の児童生徒は個別に学習する。
- 教師と教育支援員は、児童生徒でごった返してはいても、実りの多いインクルーシブな学級環境の中で、個人や小グループに学習内容の修正と深化を同時に提供するための学習コーナーを利用する。

▶ 適切な教育的介入

　インクルーシブな学級に在籍する児童生徒の中には、同じ障害種の者がいますが、それぞれの児童生徒は違った性質・特性を示します。一般的には、特定の障害種に属する学習者に対する適切な教育的介入はあります。しかし、以下に記述している障害種については、それぞれの見出しごとに、不均一でばらつきを伴っていることを留意しておく必要があります。これらの障害名は、それぞれの異なる障害種に出現する可能性のある特性について示しているに過ぎず、個々の児童生徒の特性について述べているわけではありません。以下の節を設定した全般的な目的は、すべての児童生徒の多様性を理解するためのものです。

第1部　インクルーシブな学級における学びの促進

■ **標準を上回るスキル**
　もし手応えのある課題を与えられなければ、標準を上回るスキルのある児童生徒（ギフティッド）は、インクルーシブな学級の中では最も学ぶことができない存在かもしれません。こうした児童生徒に対して、教師は指導内容の深度、広さ、ペース配分、そして難易度に変化をつける必要があります。こうした児童生徒に対しては、創造的に概念を探求し、操作するための機会を継続的に提供しましょう。可能なときは、彼らが興味をもっていることについて授業の中で取り上げましょう。契約書を用いる（個々の学習目標の概要を説明する）、圧縮する（児童生徒にとって既知の学習目標や授業資料を除外し、深化させる活動と置き換える）ことで、知識の基盤を広げるための挑戦しがいのある方法を児童生徒に提供します（Hughes & Rollins, 2009）。彼らの学びの習熟度を高めることと同様に、これらの児童生徒の社会性を広げることにも留意しましょう。より詳細な情報が必要な場合、ギフティッドのための協会（www.cectag.org）やギフティッド児協会（www.nagc.org）のホームページをご覧ください。

■ **アスペルガー症候群（アスペルガー障害）**
　アスペルガー症候群の児童生徒は、友達とのかかわりのように、行動上や社会性の領域における顕著な困難があるかもしれません。認知的、言語的な領域は、一般的には強いのです。アスペルガー症候群の児童生徒は、小さな細部に注目するよりも、大きな絵（概念・全体像）を理解することに支援が必要になることが多いです（Atwood, 2005）。児童生徒の理解度を頻繁にチェックしましょう。ソーシャルストーリーやガイドされた共同（協同）学習をする間のさらなるチェックのような、直接的なソーシャルスキルトレーニングによって、どうやって友人関係づくりの力を向上させるかについて手本を示しましょう。アスペルガー症候群情報支援ホームページ（OASIS）（www.asperger.org）や国立神経症・脳卒中研究所（NINDS）（www.ninds.nih.gov/disorders/asperger/asperger.htm）でより詳細な情報を得ることができます。

■ **注意欠陥／多動性障害（注意欠陥多動症：ADHD）**
　注意欠陥／多動性障害（ADHD）は、行動上の症状のさまざまな組み合わせがあります。児童生徒は多動性と（または）衝動性、感覚的なヒントや詳細への不注意、あるいは注意集中の困難がある可能性があります。児童生徒の注意力や妨害的な行動の改善には、随伴性マネジメントが注目されています。随伴性マネジメントとは、目標とする

第3章　児童生徒のニーズへの対処

望ましい行動を強化し、目標としない、望ましくない行動への結果を与えることで、児童生徒にとって周囲や教師の期待することをより良く理解する手助けとなります。学習面における教育的介入には、ピアチュータリングやさまざまなタイプの教材教具、そして教科の導入などの方法が含まれます（Dupaul & Eckert, 1997）。保護者へのトレーニングは、中等度の障害がある児童生徒のための指導への適切な方法です。さらに重度のADHD児童生徒に対しては、投薬治療が行なわれます。もしあなたの担当する児童生徒がこのケースに当てはまるなら、養護教諭と副作用についてチェックし、家族と観察した結果について情報共有を図りましょう。ソーシャルスキルトレーニングを含む家庭と学校との連携による指導である、多面的・包括的な教育的介入は、中学生や青年期の子どもたちにとって効果的な支援となります（Young & Amarasinghe, 2010）。

衝動性をコントロールし、質問や自分の考えを突然大声を上げて言う代わりにそれらを書くといったような実用的な方法を提供しましょう。児童生徒の興味を授業の中に組み込み、児童生徒を頻繁に褒め、構造的で即時的、そして特定のことばや社会性、行動に対する評価を提供しましょう。ADHDのある子どもや大人のためのホームページ（www.chadd.org）や国立精神衛生研究所（www.nimh.nih.gov）でより詳細な情報を得ることができます。

■聴覚処理障害

中枢性聴覚処理障害（APD）のような、聴覚による情報処理の困難がある児童生徒は、脳と耳が音声を統合させないために、聴いた情報を処理することが困難です。彼らの聴力は正常ですが、以下の課題にトラブルが生じる可能性があります。環境騒音がある場合に注意を向けること、聴覚情報を記憶しておくこと、聴覚による指示に従うこと、似た発音の単語や文字間の違いを識別すること、聴覚指示による課題を完成させること、そして推論スキルが要求されることばによる課題を理解することなどです。

視覚支援をより多く提供し、彼らの理解レベルを把握するために、頻繁に児童生徒に対して聴いた内容の言い換えを求めましょう。音を増幅させるための音声聴取補助装置のような支援テクノロジーを学級で利用しましょう。児童生徒が自分の成長や向上に気づける機会を増やし、わからないことを尋ねて理解を深めるよう児童生徒を促しましょう。米国音声言語聴覚協会（www.asha.org/public/hearing/disorders/understnd-apd-child.htm）や子どもの健康情報（Kids Health）（kidshealth.org/parent/medical/ears/central_auditory.html）ポジットサイエンス（www.positscience.com/braingames）で

第 1 部　インクルーシブな学級における学びの促進

より詳細な情報を得ることができます。

■自閉症スペクトラム障害（ASD）

　自閉症スペクトラム障害とは、概して生後3年以内に明らかになる発達障害の一種です。自閉症スペクトラム障害は他人とコミュニケーションを図ったり、相互作用をしたりする能力に影響を及ぼします。知的レベルは、自閉症の幅広いスペクトラム（連続線）の範囲によって異なります。例えば、変更や次への移行を告知する、日々のスケジュールを貼るなどといったルールやルーティン、構造の概要を示す系統的で見通しのもてる環境によって、自閉症スペクトラム障害の児童生徒を支援することができます。加えて、児童生徒の強み、長所や興味に注目することが大切です（Rokerts, Keane & Clark, 2008）。学習の成果を見たり、聞いたり、触ったりできる機会をより多く与えることができる、整理された教材教具をたくさん提供しましょう。構造化された学習上、行動上、コミュニケーション、そして社会性の支援を提供しましょう。教師や教育支援員の適切な配属や保護者の参加、専門性向上のための学習、チームアプローチ、そして行動介入計画といった要因は極めて重要です（Crisman, 2008）。米国自閉症協会（www.autism-society.org）、Autism Speaks（www.autismspeaks.org）、自閉症スペクトラム障害、アスペルガー症候群、広汎性発達障害（PDD）の子どもたちのためのサポートグループ（www.childrensdisabilities.info/autism/groups-autism-asperger.html）でより詳細な情報を得ることができます。

■小児発語失行

　発音の計画、実行、配列に影響を及ぼす発話運動障害である小児発語失行の児童生徒は、脳が舌や口を適切に動かすための筋肉の協調運動を調節できないために起こる構音運動の誤りを減らすための支援が必要です。児童生徒が音、音節、そして最終的に単語を正しく発話することを支援するための足場かけが必要です。言語聴覚士やことばの教室担当教師が行なう、集中的で構造化された発話運動を調節する多感覚プログラムが効果的です。もし必要ならば、視覚的なヒントを得るために鏡を使い、コミュニケーションを図るために手話やサインを教えましょう。すべての形式での表出・表現の価値づけを行なう安全な環境を与えましょう。適切な態度や行動をモデリングすることにより、受容的態度を他のクラスメートに教えましょう。米国音声言語聴覚協会（ASHA）（www.asha.org/public/speech/disorders/ChildhoodApraxia.html）やSpeechville Express（www.

speechville.com/diagnosis-destinations/apraxia.html）でより詳細な情報を得ることができます（go.solution-tree.com/specialneeds を訪れると、本書で紹介しているウェブサイトのリンクを見ることができます）。

■コミュニケーション障害

　コミュニケーション障害には、発音や理解、知覚、記憶そして理由づけの困難が含まれ、発話・発音、言語機能、認知的コミュニケーション、吃音（流暢性障害）、そして音声障害（強さ、鼻音化、嗄声）といった種類に分類されます。学校の言語聴覚士やことばの教室担当教師と頻繁に話し合ったり、連携したりすることが、学級や家庭で練習するためにも推奨されます。該当する児童生徒のクラスメートに、その児童生徒が彼らの考えを、彼らにとって快適な発話速度や能力レベルで表現することを、気長に、勝手な判断をせずに認めるよう指導しましょう。語彙、文法の規則、文の構造、そして慣用句を理解させるための追加的な説明をしましょう。適切と判断される場合は、絵カード交換式コミュニケーションシステム（PECS）や拡大・代替コミュニケーション（AAC）といった支援テクノロジーを利用しましょう。米国音声言語聴覚協会（ASHA）（www.asha.org）で詳細な情報を得ることができます。

■ろう／聴覚障害

　米国の個別障害者教育法（IDEA）では、ろうを、聴覚障害の程度がかなり重症であるため、子どもは、補聴の有無にかかわらず、聴覚を通して言語情報を処理することに障害がある聴覚障害と定義づけています。その他の聴覚障害は、重症度や残存聴力を向上させる可能性のある技術的・医療的装置の使用によって異なります。追加的な例示や視覚支援によって、教科間連携を図りながら、さらに複雑な語彙力や理解力を教えましょう。理解の程度を頻繁にチェックし、もし児童生徒が口唇を読んでいるならば、通常の口調で、その児童生徒に顔をきちんと向けながら話しかけるように心がけましょう。児童生徒の知識を明確化し、しっかりと定着したものにするために、グラフィックオーガナイザーや書記による概要などの付加的な視覚支援を提供しましょう。日々のやりとりには、ピアメンター（相談係のクラスメート）がその児童生徒の支援をすることができます。ASLPro.com（www.aslpro.com/cgi-bin/aslpro/phrases.cgi）や、米国失聴者協会（www.hearingloss.org）、米国ろう児協会（www.deafchildren.org）でより詳細な情報を得ることができます。

第1部　インクルーシブな学級における学びの促進

■計算障害（ディスカリキュラ）

　計算障害（ディスカリキュラ）とは、算数の計算、時間、空間認知、スケジュール管理、お金の計算、予算編成をする際の、数字に関する能力に影響を及ぼす障害です。練習と繰り返しによる手本を提示した指導を行なうことが効果的です。整然と構成されたワークシートを使い、文章題を視覚化したり、動作化したりするよう児童生徒を促しましょう。買い物での値段の比較、日常のスケジュール管理、ロッカーの開錠といった実際的な適用場面と算数の学習を関連づけましょう。適切と判断される場合は、クラスメートに支援への協力を求めましょう。計算障害のある人々は、高い知能があり、言語力が高い場合があることを心に留めておきましょう（Spinnay, 2009）。Dyscalculia.orgの中の、計算障害のための情報源（www.dyscalculia.org）やK12アカデミクス：計算障害のある幼児児童生徒（www.k12academics.com/disorders-disabilities/dyscalculia/students-dyscalculia）でより詳細な情報を得ることができます。

■書字障害（ディスグラフィア）

　書字障害（ディスグラフィア）とは、限られた文字情報や不適切な余白の付与、不正確なつづり、不器用な鉛筆の握り方、そして書字による表現の全般的な構造化や長文化の不十分さ、そして判読困難な書字や筆記によって特徴づけられる学習／書字の困難です（Learning Disabilities Association of Minnesota, 2005）。ノート取りがより上手になるための高度なスケジュール帳を使用したり、パワーポイントのスライドのような授業のプリントを提供したりすることで児童生徒を支援しましょう。幼児期の指導では、ソルトトレー（トレーを平坦にならした塩で満たし、その上に指で文字などを書く多感覚教材）を使って字を書かせたり、空書をさせたりといった多感覚アプローチを使用した支援などが含まれます。クラスメートのノートテイカーが当該児童生徒の支援になる可能性もあります。直接的な書字スキル指導は、書くことの熟達度や校正スキルを向上させたり、作文の修正練習期間を通して自信をつけさせたりするために必要不可欠です。適切と判断される場合は、筆記によるレポートの代わりに、口頭による発表のような学習上の選択肢を提供しましょう。Franklin Electronic Publishers（www.franklin.com）や、Don Johnston（www.donjohnston.com）、Dragon Naturally Speaking（www.dragontalk.com）のようなテクノロジーの選択肢も調べてみる価値があります。LDinfo（www.ldinfo.com）やHandwriting Without Tears（www.hwtears.com）のホームページでより詳細な情報を得ることができます。

第3章　児童生徒のニーズへの対処

■読字障害（ディスレキシア）

　読字障害（ディスレキシア）は、読みの困難さによって裏づけられる神経学的基盤の学習困難です。適切な早期介入には、音韻意識を含む直接的な読みスキル指導、単語の音への分割と流暢性、そして反復読みと読みスキルの練習が含まれます。VAKT（視覚：Visual、聴覚：Auditory、運動角：Kinaesthetic、触覚：Tactile）多感覚アプローチ（例えば、オーディオブック）のような児童生徒が好む学習様式を含む取り組みを活用しましょう。例えば、4段落の作文を書くことに対して漫画本または字幕つきの挿絵を作成するなど、多くの読みに対する代替の選択肢の使用を認めることで、児童生徒の得意な力に焦点を当てましょう。構造化された読みプログラムによる環境を認めることで、彼らの読み能力を最大限度にする支援となります。視覚障害やディスレキシアがある人のための録音（www.rfbd.org）、ディスレキシアのための頭脳明晰な問題解決（www.dys.add.com/define.html）、国際ディスレキシア協会（www.interdys.org）、多感覚教育（オートン・ジリングハム）研究所（www.orton-gillingham.com）のホームページでより詳細な情報を得ることができます。

■情緒（感情）障害

　情緒（感情）障害は複雑でしばしば周囲から誤解されます。情緒（感情）障害は、行為障害を含む外向的行動から、抑うつのような内向的行動までの範囲があります。強迫神経症に認められるような強迫観念にとらわれた儀礼的な行動から反抗挑戦性障害に見られるような挑戦的なものまで、急激な気分変動は、情緒（感情）障害のある多くの児童生徒に認められます。時に、投薬治療が児童生徒に適用されますが、児童生徒が自己コントロールを増加させるよう学習することも肝要です。機能的行動評価（FBA）は、特定の行動の前兆や理由を探ります。ソーシャルストーリーやロールプレイによる直接的なソーシャルスキルの指導に加え、構造化された行動に対する報酬システム（シールを与えるなど）を用いた動機づけや行動レポートカードを提供しましょう。時に、服装や書くことを通じて注意を向けさせようと、静かに、でも心の中では大声を上げて叫んでいる子どもたちの存在に注意を払いましょう。必ず学校心理士やカウンセラー、臨床心理士と連携を図るようにしましょう。Mental Health America（http://www.mentalhealthamerica.net/）、国立精神衛生研究所（www.nimh.nih.gov）、国際OCD基金（www.ocfoundation.org）、インターネット精神衛生（www.mentalhealth.com）、米国不安障害協会（www.adaa.org）のホームページでより詳細な情報を得ることができます。

第1部　インクルーシブな学級における学びの促進

■てんかん

　脳の電気信号系統の違いに特徴づけられる大脳神経システムの障害であるてんかんは、多くの事例でその原因が不明です。脳炎や髄膜炎のような出生時あるいは頭部外傷や感染症のような中途障害が要因に含まれる可能性があります。脳細胞は部分発作や大発作によって影響を受け、それが結果的にそわそわする、ぼんやり見つめる、意識を失う、記憶が混濁する、疲労する、音についての異なる知覚や考えをもつ、反復行動をする、立つことができないといった症状を示します。児童生徒の中には、発作を抑える薬による副作用を示す者もいます。てんかんのある児童生徒は、しばしば肩身の狭い思いをすることがあります。もしある児童生徒に発作がある場合、必ずその児童生徒の頭部を保護するようにし、もし発作に続いて混乱した状態になっていたら、その児童生徒を安心させる必要があります。ノートの複写や学習ガイド、ピアメンターなどのような、授業中に教師が話したことを聞き逃してしまうことによって起こり得る学習のギャップに対する支援を提供しましょう。てんかんについての正しい知識のある教師やクラスメートのいる受容的でかつ学業的に刺激のある環境が必要です。資格のある医療専門職や家族が応急処置に関する役立つ情報を提供してくれる可能性があります。障害児情報普及センター（www.nichcy.org/disabilities/specific/pages/epilepsy.aspx）やてんかん基金（www.epilepsyfoundation.org）のホームページでより詳細な情報を得ることができます。

■遂行機能障害

　遂行機能障害のある児童生徒は、目標を設定することに困難があります。適切な足場かけなどの学習スキル、より複雑な指示をステップバイステップに分割する方法、短期および長期の課題のための系統立てられたヒントなどの方略を提供しましょう。児童生徒は、環境の中から手がかりとなる情報を取り出し、より多くの指示やメタ認知を得るために、過去の経験に基づく知識を分類する方法を学ぶ必要があります。児童生徒が学級の中での成功した学習面および社会性の経験を経て、より自信を高めることに役立ちます。家庭と学校双方の環境で、組織的な方略を強化する家庭と学校間のコミュニケーションを確立しましょう。個別の指導計画ミーティング中に、個別の移行支援計画により年長の児童生徒を支援しましょう。詳細については、http://home.comcast.net/˜kskkight/EFD.htm で遂行機能障害をご覧ください。

第3章　児童生徒のニーズへの対処

■知的障害

　知的障害のある児童生徒は、認知、コミュニケーション、社会適応能力における発達上の困難があります。推奨される教育的介入は、抽象的な概念を具体的な例によって提示するなどが含まれます。複雑な指示と指導は、個別の課題分析アプローチによって複数の手順に分ける必要があります。指導は、しばしば記憶の保持や般化を確実にするために繰り返されます。可能な場合には、機能的な日常生活スキルに学習を関連づけましょう。例えば、分類の概念を教える場合には、食品の仲間、交通手段の種類、または衛生面の重要性について話しましょう。

　すべての活動において、知的障害のある児童生徒にピアメンターによる関与を推奨しましょう。詳細については、知的障害者・発達障害者の支援団体である The Arc of the United States（www.thearc.org）や、米国知的・発達障害者協会（www.aaidd.org）、障害のある子どものための国民普及センター（www.nichcy.org）、知的障害者のための大学進学を支援する Think College! College Options for People with Intellectual Disabilities（www.thinkcollege.net）のホームページを閲覧してください。

■肢体不自由

　肢体不自由の種類は、障害が筋肉の動きや運動能力にどのように影響を及ぼしているかによって異なります。教師は、肢体不自由のある児童生徒には、学力や社会性において同級生と同等の能力があることを、声を大にして述べる態度を示す必要があります。必要に応じて児童生徒を支援しましょう。しかし、自立度の向上と自己決定スキルの促進を常に目指しましょう。合理的配慮は、児童生徒の個別のニーズや能力によって異なるでしょう。学級の配置や学校の環境は、児童生徒がすべての学習や課外活動に最大限参加できるように整備する必要があります。児童生徒のために、例えば単語予測や音声認識プログラム、代替キーボードのような支援テクノロジーの導入を検討してみましょう。最善の授業実践を行なうために、理学療法士や作業療法士との連携を図りましょう。詳細については、United Cerebral Palsy（www.ucpa.org）や About.com の特別支援教育の項（http://specialed.about.com/od/physicaldisabilities/a/physical.htm）をご覧ください。

■特異的学習障害（SLD）

　学習困難とは、音声言語や書記言語の理解または使用に関する困難から構成されま

第1部　インクルーシブな学級における学びの促進

す。聴く、話す、読む、書く、綴る、計算する、問題解決（推論）する方法は、児童生徒が影響を受ける可能性のある領域です。視覚的、聴覚的、運動的、感情的、環境的、知的な面における障害や困難、文化的または経済的不利に直接関連する学習困難については、直接特異的学習障害としては分類されません。彼らの学習進捗度を自分で追跡できるようにすることで、児童生徒の自己認識度を増加させましょう。児童生徒を輝かせるために、学習のためのユニバーサルデザインや多重知能に対する指導の原理を採用しましょう。児童生徒に、概念を固めるための学習の繰り返しの適用や復習の機会を提供しましょう。児童生徒にとって得意な学習様式を活用する多感覚アプローチを導入しましょう。教師に対して児童生徒にとって必要な合理的配慮を知らせることが、自身の擁護にもなることを教えましょう。クラスメートに助言者として支援することを奨励しましょう。詳細については、米国学習障害協会（www.ldanatl.org）、学習障害情報センター（www.ncld.org）、シュワブ財団（www.schwabfoundation.org）、LDinfo（www.ldinfo.com）のホームページをご覧ください。

■トゥレット障害（TS）

　トゥレット障害は、不随意チック、急激な突然の体の動き、そして汚言によって特徴づけられる神経生物学的障害です。チックには、余分なまばたきや、顔の表情と感情の不一致が含まれることがあります。このような児童生徒は通常、個別障害者教育法（IDEA）において「その他の健康障害」に分類されます。

　多くの場合、教室における突然の体の動きは、彼らにとって恥ずかしいと感じることですので、授業中は、彼らを中心の目立つ位置に座らせないよう配慮しましょう。トゥレット障害の児童生徒に対して、校内の売店にお遣いに行くなどのような、あり余る運動エネルギーを消費することができる許容的な方法を認めましょう。集中の困難や注意散漫がトゥレット障害と関連しているため、児童生徒の中には、集中を維持させるための追加的支援が必要な者がいます。トゥレット障害の児童生徒のニーズや特性、支援方法に関する理解教育を受けたクラスメートと共に、受容的な環境を提供しましょう。詳細については、トゥレット協会（www.tsa-usa.org）のホームページをご覧ください。

■外傷性脳損傷（TBI）

　外傷性脳損傷は、スポーツ事故から頭部への打撃、車の事故、または落下などによる

頭部損傷後に生じます。重症度により、児童生徒には短期および長期記憶の困難を経験します。家族はわが子の能力の急激な変化を受け入れるための特別な支援を必要とします。家庭と学校双方の環境で児童生徒がスキルを取り戻し、再学習し、強化する家庭―学校支援プログラムを確立し、調整しましょう。児童生徒の失望する気持ちに敏感になりましょう。そして、一度にあまりにも多くの課題を与えて児童生徒を圧倒させるのではなく、彼らが無理なく習得できる小さなステップで学習を導入しましょう。どのように情報を整理してまとめ、カレンダーや付箋、色で符号化した情報のような整理方略を適用すれば良いかを彼らに教えましょう。ピアメンターになってくれるように、クラスメートに協力を求めましょう。彼らの指導のレベルに応じた形で、学級でのすべての活動に当該の児童生徒を参加させましょう。どれだけ習得したかといった結果のみならず、目標に向けてのステップを歩んでいる過程についても評価し、児童生徒をたたえましょう。詳細については、米国脳損傷協会（www.biausa.org）のホームページをご覧ください。

■二重例外の児童生徒

二重例外の学習者は、障害のある英才児と考えられています（Hughes & Rollins, 2009）。例えば、彼らは優れた読み書き能力をもっているかもしれませんが、数学に困難を抱えているといった具合です。二重例外の児童生徒は、長所や強い領域においては直接的指導によるさらなる強化活動が必要ですし、短所や弱い領域においては合理的配慮が必要です（Winebrenner, 2003）。他のグループの子どもたちのように、彼らには、活用され、育まれる必要がある広い範囲の能力や強み、好みを見せます。適切な直接的指導と共同（協同）学習を通じて、社会性の成長を促しましょう。詳細については、Uniquely Gifted（www.uniquelygifted.org）のホームページをご覧ください。

■盲／視覚障害

個別障害者教育法（IDEA）による分類では、視覚障害児には、弱視児から盲児までの広い範囲が含まれています。適切な物理的、人的資源を伴う専門的支援には、児童生徒のニーズを満たすことが求められます。スキルは、日常生活やソーシャルスキルの追加的支援が、通常教育カリキュラムと平行して教示される必要があります。支援テクノロジーには、拡大鏡、専門の点字図書、点字ラベルメーカー、音声読み上げ機能つきホームページ、音声電卓、および文字をスキャンし、読み上げ、保存する光学式文字認

第1部　インクルーシブな学級における学びの促進

識（OCR）がありますが、これらに限定されるものではありません。例えば、ひもで示された地図上の緯線と経線や、授業内容について説明し、児童生徒を支援するために、音声の支援者としての役割を果たすクラスメートのような、授業中にできるだけ多くの言語的および運動感覚的要素を導入しましょう。すべての障害種の人たちと同じように、常に支援はするものの、可能な限り自立を促しましょう。詳細については、米国視覚障害者財団（www.rfb.org）や、視覚障害や読字障害（ディスレキシア）のための録音ホームページ（www.afb.org）をご覧ください。

▶ レッテルとしての障害の先を見据える

教師が児童生徒のことを知るために予想以上に時間がかかった場合、それらは能力の多様性に関係なく、より優れた学習者になることを目指して、児童生徒に対してより良い支援ができるようになります。教師は、特定の障害に関する知識を増やすことに加えて、障害の先を見据えて、学業的、感情的なレベルの両方で児童生徒に手を差し伸べる方法を見つける必要があります。そのためには、児童生徒が好きなことや嫌いなことは何かを知り、その後、もし可能ならば、授業に児童生徒が好きなことを導入しましょう。それはつまり、耳を傾け、学ぶために児童生徒を惹きつける活気です。例えばジェットコースターに乗ることや、レーシングカーの種類などは、児童生徒が楽しみながら、物理学の概念を好きなことと関連づけることによって学習することができます。スピード、慣性、重力、摩擦、加速度、位置エネルギー、運動エネルギー、それから力の概念は、その後ジェットコースターの宙返りや方向転換、あるいはインディ500（自動車レース）を観戦することによって学習が活性化します。

常に児童生徒を適切に観察できる教師は、彼らのスキルを磨き、個別に、そして相互に成長を支援する方法を考え出します。これは、表彰状や学級賞の授与、自分用のポイントカードなどのような仕組みによって達成することができます。積極的な社会的交流の機会には、読み手、記録者、およびタイムキーパーのような、従来的な役割に加えて、励ましてくれる人、集中させてくれる人、および人間関係をつなげてくれる人（グループメンバーが互いに親密になっているかを確認する役割）のような、児童生徒の役割が明確に定義された共同（協同）学習があります。

教師はまた、大声ではっきりと誰もが平等に評価されていることを示し、常に知的レベルに関係なく、行動の必要性、受け入れ、肯定的な貢献者として、すべての児童生徒

第 3 章　児童生徒のニーズへの対処

を尊重、育成する姿勢を示す必要があります。

　すべての児童生徒を教えるときには、障害のレッテルは多くの場合、感情的、社会的、行動的な意味を添付していることを知ることも重要であり、障害のある児童生徒は多くの場合、そのレッテルに関連づけられた先入観があることを認識しています。これは、肢体不自由、ダウン症候群、視覚障害などの目に見える違いがある児童生徒と、学習障害や情緒（感情）障害、二重例外とみなされている児童生徒、または高機能自閉症やアスペルガー症候群のようなあまり明らかな能力の違いがない児童生徒の双方にあてはまります。しかし、特別支援教育が発展するにつれて、教育的介入に対する応答（RTI）が導入されることによって、教育的介入が単なる障害のラベリングの枠組みから、変化してきています（Pereles, Omal, & Baldwin, 2009）。

考えてみましょう

　どうすれば、誰が学習内容を理解していて、誰が追加的支援や異なる学習のペース配分を必要としているかをすばやく把握することができますか？

　卓越した教師は、児童生徒の学習進捗度をチェックするために、個別学習の時間に、児童生徒のノートや解答に目を通すために教室内を机間巡視します。教師は児童生徒が知っていることを評価する前に、児童生徒が何を知っているかを評価するためにあまりにも多くの時間が経過し過ぎた場合、児童生徒の誤りが繰り返されたり、誤りを正しい事実と誤認されたりするかもしれません。退出カードなどの略式的な評価は、より累積的な評価が与えられる前に、誰が何を理解しているかを明確にするための優れた方法です。

　今私は＿＿＿＿＿＿＿＿＿＿＿＿＿＿＿＿＿＿＿＿＿＿＿＿＿＿＿＿＿＿＿＿＿＿
＿＿＿＿＿＿＿＿＿＿＿＿＿＿＿＿＿＿＿＿＿＿＿＿＿＿＿＿＿＿＿＿＿＿＿＿＿
＿＿＿＿＿＿＿＿＿＿＿＿＿＿＿＿＿＿＿＿＿＿＿＿＿＿＿＿＿＿＿＿＿＿＿＿＿
＿＿＿＿＿＿＿＿＿＿＿＿＿＿＿＿＿＿＿＿＿＿＿＿＿＿＿＿＿を知っている。

第 1 部　インクルーシブな学級における学びの促進

　また、児童生徒は練習問題で選択肢を与えられたり、「ジェパディ！」や「大金持ちになりたいか？」（いずれもアメリカの人気クイズ番組）の形式で口頭による質問に答えたりすることができます。

　すぐに誰が学習内容を学び取り、誰が追加的支援を必要としているかを発見するために、指示内容や学習した概念を言い換えたり、グラフィックオーガナイザーに重要な事実を書いたりすることを児童生徒に求めましょう。

第3章　児童生徒のニーズへの対処

コピーOK

スポンジ活動

1日または1週間のある決まった時間に、全員が異なる課題に対して異なるペース配分で取り組むといった考え方に基づく課題を児童生徒に取り組ませましょう。この課題は、チーム・ティーチングを行なう教師や教育支援員がインクルーシブな学級を推進するときに、追加的支援やモデリング、演習、復習、補強、または充実の機会を彼らに提供します。教科独自の課題や現在進行中の学習コーナーにおいて単独または協力しながら課題を完成させることができます。次の表では、学校での1年間を通じたスポンジ活動を提案します。

8〜9月	これらの新学期が始まる月の非公式対話型のクイズや、クロスワードパズル、コンピュータゲーム、ビンゴなど、多くの楽しい活動を通して児童生徒が学習する内容について事前の基礎的な知識を確立するための素晴らしい時間です。これらの活動は、児童生徒が写真、詩、雑誌、エッセイ、歌、劇、ディベート、討論、会議、ジオラマや掲示板で自分の好きな夏の活動を共有できるようにするための優れた機会です。オンラインカリキュラム関連ホームページ、WebQuests、パフォーマンスコーナー、芸術家のコーナー、ライティングコーナー、数学関連の活動での研究コーナーを確立します。あなたの児童生徒を知ることが、彼らがお互いをどの程度知っているかを学び合うことを支援するために、児童生徒が興味をもっている事柄を書いた用紙を配ったり、ピープルファインダーを配布したりします。自分の強みや好みの学習スタイルを共有するように児童生徒を奨励しましょう。楽しい学習コーナーで、勤労感謝の日、秋、祖父母、ジョニー・アップルシード、アメリカ原住民を祝い、たたえましょう。
10〜12月	認知、感情、精神運動スキルを評価する助け合いと持ち込みが可能な小テストを行なうことで、あなたが教えた内容に対する理解度を確認しましょう。学習コーナーは、他のジャンルで、または別の登場人物の視点から話を再び語ったり、登場人物に手紙を書いたり、主人公のためにセリフを書いたり、単元に関連する内容について最近大発見をした科学者のふりをする、ある歴史的な時代枠または別の大陸を設定した芝居をする、または粘土やコラージュから彫刻を作成するよう児童生徒に求めても良いでしょう。またこれらの月は、収穫を感謝し、家族と休日を祝い、恵まれない人たちと分かち合う時期です。児童生徒は、海外派兵された兵士や地元の特別養護老人ホームの高齢者に手紙を書いたり、さまざまな慈善団体に送付するための、地域からの寄付品を集めたりすることができます。視覚、聴覚、運動感覚の要素を備えた学習課題を与えることによって、消防士、コロンブス、識字、自由の女神、退役軍人、収穫、そして年の終わりを祝い、たたえましょう。
1〜2月	これらの月では、新年の決意を述べると共に、ジョージ・ワシントン、マーティン・ルーサー・キング・ジュニア、アブラハム・リンカーンなどの人々を称えます。サー・アイザック・ニュートン、スーザン・B・アンソニー、エルビス・プレスリー、ガース・ブルックス、ジョン・スタインベックは、1〜2月に生まれた有名人です。児童生徒は、伝記を書き、衣装をまとい、口頭発表をすることによって、これらの人についての調べ学習をすることができます。聖燭節やうるう年の活動も覚えておきましょう。歯の健康やバレンタインデー、中国の旧正月、アフリカ系アメリカ人の公民権運動の歴史を祝い、たたえましょう。
3〜4月	児童生徒は、学校がほぼ終わったと思ってもよいですが、今は違う形態のスポンジ活動を行なうのに最適な時間です。3月は、女性、音楽、工芸品をたたえる月ですし、そして米国赤十字運動月間です。児童生徒は社会事業に参加するなかで助けあい、自分の学校の環境をより良くする方法を見つけ出すことができます。児童生徒は、カリキュラムに関連する文字、楽器、景色、および背景のキャストでミュージカルコメディ、ドラマ、ミステリー、またはオペラのパフォーマンスのために踊りと歌を作ることができます。読み書き、そしてさまざまな調べ学習をしながら、児童生徒はより高次の思考を掘り下げましょう。彼らは家族のために、またはより下学年の児童生徒のために実行することができます。他のクラスや音楽、美術の先生との連携を図りましょう。春を忘れないでください。良好な栄養状態と女性の業績を祝いましょう。個別または協調的作文チームで、ドクタースースの本のいくつかを読んで批評したり、児童生徒にドクタースースのスタイルを見習わせて自分の物語をいくつか書かせたりすることによって、3月2日にドクタースースの誕生日をたたえましょう。
5〜7月	一部の地域では気温の上昇に伴い、児童生徒はプールに飛び込んだり、海水浴場に遊びに行ったりすることを想像するようになります。児童生徒が算数・数学、理科、社会科、読み書きの学習を関連づけながら、海岸を調査できるようにする学級の環境づくりをしましょう。児童生徒が協力しながら教科書の目次の題目を見直し、並べ替え、その後、学級内の他の児童生徒にその概念を教える機会を設けましょう。授業には、児童生徒が作成したテスト、パワーポイント、ビデオ、音楽、ダンス、演劇、コラージュ、討論などを含めることができます。5月の第2日曜日は母の日を、6月の第3日曜日には父の日を祝いましょう。5月の最初の週は、教師感謝週間です。国旗制定記念日は6月14日にあり、6月は全国安全月間です。6月の第2週にはペット感謝週間であることを覚えておきましょう。シンコ・デ・マヨ祝祭、戦没将兵追悼記念日、夏の到来、独立記念日を祝いましょう。年齢に適したレベルの課題や活動は、識字と計算能力を伸ばすために、それから友人関係を強化するために、児童生徒が興味とカリキュラムの主題を関連づけます。

出典：Toby Karten（2010）Inclusion Lesson Plan Book for the 21st Century

Inclusion Strategies and Interventions © 2011 Solution Tree Press

第1部　インクルーシブな学級における学びの促進

コピーOK

インクルーシブな教師のチェックリスト

各記述事項について該当する箇所（もちろん、たぶん、そうでもない）をチェックしてください。

	もちろん	たぶん	そうでもない
快適で受容的な学習環境を作り出せているか？			
すべての児童生徒に対して大きな期待を抱きながら前向きな姿勢を示しているか？			
計画的で整理された学級の状態を保つことができているか？			
児童生徒の予備知識を確立させているか？			
授業の目的を述べているか？			
児童生徒個々の興味、長所、異なる指導レベルを尊重しているか？			
評価の種類を多様にすることの正当性を信じているか？			
児童生徒の進捗状況にタイミングの良い評価を提供しているか？			
年間を通して定期的に児童生徒の学習レベルと進行状況をチェックするシステム（例えば、定期試験の採点期間）を設定しているか？			
どのようにすれば学ぶことができるかを認識している戦略的な学習者を育てているか？			
支援は提供しているが、児童生徒にとって有効ではない支援になっていないか？			
児童生徒の進捗状況を家族と共有することができているか？			
定期的に自分と同じ学年の同僚、チーム・ティーチングをする相手、チームメンバー、および他のスタッフとの連携を図っているか？			
継続的に自らの実践の研究やワークショップへの参加、学会や研究会から学んだ最善の実践を研究しているか？			
学習が発達や進歩の過程であることを信じているか？			
自分が常にすべての答えをもっているわけではないことを認めることができるか？			

出典：Toby Karten（2010）Inclusion Lesson Plan Book for the 21st Century

Inclusion Strategies and Interventions © 2011 Solution Tree Press

第 3 章　児童生徒のニーズへの対処

コピー OK

インクルーシブな学級のチェックリスト

□同じ概念や主題について取り扱いながらも水準が異なる教科書のような、難易度が変更された児童生徒向けの教材が利用可能である。

□すべての児童生徒が利用可能な活動テーブルには、予備の鉛筆用グリップ、グラフ用紙、追記可能な単語リスト、電卓、電子辞書、絵辞典、児童生徒が使用しやすいグラフィックオーガナイザー、および条件を満たした作品や作業の見本といった教材教具が備えられている。

□スポンジ活動や学習充実活動などの継続的な学習コーナーは、学級にとって常設の必需品になっている。

□学校の図書室や学級文庫には、教科書や研究雑誌、専門機関が発行している定期刊行物、実行可能な授業のアイデアが掲載されている教育雑誌などのカリキュラム関連教材や適切な資料が備わっている。

□備品は、すべての児童生徒が教材を利用したり、学びを深めたりすることができるように配置されている。例えば、不要物は身体的・視覚的な困難のある児童生徒の可動性を高めるために除去され、机は高さが適切に設定されている。

□教室には、児童生徒の異なる感覚のニーズを尊重する設定がなされている。例えば、照明やまぶしさを考慮したり、開いている窓やドアのような、注意が逸らされる場所から離れて座ったり、児童生徒が読唇をしている場合には、円形に着席するようにしたりなどの配慮がなされている。

□電子黒板、点字ノート作成装置、携帯ワープロ、単語予測プログラム、音声認識システム、電子辞書、拡大・代替コミュニケーション、音声増幅器などの支援テクノロジーが利用可能になっている。

Inclusion Strategies and Interventions © 2011 Solution Tree Press

第1部　インクルーシブな学級における学びの促進

> コピーOK

理想のインクルージョン vs. 偽のインクルージョン

インクルージョンを推進する上で、やるべきこととやってはいけないことを記録しておくために、次の表を使用しましょう。最後の3行の空欄は、理想のインクルージョンと偽のインクルージョンについてのあなた自身の考えを追加するために設けています。

理想のインクルージョン	偽のインクルージョン
教師は、児童生徒の発達の最近接領域内にある課題や作業を与えることによって、児童生徒の学習レベルを尊重している。	児童生徒の予備知識の程度、あるいは指導レベル、自立レベル、不満レベルの違いを考慮せずに課題が標準化されている。
指導目標、方法、および教材は、児童生徒の長所や学力レベルを明らかにするデータと一致させるように変更している。	これまでの評価データに関係なく、同一の指導目標、方法、および材料が学級全体に与えられている。
児童生徒が、他とは異なっている、あるいは仲間よりも能力が低い者として目立つことがなく、学級の構成要素として認められている。	どこに座っているか、そして教師にどのように扱われているかによって、誰が多様性のある児童生徒かが明白になっている。
すべての児童生徒は、社会的にも学業的にも学級の不可欠な構成要素となっている。	障害のある児童生徒が、障害のないクラスメートと社会的や学業的に年齢相応な活動に参加する機会が限られている。
教師は、計画、指示、および評価について、他の同僚教師と責任を共有している。	通常の学級担任教師が中心的な役割を果たす教師であり、一方、特別支援教育担当教師は授業を最小限しか提供しない。
管理職、教職員、家族、児童生徒の間に継続的な連携がある。	管理職、教職員、家族、児童生徒はめったに教育理念や目標を共有しない。

Inclusion Strategies and Interventions © 2011 Solution Tree Press

第4章
評価・合理的配慮・データの利用

僕の答えは正しかったのに、先生は不正解にしたんだ！ 魚は何のグループの仲間かという問題で、僕は、答えは植物じゃないとわかっていた。だって、植物は動物のグループじゃないから。僕は、Aの脊椎動物とBの無脊椎動物の両方に丸をしたんだ。正解は脊椎動物だったけど、先生は僕の答えをどっちも不正解にした！ 半分正解にしてくれたっていいのに。

　責任は、児童生徒の発達にとって重要です。学習における成功とは、計算力や作文の成績の向上ではなく、知識をいかに記憶し応用するかによって捉えられます。教師は、継続的な評価データによって、学校を成功に導く有益な教育情報を得ることができます。教師の観察・クイズ・退出カード（退室時に学んだことや説明してほしいことを書き、教師に提出するカード）・レポート・共同プロジェクト・単元テスト・学区の標準テストは、どれも皆重要なデータを示す評価形式です。

　また、児童生徒は、合理的配慮とモディフィケーションにより支援され、自立の道へと導かれなければなりません。時にわれわれは、児童生徒の支援に熱心になるあまり、必要以上に支援に依存させてしまいます。足場かけは必要かもしれませんが、支援は現実的で、個別に応じたものでなければなりません。

▶ データの利用

　学校組織における説明責任が重視されるようになり、標準テストは、多くの教師・児童生徒・家族・校長・その他管理職・そして官僚や立法者の労力を消耗させ、多大な不安とストレスを引き起こしてきました。脳研究の報告によると、ストレスは不快感につながり、非生産的な学習環境を生じさせます（Wolfe, 2008; Sousa, 2007）。管理職や教師の中には、障害のある児童生徒をインクルーシブな学級に入れることが、学校や学級の成績に悪い影響を与えるのではないかと心配する者もいます（Voltz, Sims, Nelson, &

Bivens, 2008)。しかし、すべての関係者が、評価が有益なツールであることを理解し、ためらわずに活用すべきなのです。

　標準テストの成績は最も重要ですが、データはそれだけではありません。以下のリストは、さまざまなカリキュラムに基づく評価の選択肢で、有益なデータを提供します。

- 学問または社会的な日誌
- 図工（美術）プロジェクト
- 集中や行動のチェック
- 退出カード
- 採点された宿題
- KWL 表
- 学習契約書
- 音楽プロジェクト
- ノートの確認
- 教科書持ち込みや持ち帰りテスト
- 授業参加
- ポートフォリオ
- 章ごとの小テスト
- 共同（協同）学習
- 累積的考察
- 予備テストと復習テスト
- 進捗グラフ
- クイズ
- 自己評価
- 児童生徒面談
- 教師の観察
- 技術プロジェクト
- 単元テスト
- 言語プロジェクト

　評価による児童生徒のデータは、指導法とカリキュラムの決定を導くために利用できます。障害や特性のある児童生徒には、学習成果の向上のために、さまざまな提示方法・合理的配慮・評価が必要です。インクルーシブな学級で、児童生徒の多様な知能・知性を引き出すために、より視覚的・聴覚的・感覚運動的な要素を取り入れ、最終評価は、成績表の評価以上に、正確に児童生徒像を映し出すのです。

　インクルージョンは経過に課題があり、データは定期的に見直さなければなりません。教育ストラテジーと目標への進捗を把握することが、カリキュラム習得には不可欠です。インクルーシブ教育の実践者は、ためらいを捨て、児童生徒の発達に効果的な指導法を作成するために、このようなデータを活用すべきなのです。

▶ 合理的配慮とモディフィケーション

　データは、それが児童生徒の実像を表す場合にのみ有益です。合理的配慮あるいはモ

ディフィケーションがデータの有効性に影響するのであれば、歪められた情報では目的を果たせません。例えば、教師が児童生徒にある文章を読んで聞かせた後、質問に答えるよう指示すると、その解答は、児童生徒自身の実際の読解力の評価にはなりません。しかし、読解力ではなく数学力を確認するために、教師が数学の文章問題を口頭で述べるのは、現実的な合理的配慮といえるでしょう。

合理的配慮とモディフィケーションには次のような違いがあります。合理的配慮とは、学習到達目標を変更せずに、個別のニーズに応じた理にかなった配慮を特別なニーズのある児童生徒に適用することです。モディフィケーションは、特別なニーズのある児童生徒に、他のクラスメートとは違う目標を実行させることです。時に、授業や評価のモディフィケーションにおいては、学習範囲の量や深度を変えることがあります。例えば、ある児童生徒が代数学コースの代わりに機能的数学を学習するという場合です。一方、合理的配慮では、ワークシートを点字にしたり、頻繁に休憩をとらせたりという対応をして、通常の学級の児童生徒と同じ学習到達目標を設定します。合理的配慮の適用には、学習に困難のある児童生徒のために口頭や書きことばで指示をしたり、読唇する聴覚障害の児童生徒の方に顔を向けたり、視覚障害のある児童生徒のためにワークシートの文字を大きくしたり、というように、比較的すぐに取り組みやすい場合もあります。

■合理的配慮

合理的配慮とは、児童生徒の個別のニーズに対応することです。例えば、学習または知覚に違いのある児童生徒には、より単純だったり、指示を書き換えたりといった、児童生徒にわかりやすい形式による提示が必要でしょう。

図 4.1 において、算数問題 1 は、適用する公式の予備知識と、2 つの異なる問題が提示されていることを理解する力が必要となります。算数問題 1a と 1b は、公式を提示し、2 つの別々の問題に分割しています。これにより、記憶と知覚に問題のある児童生徒を支援しています。児童生徒は公式をそれぞれの図形に適用しなければなりませんが、複雑なレイアウトが単純化され、それぞれの必要条件が明白に概説されています。三角形の底辺と高さに記号がつけられ、正方形の特性を思い出すためのヒントがあります。また、各図形の外周と面積の答えを書くために、それぞれ空白が設けられています。このような足場かけがさらに必要な場合もありますが、必要以上の支援は他の児童生徒を甘やかしてしまいます。熟慮が必要です。最終目標は、児童生徒の不満や複雑さ

第1部　インクルーシブな学級における学びの促進

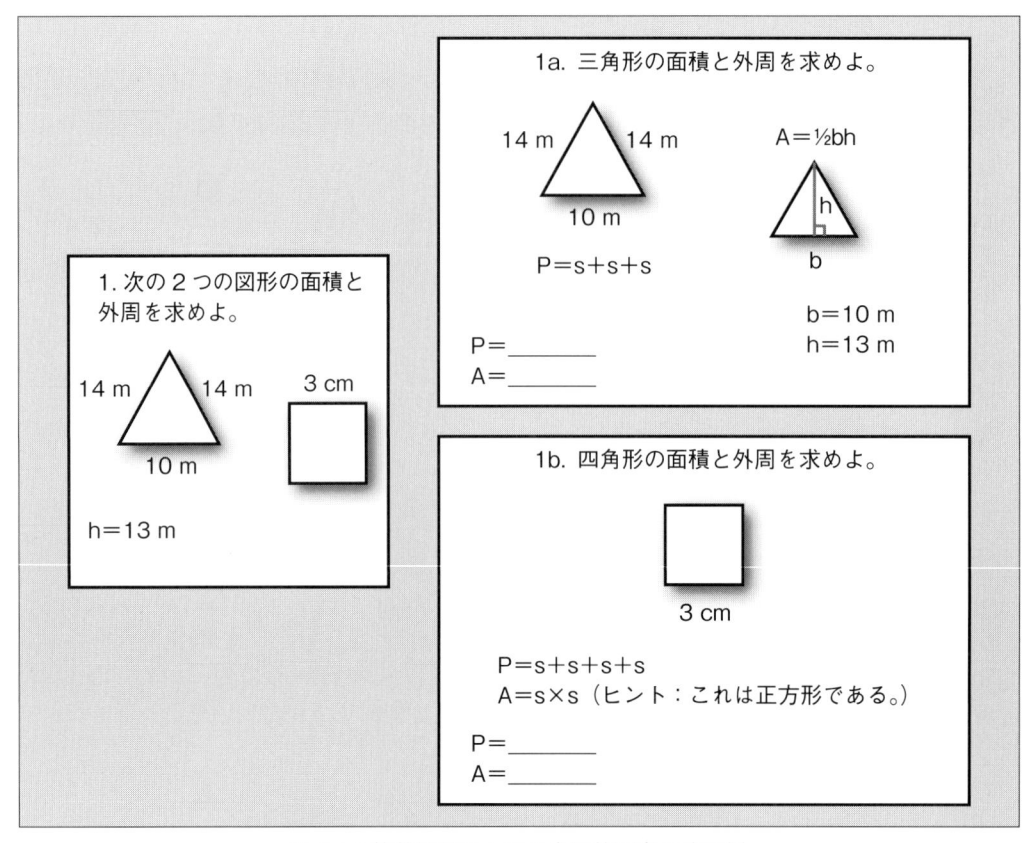

図4.1：算数問題における合理的配慮の適用例

を緩和しつつ、学習のやりがいを提供することです。

　次の図4.2の課題は、内容は同じですが、オプションⅠはより整然としており、読字障害をもつ児童生徒の不満を軽減させます。オプションⅡはことばを音節で分割し、先に定義を提示しています。文章は、より簡潔で文字サイズが大きく、キーワードを太字にして下線を引いています。さらに、2つ目のバージョンでは、学習者に、構文能力や視覚空間的能力（説明を添えた絵）を披露する機会を与えています。また、丸暗記だけでなく、より批判的思考能力を尊重するような機会を提供しています。

　学級に適応するための工夫は、スケジューリング・児童生徒の反応の量と質・環境・教材・指導法といった分野でなされます。テストにおける合理的配慮には、提示法・時間・環境・反応・補助の変更が含まれます（Edgemon, Jablonski, & Lloyd, 2006）。合理的配慮とモディフィケーションは、多くの場合、児童生徒のIEPにおいて指定されます。指導的な合理的配慮は決して一般的とは言えず、児童生徒全員ではなく一部の学

●テストオプションⅠ

指示：それぞれの用語と定義の記号を正しく組み合わせよ。

1. _____ 脊椎動物　　　　A. 関節のある外骨格をもつ動物
2. _____ 無脊椎動物　　　B. 脊柱または背骨のある動物
3. _____ 内骨格　　　　　C. 脊柱または背骨のない動物
4. _____ 外骨格　　　　　D. 動物の体内にある骨格
5. _____ 節足動物　　　　E. 動物の体外にある骨格

●テストオプションⅡ

指示：

A. それぞれの定義を、下の表の用語の記号と正しく組み合わせよ。

1. _____ 関節のある**外**骨格を**もつ**動物
2. _____ 背骨の**ある**動物
3. _____ 背骨の**ない**動物
4. _____ 動物の体**内にある**骨格
5. _____ 動物の体**外にある**骨格

A 脊椎動物	B 無脊椎動物	C 内骨格
D 外骨格	E 節足動物	F 扁形動物
G 海綿動物	H 寄生虫	I 軟体動物

B. 文章を書くか、または、5つの言葉で説明を添えた絵を描きなさい。

図4.2：理科のテストにおける合理的配慮の適用例

第1部　インクルーシブな学級における学びの促進

習者に適用されます（Paterson, 2007）。教師が適切な足場かけを提供し、同時にやりがいも提供することが重要です。以下は、合理的配慮のシナリオの例です。

- インクルーシブな学級において、学習に違いのある児童生徒は、概念を具体化し、強化するために、スキルを繰り返し教える必要がある場合があります。例えば、教師の1人があるグループでスキル強化の機会を与え、その間に、もう1人の教師が、他の児童生徒に、読み書き能力や理科、算数・数学の指導をするというような具合です。常にグループを変え、ある特定のグループが他よりも手厚い支援が必要なグループだ、とクラスメートに認識されないようにします。
- 児童生徒の中には、想定外のことが起きなければ、より良い学習ができる者もいます。例えば、児童生徒に評価するためのエッセイを書かせる場合、自宅で本人にとって身近な例題を練習させることなどが考えられます。
- 多くの児童生徒にとっては、予備知識に相違がある場合、語彙や指示の言い換えや、専門用語を少なくして単純化することが必要です。児童生徒に電子辞書を使用させることは、適切な合理的配慮でしょう。
- テストの成績が良くない児童生徒の中には、正しい情報を入手して学習できていないことが原因の場合もあります。ノートの頻繁なチェック、クラスメートの助言による協力、より多くの児童生徒と教師間での面談と補習は、適切な合理的配慮となるでしょう。
- 視覚障害のある児童生徒の場合、内容を単純化するのではなく、大きな文字サイズのテストや、より整然としたワークシート、あるいは特別に文章を音声変換するといったことが必要かもしれません。授業内容を視覚的に理解する代わりに、コンピュータに接続したヘッドホンを使用して内容を聴くことも考えられます。
- 児童生徒が1ページに書かれている多くの情報に対して視覚的に圧倒され、プリントの1行を追うことができない場合、文章の一部を隠すという方法は、適切な合理的配慮となるでしょう。例えば、リーディングトラッカーやページブロッカーを用いたストラテジーテーブルは、結果と必要条件を変えることなく、児童生徒の理解の妨げにならないよう知覚的困難を回避できます。
- 筆記者やデジタルレコーダーによって考えを口述するといった書字障害（ディスグラフィア）のある児童生徒には、コミュニケーションの方法を与え、判読不明な手書き文字による不利がないようにします。

第4章　評価・合理的配慮・データの利用

- 聴覚障害のある児童生徒は、画像や映像の追加や、教材を使った触知（触って知覚する）の機会を必要とする場合があります。
- 脳性まひの児童生徒は、バランスの問題や体が不自由な場合がありますが、他のクラスメートと同じ知性・知能を備えています。休憩を挟み、時間をかけると、同じテストをやり遂げることができる場合もあります。それぞれのペースで作業を完了できるように、児童生徒のニーズを尊重したさまざまな活動を含んだスケジュールを設定します。
- ADHDの児童生徒には、学習内容をより小さく分割する必要があるかもしれませんが、教室における指導の際には、弱点に注目しすぎないようにします。例えば、児童生徒の注意を授業に向け直すヒントとして、個人的な合図を送ったり、児童生徒のほうからも、授業についていくためにペースを落としてもらう必要があるときに、教師に合図を送ったりということをします。

■モディフィケーション

　合理的配慮と同じく、モディフィケーションも児童生徒の個別のニーズに応じていきます。モディフィケーションにより学習到達目標と結果が変わることが多々あっても、その学習内容があまりに難しかったり、基準が不適当であったりすることによって児童生徒がイライラすることなく、それぞれの自立レベルで発達できるなら、そのモディフィケーションは妥当です。例えば、理科の課題で、穴埋め問題を完成できるのに論文形式の設問には答えられない場合、他の児童生徒のように質問すべてに答える代わりに、修正された課題をこなします。単語の問題を解くために電子辞書を使っても良い児童生徒に対しては、修正された評価をつけます。手書きが困難で自分の名前の判を使っている児童生徒は、その都度名前を書く代わりに、微細運動スキルの障害のための適切なモディフィケーションを与えられています。体育の授業で運動の回数を減らすことも、モディフィケーションの1つです。教師が採用するモディフィケーションは、それぞれの児童生徒ごとに決定します。通常の学級担任教師・特別支援教育担当教師・関連スタッフ・家族が一体となって難易度を修正するよう協力し、常に自立と学習の進展を奨励する必要があります。

　表4.1は、評価とカリキュラム活動の両方における、合理的配慮とモディフィケーションに関して詳述しています。

第 1 部　インクルーシブな学級における学びの促進

表 4.1：教室における合理的配慮とモディフィケーション

カリキュラム	評価
場所：静かな教室空間、個別閲覧席、または資料室や図書館のような異なる環境	場所：静かな教室空間、個別閲覧席、または資料室や図書館のような異なる環境
準備：予備知識の基準レベルの確立。教室のストラテジーテーブルに、削った鉛筆・消しゴム・鉛筆握り・グラフィックオーガナイザー・転換語リスト・学習のユニバーサルデザインの原則を守るその他のアイテムを置く。単元の初めにカレンダーを配り、児童生徒にカレンダーと課題の対応をさせる。	準備：児童生徒に質問の形式を知らせる。クイズやテストの事前告知をする。短期・長期の評価のために個人またはクラスのカレンダーを使うことを奨励する。
量：全クラス指導ではなく、より小さなグループで行なう。概念の繰り返し学習、問題の削除（例：教室や宿題で奇数や偶数の部分だけを取り組む）など。	量：大きな全クラスの環境ではなく、より小さなグループでのテスト。テストの設問を減らす。理解度を判断するために頻繁にテストを行なう。問題の選択肢を減らす（例：選択肢の数を 4 ではなく 3 にする）。
品質／深度：語彙と概念が教育的基準に沿うようにするために、個別課題の時間に児童生徒をよく観察する。予備知識に基づく学習目標と目的を個別に適用する。	品質／深度：学習面や社会性における発達を把握するため、四半期ごとに評価されるチェックリストを利用する。レベルと発達を測定するため、頻繁な児童生徒面談を行ない、ポートフォリオの学習サンプルをチェックする。習得についてだけでなく、成果にいたるまでの努力や過程についても、頻繁かつ現実的に褒め、フィードバックする。
時間／スケジューリング：ノートを書いたり、教室内の課題を完了したりするために、時間を延長する。身体的なスタミナや集中力の問題があれば、休憩を頻繁に取らせたり、休憩時間を長くしたりする。	時間／スケジューリング：時間の延長。頻繁な休憩。午前中や昼食の前または後にテストを行なう。
教材／資料：ワークシートの文字サイズを大きくしたり、拡大オーバーレイを用意したりする。盛り上がった線図や起伏地図のような触覚型のグラフィックを使用する。余計な表現を削除して、より整然としたフォーマットを使う（例：段階分け・色分けしたセクション、または、質問や課題の空白を多くとるなど）。グラフィックオーガナイザーの追加・カリキュラム関連の視覚化・児童生徒と教師が共同で作る学習ガイドを採用する。補足的なテキストを使用する。復習の時間をとる。気が散らないようにヘッドホンを使用させる。より多くの教材を採用する（例：数え棒・電卓・数直線・電子辞書）。拡声装置を使用する。必要に応じてテクノロジーを増設する。	教材／資料：丸を塗りつぶすマークシートではなく、テストの冊子に解答を記録させる。デジタル録音の解答を許可する。大人や同級生の筆記者に筆記させる。コンピュータ解答でキーボードを使用して解答を書く。気が散らないようにヘッドホンを使用させる。より多くの教材を採用する（例：数え棒・電卓・数直線・電子辞書）。
伝達：音声拡大装置の使用。授業で多重知能に変化をもたせる。手話やトータルコミュニケーションの選択を与える。ワークシート・教科書・課題の点字版を用意する。はっきりとした簡潔な言語と手本により、独立あるいは共同プロジェクトの指示を明確にする。例えば、数学の問題を解いたり、エッセイを書いたり、文章を流暢に読むためにはどうしたらよいか、段階的な指示と手本を与える。読唇する児童生徒に話すときは顔を向ける。パワーポイントでの提示のような視覚支援を増やす。	伝達：評価選択のために多重知能を尊重する。必要に応じ手話またはトータルコミュニケーションを提供する。指示を出す際に音声拡大装置を使用する。評価の点字版を提供する。指示を言い換える。ルーブリックのような手本を提供する。望ましい学習例を共有する。適切な指示書をもっと利用する。継続的・直接的・現実的なフィードバックを提供する。

▶ 学習性無力感の回避

　合理的配慮は、有意義で現実的でなければなりません。教師がスプーンで児童生徒に食べ物を与えるのではなく、スプーン・ナイフ・フォークを児童生徒に与えて、彼らがこれまで学習したことを自ら掘り下げるようにさせなければなりません。合理的配慮は、決して停滞してはならず、むしろ、教師・支援チーム・家族・児童生徒自身によって絶えず再検討されるべきです。そうでなければ、児童生徒は、スキルを磨くことよりも、大人やクラスメートを頼りにして解答することを学んでしまうかもしれません。

　適切なカリキュラムが提示されなければ、障害のある児童生徒は、全国学力テストを受け、通常教育カリキュラムから提供されるより多くの学習内容に触れることで、さらに遅れをとることになるでしょう（King-Sears, 2008）。児童生徒に授業を受けさせるだけでなく、妥当で取り組みがいのある合理的配慮やモディフィケーションを行なった、適度な足場かけを確保するためには、さらなる合理的配慮の検討が必要です。

　児童生徒をよく観察しましょう。そうすれば児童生徒のニーズにつながる適切な教育的介入を行なう道が開けます。同僚教師の教室を視察し、彼らからもヒントを得ましょう。学校環境においての同僚教師との情報交換に加え、職能団体に所属し、学会や会議に出席し、他の専門家らとネットワークをつくり、さまざまな情報源から根拠に基づく実践例を精査することが重要です。

　多様な評価からのフィードバックが、適切な指導・サービス・配置を行なうべく再検討されたときに、評価は児童生徒に利益をもたらすのです。児童生徒の知識の評価は、正確に児童生徒の発達を把握することによって、指導すべき範囲とその効果を測定するのに役立ちます。これらのデータは、その後、管理職・スタッフ・家族・児童生徒に通知されます。障害のある児童生徒に大きな期待を寄せ続ける教師は、積極的かつ一貫して、児童生徒が知識を披露できるような現実的な合理的配慮を提供します。率先した処置は、児童生徒の知識を阻害するのではなく、強化するのです。

▶ 授業の例

　以下は、適切な目標・手順・合理的配慮・モディフィケーション・評価からなる授業の例です。これらの例を読んだ後、「私の授業計画」（91ページ）を用いて、あなた自身の計画を作ってください。

第1部　インクルーシブな学級における学びの促進

■百分率

授業の目標：数の百分率がわかるようになる。

手順と児童生徒のかかわり：児童生徒は自分の好きな地元のレストランのメニューを持ち込む。グループ活動では、注文したいものを選び、全体の会計額を計算し、税とチップを加算する。

合理的配慮／モディフィケーション：一部の児童生徒には電卓の使用を全面的に許可するが、他の児童生徒については、計算の答えを確認するためだけに電卓を使わせる。このプロジェクトで必要な手順のチェックリストを、児童生徒と、手順に沿ってガイドする助言者の役割を担うクラスメートに配布する。教師は、クラスを小グループに分ける前に、税とチップの入ったレストランの注文例の手本を見せる。

評価：児童生徒の評価は、最終的な成果の正確さと発表に基づき行なう。また、グループの仲間との協力が見られたかどうかについても評価する。

■説得力のある手紙

授業の目標：効果的で説得力のある手紙が書けるようになる。

手順と児童生徒のかかわり：教師主導による話しあい活動の間、児童生徒は学校・地域・世界において、どのような変化を望むか（例えば、図書館にもっと本が欲しいとか、今までと違う学校給食が選べるとか、レストランにペットを連れていっても良いとか、飢饉貧困が根絶することとか、戦争のない世界など）という約10項目のリストを、協力して作成する。

合理的配慮／モディフィケーション：応答に時間がかかる児童生徒には、前日に手がかりを与え、自宅で家族と課題について考えてくるように指示する。また、課題を言い換えて、児童生徒にとって大切なものを幾つか挙げさせ、もし誰かがそれを持ち去ったらどうなるかを答えさせる。さまざまな記入シートは、児童生徒の考えを文と段落に構成する手助けとなる。段階的な支援テクノロジーの導入により、手紙をオンラインで書かせることもある（http://readwritethink.org/materials/letter_generator）。教師は、個々のパーツをリストにした索引カードを配布し、正しい順—日付、住所、挨拶、本文、結び、署名—に並べるよう指示することで、手紙の一部の手本を示す。児童生徒は、実際に手紙を書き始める前に、索引カードの白い面に主題文を、それを補強する詳細を罫線の入った面に書いて、考えをまとめる。微細運動機能に障害のある児童生徒は、大人やクラスメートに考えを口述して書き取ってもらう。

評価：まず、児童生徒は説得力のある手紙に求められる必要条件の評価基準と、優・良・可・標準以下の手紙の例を与えられる。次に、児童生徒と教師は、一緒にその手紙を等級分けする。その後、児童生徒は、自分の手紙を見直して修正するように教師から促される。元の手紙と修正された手紙の得点の平均値をとり、1つの成績と見なす。このような形であれば、改善内容が評価される。

▶ 機能的で代替的な評価

　研究者は、重度の障害のある児童生徒に対する社会の見方が、発達的観点（精神／実際の年齢に関して）から、機能的観点（日常生活に関して）に変わってきたと指摘しています（Browder et al, 2004）。このため、より重度の障害のある児童生徒を対象とした代替的な評価を、どのように通常教育カリキュラムの評価基準と連携させるかについて強い関心がもたれるようになりました。低い知的能力をもつ児童生徒が、代替的な評価方式を与えられると、適用できるパフォーマンス指標は、通常教育カリキュラムと機能的なカリキュラムの混合になります（Browder et al, 2004）。たとえ代替的な評価が家族・通常教育と特別支援教育の教師・チームメンバーによって決められる修正であるとしても、カリキュラム基準を常に視野に入れる必要があります。例えば、正と負の数について勉強していて、その代数概念があまりに難しい場合、代わりに温度計と氷点下の温度について学ばせることは、その概念を教える、より機能的な方法でしょう。目標はカリキュラムの評価基準に連動しますが、コミュニケーション・日常生活のための自身の世話・感情的な評価コントロールといった機能的な能力も見落せません。

　これを達成するための選択肢がいくつかあります。1つは、内容はすべての児童生徒と同じですが、到達目標や成果にはさまざまなレベルがあるカリキュラムの実行です。もう1つの方法は、カリキュラムに機能的で社会的な能力を取り入れることです。例えば、児童生徒がグループ内で画材を共有するように言われると、自助・社会的・コミュニケーションスキルの主要な生活領域において、社会的な目標と結果を提供することになるのです。児童生徒は代替的に知識を表現すると、通常の学級における参加が増加します。

　あらゆる年齢の障害のある児童生徒が、能力や長所を正確に把握する評価の対象となるべきであり、それによって正確で責任ある教育像が生まれます（Thurlow, Elliott, & Ysseldyke, 1998）。もし結果に重点を置くなら、すべての関係者は努力と習得の過程に

第1部 インクルーシブな学級における学びの促進

ついての重要性も理解する必要があります（Iseminger, 2009）。有効な評価は、教室で行なわれる指導の種類と適合します（Salend, 2005）。例えば、指導的な授業がクラスでの話しあい活動を含むなら、組み合わせや選択問題よりも、自由解答式の質問や論述問題の方が有効な評価の選択肢でしょう。退出カード・宿題・ノートのチェック・クラス参加のようなカリキュラムに基づく評価は、学習者を教育に大きく関与させ、学習能力と、彼らのレベルのメタ認知のより高い習得を促進します。決して評価を児童生徒のランク付けに用いてはなりません。そうなると、失敗した児童生徒はさらに落ちこぼれ、あるいは挑戦することを止めてしまうことになるでしょう。その代わりに評価は、到達までの過程を示すために利用されるべきです（Stiggins, 2007）。

　IDEA 1997 に始まり、IDEA 2004 と NCLB（2001）のような他の法律でも繰り返し表明されていますが、より重度な知的障害のある児童生徒は、AA-AAS の略称で知られる、代替的な学習到達基準に基づく評価をすることが許諾されています（Towles-Reeves, Kleinert, & Muhomba, 2009; Quenemoen, Rigney, & Thurlow, 2002）。代替的な学習到達基準における評価は、以下のどのような組み合わせも考えられますが、これに限ったものではありません。

- 日付のある作品サンプルのポートフォリオ
- 事例報告
- 習得技能や活動のチェックリスト
- 直接の質問や観察など、1対1のパフォーマンス評価（Roeber, 2002）

　説明責任が求められる時代において、児童生徒は誰1人テストから排除されてはいけません。AA-AAS は、テスト内容の修正をしますが、筆記試験で適切に内容の理解を示すことができない児童生徒に限って適用されます。それは、障害のある児童生徒のおよそ9％、または全学校児童生徒のおよそ1％です（米国教育省, 2005）。これらの代替的な評価は、学術水準と学年レベルの内容と習熟度が連携していなければなりません（Towles-Reeves, Kleinert, & Muhomba, 2009）。複雑さの度合いと実施される修正の種類は変動していくでしょう。

　他のテストとしては、学年レベル達成基準における代替的な評価（AA-GLAS）や、修正達成基準における代替的な評価（AA-MAS）などがあります。修正された標準評価は、答えの選択肢が少なかったり、簡易な語彙を使ったり、項目が少なかったり、ま

たは文章が短かったり少なかったりすることがあります。それでも、学年レベルの基準に適合したテストなのです。標準テストの修正は、より少人数のグループでのテストから、算数・数学のテストで電卓や他の算数・数学教材の使用を許可することまでさまざまです。しかし、正確に児童生徒のレベルを評価するためには、モディフィケーションによって試験の対象となっているスキル自体を避けることはできません。例えば、読解テストでは人に読んでもらうことはできませんが、算数・数学のテストで単語問題を読んでもらうことは許可されます。評価の対象が算数・数学であって、読書スキルではないからです。

■形成的評価と累積的評価

　小テストやノートのチェックのような形成的評価は、指導内容の判断のために断続的に行なわれます。一方、章ごとのテスト・単元テスト・標準テストのような累積的評価は、特定の時期、通常は単元や学期の終わりに行なわれます。カリキュラムが困難となり、頻繁にテストや形成的評価を実施するのであれば、大規模な累積的評価を実施する前に、児童生徒の理解度について事前情報を得る必要があります。非公式の観察・口頭質問・ノートのチェック・より多くの話しあいや議論・児童生徒の面談によっても、どれだけの授業内容を児童生徒が理解したかを明らかにできます。

■自己評価

　児童生徒に学習上の評価基準を与えることは、児童生徒のメタ認知を増やすもう1つの方法であり、それにより児童生徒は自己評価をし、到達目標と自分の取り組みを比較することができます（Salend, 2005）。RubiStar（http://rubistar.4teachers.org）は、音楽・図工（美術）・読書・理科・算数・数学・口頭によるプレゼンテーション・プロジェクト・マルチメディアの課題といった、多くの分野で優れた評価基準を提供しており、教師が取り入れることができます。教師は、児童生徒が課題を完了する前に評価基準を配布して、到達目標を通知します。その後、児童生徒はそれぞれ、自分の成績がすべてのカテゴリーにおいて印をつけられている、同じ評価基準を受け取ります。表4.2（86ページ）に、文学冊子作成のための評価基準の例を示します。

■ポートフォリオ

　ポートフォリオは、学習者の努力・進展・達成を示す、目的のある作品集です

第 1 部　インクルーシブな学級における学びの促進

表 4.2：文学冊子作成のための評価基準

児童生徒の氏名：

カテゴリー	優（4点）	良（3点）	可（2点）	最小努力（1点）
作文と構成	冊子の各章に、明らかな初め・中・終わりがある。作品のすべての要素が連続した順序で書かれている。	冊子の大部分の章に、明らかな初め・中・終わりがある。要素の少なくとも80％は、順序だっている。	冊子のいくつかの章に、明らかな初め・中・終わりがあるが、順序が正しいのは要素の80％未満である。	明らかな初め・中・終わりがあるのは冊子の半分未満で、順序だっていない。
内容と正確さ	冊子の事実はすべて正確で、主要な物語要素・背景の言及・人物・筋・結びが表現されている。	冊子の事実の少なくとも80％は正確である。主要な物語要素と詳細が含まれている。	冊子の事実のうち、70-79％は正確だ。物語要素はあるが、詳細はほとんど挙げられていない。	冊子の事実の70％未満が正確だ。多くの物語要素は不正確であるか、存在しない。
魅力と構成	冊子はひときわ魅力的なレイアウトがなされ、情報がよく整理されている。	冊子は魅力的なレイアウトがなされ、情報がよく整理されている。	冊子には、よく整理された情報がある。	冊子のレイアウトと構成がわかりにくい。
綴りと校正	冊子には綴りや文法の誤りがない。	冊子の綴りや文法の誤りは 5 つまでしかない。	冊子の綴りや文法の誤りは 6 つ以上あるが、明らかに理解はしている。	冊子の綴りや文法の誤りが、内容を阻害している。
絵	絵が作品の選択と調和している。文章と絵の組み合わせがよくとれている。	絵が物語と一致しているが、文章を邪魔しているところが多い。	絵の一部は物語を表しているが、少な過ぎ、文章が多すぎる冊子になっている。	絵が文章に対応していなかったり、物語と関係なくランダムに選ばれたりしている。
合計	0 点	9 点	4 点	0 点
13/20 点＝ 65％				

出典：T. Karten（http://rubistar.4teachers.org.）

（Paulson, Paulson, & Meyer, 1991）。ポートフォリオは、多くの場合、最終的な成績を決定するに過ぎない公式評価よりも有益です。ポートフォリオの中の、日付入りの作品サンプルは、復習や評価のための具体的な成果物を多様に提供し、建設的なフィードバックのある対話を増やすことにつながります。概して、この種の説明責任は費やされた努力を考慮しており、単なる到達度の等級の数字ではありません。真の学習過程であ

第 4 章　評価・合理的配慮・データの利用

るならば、このような省察は不可欠です。ポートフォリオが標準テストに取って代わる必要はありませんが、児童生徒の発達と学力レベルを考慮する際には、確実に評価対象に入ります。

　学業上・行動上の成果はどちらも、指導とその後の有意義な実践を通して達成されます。授業が予想よりもうまくいかなかったと内省する教師は、指導のレパートリーを増やし、改善しようとする活発な学習者でもあります。名門のカーネギーホールにはどうやって行くか（どうすればカーネギーホールで演奏できるレベルに到達できるか）、という古い格言は正に真実です：練習、練習、練習！　しかし、訂正のフィードバックがなければ、その練習は、失敗続きになるでしょう。

▶ 機能的行動評価（FBA）

　もう1つの考慮すべき分野は、規律上の問題がある、または行動上の問題のために在籍先が変更になった児童生徒を評価する方法です。機能的行動評価（FBA）は、特定の行動に良い影響を及ぼすことを目的に、行動データを観察します（Stage et al., 2008; Chitiyo & Wheeler, 2009）。これには、作業や状況的要求について考察し、その特定の行動が起こったときの前提条件を確認することが含まれます。具体的には次のようなことです。作業が難しすぎたのではないか？　児童生徒の予備知識の範囲内の作業ではなかったのではないか？　児童生徒はもっと注目されたかったのだろうか？　あるいは、クラスメートやスタッフが、その行動を引き起こすようなことを意図せず言ったり行なったりしてしまったのではないか？

　FBA アプローチは、挑戦的行動の発生を効果的に減少させます。ポジティブな変化を促進するためには、FBA を実施して、なぜ、そして、いつ、行動が起こっているかを調査することが重要です（Sasso, Conroy, & Stichter, 2001）。いったん、その行動の原因がわかれば、行動改善計画（BIP）を作成し、児童生徒のニーズに対処することができます。BIP は、明確で、肯定的で、体系化された行動支援を提供し、「私は、先生にアイコンタクトをすることで授業に参加します」というような、肯定的なことばで書かれた行動計画です。その後、教師は児童生徒の行動を管理し、毎日または毎週、特定の目標の進捗状況を観察します。例えば、より肯定的な自己言及をしたり、クラスメートに現実的な手助けをしたり、注意を向けるといったようなことです。

　ソーシャルスキルの指導と観察は、系統的な段階に従って、児童生徒の現在の社会機

第1部　インクルーシブな学級における学びの促進

能的レベルの一般的な記述と評価から始められます（Bellini, 2006）。これらは、行動面あるいは社会性の目標・特定のストラテジーと支援・支援の効果を見極めるための観察へとつながっていきます。その後、目標やストラテジーを続けるか、見直すか、中止するか、微調整するか、あるいは拡大するかを決定するため、支援の再検討が必要になります。

■自分の順番を待つためのBIP

ある児童生徒が、教室で、挙手せずに大声をあげている。

行動的／社会的目標：自分の順番を待つことを学ばせる。

ストラテジー・支援・合理的配慮：児童生徒と、個人的な合図を作る。児童生徒が挙手すると褒め、挙手しないと無視する。大声を出す代わりに、考えを書き留めさせる。

観察：次のような選択がある。児童生徒が集計をとる・教師の観察・日ごと、週ごとの進歩をグラフで示して、児童生徒と教師で話しあう（可能であれば、教育支援員が集計を手伝う）。

再検討：行動の頻度は減少したが、すべてなくなってはいない。

再調整された目標：児童生徒は、クラスでの話しあいや議論への参加を適度に増やす。

■クラスメートとの肯定的な意思疎通のためのBIP

ある児童生徒が、休憩時間に攻撃的になり、クラスメートをたたいている。

行動的／社会的目標：クラスメートと適切に交流する。

ストラテジー・支援・合理的配慮：FBAにより、行動パターンがあるかどうかを見るため、行動の理由や前例を探り、確定する。定期的に児童生徒と教師が話しあうことによりBIPを設定する。クラスメートと適切なやりとりをすると、あらかじめ児童生徒と教師が同意した具体的な報酬が与えられる。例えば、特別な配慮をしてもらったり、シールやコンピュータで遊ぶ時間を与えたりすることなどである。ソーシャルスキルを直接、段階を追って教える。教育支援員に協力してもらい、その児童生徒と教室に向かって話す。

観察：スタッフは、児童生徒の日ごと週ごとの学習進捗度グラフにし、観察する。

休憩時間に児童生徒のデジタル写真を撮り、自己コントロールを向上させ、内省や話しあいのときの材料として使用する。

再検討：肯定的な行動に対する報酬が一定の間隔で与えられた。今はこれらの報酬を断つことが必要である。

再調整された目標：児童生徒は、断続的な報酬でクラスメートと適切に交流する。

▶ 過ちがもたらすメリット

　完璧なインクルーシブな学級など存在しません。インクルージョンは継続的な学習過程であり、その中で児童生徒も教師も間違えることがあるでしょう。重要なのは、その過ちから学び、それを利用して肯定的な経験を作り出すことです。

　学校環境における無条件の許容とは、教師が「間違えることは何も悪いことではない」というメッセージを伝えることです（McCrimmon, 2003）。学習とは、成績や最終的な成果ではなく、そこにたどり着くまでの過程によって捉えられるものです。間違いやリスクを冒すことは、主体的な学習の一部です。過ちは歓迎され、受け入れられると知らせることは、健全でリラックスした学校の雰囲気を作り出します。

　Na'ilah Suad Nasir 教授（2008）は、これをスポーツに例えています。児童生徒がミスショットしたり、うまく走れなかったり、誤った動きをしたとしても、過ちから学べることは児童生徒が得るスコアよりも重要でしょう。過ちは許容可能なだけでなく、あとに成功が続くならば想定内と言えるでしょう。

　世界的な研究によると、ただ成績を観察し、記録するために評価するのではなく、学習困難のある児童生徒が目標に到達するのを支援するツールとするために、一貫して評価することに意義があることが明らかになっています（Black & Wiliam, 1998; McNamee & Chen, 2005）。人間は生まれながらにして読者・作家・数学者・会計士・エンジニア・科学者なのではなく、そうなるためには、過ちやリスクから学ぶ過程が必要なのです。避けることのできない過ちは、児童生徒に学ぶ機会と、ポジティブな結果に到達する機会を与えます（Richburg, 2000）。カール・ユングの名言に「知識は真実の中だけでなく、過ちの中にもある」とあります。

第1部　インクルーシブな学級における学びの促進

考えてみましょう

　特別なニーズのある児童生徒のカリキュラム基準に沿った学びを支援するために、最適な指導ストラテジーと合理的配慮を行ないながら、教師はどのように評価を行なえばよいのでしょうか？

　学校は、成績ではなく、どれくらい理解できたかを問題にすべきであり、評価によって、児童生徒にその知識を示すのです。児童生徒の解答が正解でも不正解でも、児童生徒と教師にとってより重要なことは、誤りを分析して、学習のどの部分にさらに復習が必要かを判断し、誤りを学習の機会に変えることです。評価は、日々の教育的判断に影響を与える IEP の目標と関連させる必要があります (Towles-Reeves, Kleinert, & Muhomba, 2009)。

　特別なニーズのある児童生徒のための合理的配慮とモディフィケーションにおいては、システムを叩き壊すのではなく、現実的で価値のある学習を行なうことが求められます。公平な競争の場において、教師は、選択問題のテストを口頭で読む際に、声量を変えることにより、ある選択肢を他の選択肢より強調してはなりません。テストは、結果を偽装せず、役に立つデータを明示する必要があります。

　特別なニーズのある児童生徒や家族の中には、本当はその実力がないのに、より良い成績をもらえるようにさらなる合理的配慮を望む者もいます。そのような合理的配慮を提供することは、児童生徒を過保護にしてしまい、概念の学習の手助けとはなりません。適切な合理的配慮を決める際に、IEP チーム・教師・家族は、合理的配慮の潜在的利益と有用性を再検討しなければなりません。

第4章　評価・合理的配慮・データの利用

コピーOK

私の授業計画

授業目標：児童生徒が_____をできるようにする

手順と児童生徒のかかわり：

合理的配慮／モディフィケーション：

評価：

反省・ふり返り：

Inclusion Strategies and Interventions © 2011 Solution Tree Press

第2部

効果的な
カリキュラム実践の
ための方略

第2部　効果的なカリキュラム実践のための方略

第5章
読み書き・コミュニケーション

何て変な文なんだ！　クラスの友達に私が読むところを聞かれるのがいやなのに…。だから読みたくなかった。何で先生は私を当てたんだろう。私は手を挙げなかったのに……　しっかりと動かないように本を持っているにもかかわらず、文字が動き続けるんだ。私は「あのかわいらしい緑色の虫はたいして幅広くない（That pretty green bug is not really wide.）」って読んだんだけど、実際の文は「あの軽薄な少女の Deb は必ずしも賢いわけではない（That petty girl Deb is not always wise.）」だった。そして、この間抜けな作文の宿題なんてどう考えてもできるはずないよ。もう読むのも書くのも大きらいだ。

　読み、書き、およびコミュニケーションスキルは、日常生活を送るうえで重要なので、すべての児童生徒が習得しておく必要があります。読み書きは、単に読むためだけの能力ではありません。読み書きには、話すこと、読むこと、シンボルや記号を使って書くこと、ジェスチャー、写真や絵、テクノロジーなどを通した社会的なコミュニケーションや筆記によるコミュニケーションもかかわってきます。読み書き能力は、学校のどの教科においても成功するために不可欠です（American Educational Research Association, 2009）。しかし、中学2年生の4分の1以上と4年生の3人に1人以上が、当該学年レベルの文章から新しい知識を獲得するために十分となる主要な概念を理解していません（Roberts, Torgesen, Boardman, & Scammacca, 2008; Lee, Grigg, & Donahue, 2007）。このような統計資料は、教育界が読み書きを向上させる方法を検討することの必要性を要求しています。効果的な読み書きスキルやコミュニケーションスキルなしには、学習は何ら意味をもちません。

▶ 読み能力の違い

　読字障害（ディスレキシア）は、一部重複する部分もありますが、一般的には以下に

第 5 章　読み書き・コミュニケーション

あげた障害の 3 つの特徴に分類されます。

1. 音韻（音韻、音節、言語の音）
2. 処理速度あるいは表記（記号の筆記）
3. 理解（Moats & Tolman, 2008）

　読字障害（ディスレキシア）とは、多様な学びの中でおそらく最もよく知られているものです。読字障害は、人が読んだり書いたり綴りをしたりすることに影響を及ぼす言語／学習の困難です。読字障害のある人の脳は、見たり聞いたりしたことに関して、読むことに困難がない人の脳とは違った解釈をします。国際ディスレキシア協会（www.interdys.org）は、読字障害のある人の多くは、成功裏に学習することができますが、それは、例えば印刷された文字を見ながら、あるいは音節を指で拍子を取りながら、オーディオブック（小説などの朗読を録音したカセットテープや CD）で本の内容を聞くなど、通常とは異なる方法によって学習できる場合があることを示しています。読字障害のある子どもは知能が低いわけではありません。単にその子どもの脳が、自然に読み取りができるように準備されておらず、文字や記号を解読するための追加的支援が必要なのです。

　英語圏の場合、読みが苦手な人の約 70 〜 80％は、音韻意識が弱く、読みの流暢性に困難があります。読みが苦手な人の 10 〜 15％は、記号の解読はできますが、彼らが読んでいる内容を正確に理解できていません（Moats & Tolman, 2008）。児童生徒の中にはとても簡単に単語の読み書きができますが、その他の読み困難を示す者がいます。例えば児童生徒の中には、幼少期には上手に読みができますが、その単語の意味理解や読み取りができない過読症（ハイパーレクシア）、つまり文字を記号として読む優れた解読スキルがありますが、乏しい意味理解スキルをもつ者もいます。その他の読み能力の違いは、記憶の問題や、書記言語の手がかりや社会的な行動様式の処理困難によって裏づけられるかもしれません。

　読字障害のような読み困難の有無と知的レベルの高低には関連がないとはいえ、読み困難のある児童生徒の中には、流暢に読むことができるクラスメートと比べて、自身の能力がより劣っていると考えている者がいます。読み書きは、文字への変換、流暢性、理解スキルなど多くの領域に影響を及ぼしますので、読み書きの困難があると、全般的な学力だけでなく、心理・情緒面にも影響を及ぼします。読み困難は、不満や挫折に加

第2部　効果的なカリキュラム実践のための方略

え、行動上の問題を招く可能性がありますし、自信の程度は、さらなるミスが重なることによって低下が助長されます。成功を目指し、たくさんの時間を費やして努力し続けたにもかかわらず、難しい文章の読解や、書字による情報のやりとりが成功しないままなら、児童生徒は勉強離れを起こすかもしれません。もしこのまま読みに対する適切な教育的介入が提供されない場合、このような児童生徒は、どの学年においても「読み」という非常に濁った水の中を苦労してかき分けていくような状態になります。

▶ 読みの方略

　すべての教師は、読みがあまり得意ではない児童生徒を支援する研究に基づく効果的な支援方略を知っておくことが必要です（McLanahan, 2009）。支援には、語彙や単語を事前に教えておく、単語と関連させた視覚支援教材を用いる、単語を音節に分解する、単語の同定や構造分析スキルを教える、などによってさらなる改善を目指します。読み（単語を読み上げる）や音韻の符号化（綴り）、そして理解方略に関する直接指導、見本の提示、ガイドつきの練習が推奨されます。

　全米初期リテラシー委員会（NELP）の2008年の報告書は、幼少の子どものスキルを測定し、高い読み、書き、綴りの結果へと導く要因が、アルファベットの知識、音韻意識、記憶スキル、ランダムに配置された文字や数字、絵の色または物体の迅速で自動的な命名力、物の名前の書記であることを究明しました。

　読み困難を示す児童生徒が特定され、早い学年段階で支援が行なわれたとき、多くの読み支援は成功します（Foorman & Al Otaiba, 2009, as cited in AERA, 2009）。人の名前を書くあるいは文字や数字、絵の並びを思い出し、繰り返すといったスキルは、幼少の学習者についてはチェックされる必要があり、強化される必要があります。児童生徒が年長になると、継続的な読み困難を防止するために、単語学習や流暢性、語彙、理解スキルの練習といった構造化されたシステマチックな読みプログラムが必要です（Roberts, Torgesen, Boardman, & Scammacca, 2008）。早期の読み書きスキル（114ページ）や文字（ひらがな・カタカナ）の習得（115ページ）は、その年度の進歩や上達度を、NELPの必要とされるスキルの獲得状況を確認し、素早い指導によって阻みや落ち込みの状況を記録し続けるためにも使用できます。

第5章　読み書き・コミュニケーション

■文脈と意味

　親密度の低い単語の意味を推測するために論理的な推論をつくり、文脈からの手掛かりを解読するための誘導練習は、生活や経験との意味のある接続をつくることによって効果的に実施されます。例えば、もし子どもが動物好きなら、そのトピックに新出語彙を関連づけましょう。

　犬が大きな声で吠えていて、とても多弁だ！
　猫は、決して飼い主に座るスペースを与えるために動こうとはしないほど頑固だ。
　これらのすばしこい猿は、ほとんど何にでも登る！

　読みの作業は、前後の単語に文脈上の結びつきがあれば、はるかに簡単です。もちろんすべての単語が児童生徒の興味に関係するわけではありませんが、どの試みも、たとえ社会科、理科、算数・数学などの主要教科であっても、学習が児童生徒にとって学ぶ意味があるように行なわれる必要があります。

　読みの問題は、演算記号の混乱、その他の教科の低い成績、課題や学習作業の回避を導くかもしれません（Moats & Tolman, 2008）。児童生徒にとってより興味深い状況を設定するために、算数・数学の文章題については、児童生徒の好きな映画スターなど、その児童生徒が問題を解くための意欲を引き出すその他の興味のあることに着目できます。児童生徒は、現在起こっている世の中の出来事で、本人の興味のあることについて読むことで社会科に引き込むことが可能であり、子ども新聞や学校保健ニュースなどに書かれていたトピック記事を読んだり書いたりすることによって、彼らの学年レベルの語彙を増やすことも可能です。

　選定した本は、児童生徒の興味や読みレベルを反映させる必要がありますし、同様に、多様性を尊重する選択をする必要があります。カリキュラム、多様性、そして児童生徒の読み書きレベルにつながる、異なるジャンルのさまざまな本を、学級文庫に備えましょう。

■構造の分析

　構造の分析は、読み方略のもう1つの重要な構成要素です。単語の語源や接頭辞・接尾辞を探し出すことは、読み困難のある、あるいは高いレベルの語彙にふれる機会が少ない多くの児童生徒にとって捉えにくいことです。異なる接頭辞の意味を知っておくことは、親しみのない語彙をよりよく理解することを助ける可能性があります。それに視覚支援を加えることで、その知識を確固たるものにする支援になります。例えば教師

第 2 部　効果的なカリキュラム実践のための方略

は、接頭辞の tri が 3 という意味であることを示すために三脚（トライポッド）の写真、トライアスロン、トライアングルの絵を使うかもしれません。

「超音速」という単語は、「音速」という単語に「超」という接頭辞が付いています。これによって「音速を超えた」「音速よりも早い」を意味することばになります。日本語の場合は、英語のように接頭辞から単語の派生を考えることは難しいのですが、例えば、否定の接頭辞である「異」「反」「非」「不」「未」「無」の適切な使用に困難のある児童生徒に対しては、名詞や形容名詞には付けるが、形容詞や動詞には付けないなどのパターンを学習したり、どのような単語にどのような否定の接頭辞が使用されるかを、具体的な名詞や形容名詞に付加し、その語感を確かめ、うまく付加できそうかできなさそうかについてグループで話しあってみたり、辞書で調べてみたりするなどの活動により、学習することが可能です。

語彙は、教科間でもつ意味理解力を伸ばすことも可能です。

- 算数・数学— geometry
- 理科— geology
- 社会— geography

体系的な語彙指導には、1 日 1 つの接頭辞の意味を教えることも含まれます。読み書きが充実している環境は、現在習っている単語を書き加えていく、壁に貼る単語一覧表（同時に児童生徒も同じ単語リストを個別に維持する）によっても可能です。共同（協同）学習グループが相互のリストに新たな単語を書き加え、それを毎日行なったり、1 週間を通して行なったり、毎月繰り返し復習したりすることも可能です。これは、年間を通した継続的な学級の語彙・単語の学習センターにもなります。新出語彙を単純に記憶するやり方とは対照的な構造の分析を通した学びを促進するいくつかの異なるやり方があります。

■音韻と音節

児童生徒が、文字の音韻についての直接的なスキル獲得の指導を受けることは不可欠です。26 文字は 44 音を作ります。加えて必要とされるスキルには、語を音節に分解し、それらをまとまりとすること（Bhattacharya & Ehri, 2004）が含まれます。単語の一部を見つけだしたり、音節をまとめたり、音と文字の関係を理解することは、ステップ

第5章　読み書き・コミュニケーション

バイステップの直接指導、モデリング、特定の音声学のルールを適用するために繰り返し練習を使うことで簡単に達成させることができます。

　ある記述的研究（Bernstein, 2009）によると、母音がかかわる綴りのミスは、pail を pale と書くような書記上の誤りよりも fat を fit と書くような音韻の誤りのほうがよく見受けられます。この研究はさらに、誤りは無意味語により顕著に認められることが証明されました。これはつまり、綴りには語の意味や内容がヒントとしてかかわっていることが明らかになったのです。ノートへの筆記を軽減する支援をするために、それぞれの文字に関連した絵が入ったサウンド（音韻）ブックを持っておき、ノートを取り、文字のタイルを操作し、単語パズルや文字検索を完成させ、単語内の文字の音の違いや類似点に気づかせるために、単語や音で遊ぶようなゲーム遊びをするよう児童生徒に指示します。もちろん fat は fate や fit ではありませんし、cap は cape や cup ではありません。それぞれの文字は重要な意味をもっていて、読み方に影響を与えます！

　例えば cap（帽子・ふた）や dog（犬）などのような不適切レベルの単語を提示して、年齢の高い児童生徒に恥をかかせるよりも、むしろ彼らには分節法のスキルを教え、capsize（転覆）や dogmatic（独断的）などの単語のような短母音を含む閉鎖音節や、cap の最後に e を足すと短母音の　　a が二重母音化する「魔法の e」を組み込みましょう。児童生徒の習得レベルに適切な読み書きの機会を提供することは、彼らに汚名を着せたり、読み困難を強調したりすることなく、学級の不可欠な一員としてその児童生徒の存在を認めることになります。児童生徒の習得レベルに応じて提供される、声を出して考える方略や小グループによる共同（協同）学習、手本の繰り返し提示、そして個々の目標に関連する手引きされた個別学習を大切にしましょう。

　研究者らは、中等教育段階の学業成績を調査したところ、音韻意識が、読みだけでなく、理科、社会、数学などの主要教科における広範な学業成績にも影響を与えていることを発見しました。彼らはまた、初期の読み書き能力、言語聴覚情報処理能力、および記憶力の関連を発見しました（Shapiro et al., 2009）。そのため、早期の教育的介入と直接的スキル指導は、もちろん初等教育段階でも重要ですし、中等教育段階においても看過できません。言語聴覚士やことばの教室担当教師との連携を図ることによっても、児童生徒が読みの能力が向上する可能性がさらに高まります。

■多感覚アプローチ

　触覚と視覚刺激を組み合わせて言語を学習する多感覚アプローチが使用されると、聴

第2部　効果的なカリキュラム実践のための方略

覚のつながりが高まり、単語の理解がより深まります（Fredembach, de Boisferon, & Gentaz, 2009）。読み書きを多く導入しているインクルーシブな学級では、多感覚を活用した読み活動が多く導入されており、国語や言語活動では、音韻やことばの概念を見たり、聞いたり、感じたりする感覚経路を活用します。

　多感覚を活用した読み教材には、絵本や文字を書くためのソルトトレー（トレーを平坦にならした塩で満たし、その上に指で文字などを書く多感覚教材）、触覚文字（文字の部分だけ凹凸やざらざらした触覚になっている教材）、オーディオブック、そして児童生徒が話しことばを聞くことができるような対話型コンピュータソフトやホームページがあります。脚韻（句末を同じ韻にすること）や歌、指人形、演劇、日々の読書、写真、コンピュータのキーボード、ラベルを付けた学校の備品（例えば、窓、椅子、机、ドア）、学校や地域社会で使用されている交通標識（例えば、停止、一方通行、動物横断注意などの交通標識）を利用することで、話しことばと書きことばのスキルが育まれ、発達します。

　多感覚を活用した読みの実施には、切り取った紙やすりや磁石の文字盤、ひげそり用クリームやソルトトレーに文字や単語を書く、あるいはそれぞれの文字や音韻を指で軽くたたく（ウィルソン読字プログラム www.wilsonlanguage.com を参照。ただし、内容の変更は一切認められていません）などによる文字の学習が含まれます。歌う母音や子音連結、二重音字、あるいは二重母音のラップ、または索引カードに書かれた色識別された音節は、読解力を強化するための楽しく、記憶に残る方法です。文字や単語の一部の音と視覚を関連づけたり、それぞれの音節にはねたりジャンプすることは、数多くの手法に適用されます。音が作られるときに、呼気の息の流れや口形を音として感じることも読みスキルを強化させます。ラミネートを施したページのフォントを拡大することで、児童生徒は母音や音節を分割するための印をつけることが可能になります。ラベルメーカーは、学級の備品などにその名前のラベルとして貼っておくことで、単語を学習し、強化するための楽しい方法になります。

　また、児童生徒は読み能力に影響を与える強い感覚、弱い感覚といった異なる知覚能力をもっています。句切り法や流暢性を上達させるために、ページ全体に印字された文字を左から右へと視覚を使って読み進めさせる機会を、低年齢の幼児や児童に対して提供することが重要です。次の2つの演習は、このような機会の例です。時間を計測しながら、上段の見本に従いながら、左から右、1行目から2行目へと読み進めながら、児童生徒に順番に文字や単語を○で囲ませましょう。

第 5 章　読み書き・コミュニケーション

演習 1
あいうえおかきくけこさしすせそたちつてとなにぬねのはひふへほまみむめもやゆよらりるれろわをん

あこくいふめうぬめわえすとへおぬそてかそへねきあてくけふぬたこうらをさにやらしこんふするきしせこくいそへひるせたしなえちるきしてかそつてまやりとれせなこくいにぬねまおちのかねふはこくいひまおちふこあまへひるせほてかそまのおきみめにふむをわめうのろもてかそやまおちゆうかねふよんほせすらとすはりほめねるきしれたはねろくえたわむよにをこしなえんほらよくわかりましたね

演習 2
私たちは昨夜映画を見に行った。

私たちあなた私はへに今日昨日昨夜スーパーレストラン映画にをが買い物に食べに見に行こう行く行った帰ろう帰る帰った。

■ **協力的な読みアプローチ**
　協力的な読み方略の構造的なアプローチは、子どもたちが快適に共に読むことを可能にします。そのことが、社会性や学習面の獲得をもたらします。ですから、協力的な読み方略は、特別なニーズのある児童生徒にも有効です。これには、交互読み、2人組での読み、それからピアチュータリングあるいはピアからの支援による学習方略といったアプローチが含まれます。
　交互読みまたは協力的な読みアプローチとは、次の展開の予測を質問の一般化、要約化、単語や主題の明確化を含みます（McLanahan, 2009; Palinscar & Brown, 1984; Klingner, Vaughn, & Schumm, 1998）。まず、児童生徒は、課せられた読みのテーマについて何を知っているかについてブレーンストーミングします。次に、彼らは関連する読み物を試し読みしたり、主題や副題、イラスト、図、グラフ、結果を見たりします。そして彼らがこれから読む内容についての予測を立てます。その後、児童生徒は主題と重要登場人物、出来事とを区分し、主題を文章にします。最後に、児童生徒はその読み物の文章中から詳細な情報と共に主題の文章を練り、長文による概要を書きます。この協

第2部　効果的なカリキュラム実践のための方略

力的な読みアプローチを通して、児童生徒は継続的に理解を確認し、理解をより明確にするために相互に質問をしあいます。

2人組での読み（Bryant, Vaughn, Linan-Thompson, Ugel, Hamff, & Hougen, 2000）では、読み能力の低い子どもと高い子どもをペアにします。読み能力の低い子どもは同じ文を繰り返し読み、読み能力の高い子どもは適宜その子どもの読みを修正します。1分間にいくつ単語を読むかを把握するために、読みは繰り返し行なわれ、計測されます。読み能力の高い子どもの役割は、理解力を問う質問を尋ねたり、回答したりすることです。

ピアチュータリングあるいはピアからの支援による学習方略（Fuchs, Mathes, & Fuchs, 1995; Mastropieri, Scruggs, & Graetz, 2003）には多くのバリエーションがあり、パートナー読みと似ていますが、大抵以下のステップを踏みます。

1. 児童生徒は共有された読み物を10〜12単語の文章で省略する。
2. 次の段落で何を読むかについての予測をする。
3. 児童生徒は予測が当たっているかどうかを確認するために、その読み教材を読む。
4. 児童生徒は、短いまとめを書く。

まさに、大人が他の人との議論を通して思考スキルを鍛えるために、読書会に参加するように、児童生徒も同様のことを読みのペアと一緒に実施することができます。もちろん、すべての読み活動について、協力的な読みアプローチを導入できるとは限りませんが、協力的な読みアプローチを導入する時間を授業時間外に設定することで、児童生徒は読みを楽しい活動として認識し、その活動が待ち遠しくなります。

▶ 書きの方略

インクルーシブな学級づくりに成功した教師は、書くことは、この学習を高く評価し、練習するために必要な時間を充てることによって、彼らが自由に使うことができる最もパワフルなコミュニケーション、指導、そして評価ツールとなることを認めています。書記（筆記）によるコミュニケーションは、特別なニーズのある児童生徒にとって時に困難であり、多くの児童生徒は自分の考えを文字で表現するよりも、むしろ絵を描いたり、彼らの考えを単に音声で表現するのみだったりします。あなた自身（教師とし

て）の書くことの喜びを表す楽しい方法で書く過程のモデルを示し、児童生徒を導きましょう。書くということを、テストのために必要な義務的な退屈な学びとして児童生徒に示すよりも、全体の書く過程を楽しむことができるように、児童生徒を励ましながら、詩やジョーク、旅行プラン、手紙、ブログといった異なるジャンルの筆記をさせることで、児童生徒の書くことへの興味を湧かせましょう。書くことは楽しいことです。それを信じさせるには、児童生徒には相互作用的で本人にとって意味のある書字の成功経験が必要になります。

■書きの合理的配慮

　児童生徒の中には、すべての作文課題を完成させることができない者もいます。こうした事例では、現状の能力であるベースラインレベルを設定し、そこから目標に向けて学ばせましょう。例えば、物語の主題を見つけるために、児童生徒が自由記述で考えを書く前に、絵や50音表、グラフィックオーガナイザーが必要で、これらを利用して考えを整理し、文章化していく必要があるかもしれません。児童生徒の中には、コンピュータ教室で実際に文章化する前に、自分の考えを「前半」「中盤」「後半」（起承転結）と書かれた3つのインデックスカードに下書きすることが役立つことを理解するかもしれません。

　児童生徒の実態は個々で異なりますし、多様な書きの合理的配慮が求められるかもしれません。視覚—空間認知学習者を評価するために、彼らの書く内容をイラスト化する機会を与えてみましょう。視覚面での困難がある児童生徒には、拡大教材や課題、文字を拡大させたページ、文字の読み上げソフトウェアが必要かもしれません。もし児童生徒に学習面での困難がある場合、手本を示しながらの追加的な足場かけや、書こうとしている考えをブレーンストーミングし、彼らの語彙知識の拡充を図るためのガイドされた練習が必要になるかもしれません。

　音声言語障害や文化的な背景に違いのある児童生徒は、自分でことばを使って何を表現したいかは理解しているかもしれませんが、意味や文法、整理、単語の選択、そして流暢性が、発話と筆記のコミュニケーションの両方に困難が認められることがあります。このような場合には、文章の校正または学級での発表に、より多くの指導が必要になります。電子辞書の利用は助けになるでしょう。あなたの学校にいることばの教室担当教師や言語聴覚士に、彼らの方略を共有するよう依頼しましょう。そして、動詞の過去形や主語と動詞の一致、婉曲的な表現やことわざの授業のように、必要に応じてミニ

第2部　効果的なカリキュラム実践のための方略

授業を行ないましょう。

　微細運動やその他の身体運動面に特性のある児童生徒にとって、鉛筆を持つことや行の中にきちんとはみ出さずに書くこと、紙をしっかりと保持することは骨の折れる作業です。スラントボード（傾斜のついた板）の使用を促したり、紙を机にテープで貼って固定したりすることなどは、簡単にできる合理的配慮です。もし児童生徒が罫線なしではページ全体に判読可能な文字を書くことができなければ、蛍光ペンでそのページにしるしを入れることで、そのページのどこに書いたら良いかがわかる明確な境界ラインを提供します。支援テクノロジーを利用した合理的配慮や教育支援員による支援が求められるかもしれません。われわれでは考えつかないさらなるアイデアを獲得するために、作業療法士や理学療法士とも連携しましょう。

　書字障害（ディスグラフィア）のような困難に対しては、児童生徒がさまざまな媒体や足場かけの利用を許可することが広く認識される必要があります。これには、彼らの考えがより効果的に表出できるようにするために、芯の軟らかい鉛筆、鉛筆用グリップ、単語予測変換プログラム、骨組みの執筆、グラフィックオーガナイザー、システム手帳、口述筆記の利用などが含まれます。

　書くことは、適切な足場かけやグラフィックオーガナイザーで提供される視覚支援によって習得される可能性のある情報処理過程です。適切な足場かけには、単語リスト、または、壁に貼る単語一覧表、文章の骨組みを書く、文字の見本、採点される課題をリストアップする見出し、そして書くことを上達させる詳細な評価が含まれます。物語文の内容計画リスト（116ページ）や物語の枠組み（117ページ）は、児童生徒が何か書き始める前に、情報を取りまとめる手助けをするために使用できます。児童生徒の中には、自分で書くためのオーガナイザーを完成させる者がいます。一方で、他の児童生徒は、教師やクラスメートからのさらなる支援が必要です。これらのオーガナイザーを使用した作業が完成した後、児童生徒は文章の骨格を書き直し、彼らの考えをより読み手の立場に立たせ、感覚の要素を入れ、洗練された語彙を使用して彼らの考えを拡充させます。

　児童生徒の中には、書くプロセスの間、参照するための移行するあるいは感覚的な単語のリストを作成するかもしれません。接続詞リスト（118〜119ページ）や、感覚語リスト（120〜121ページ）を児童生徒に手渡すことが可能です。もちろん、こうした児童生徒にとっての最終目標は、概念の理解です。しかし、経過的措置として、このタイプの足場かけは、正しい書字スキルの獲得へと児童生徒を導くために必要な合理的配

慮です。

■ 校正

　作文の過程を、まるで初めてのアート作品を完成させる芸術家のようにつぶさに見ておくよう児童生徒を促しましょう。絵というものは、いくつものスケッチを完成させ、芸術家が構成、全体像、影、色、線に関して研究するまでは、額に入れられません。同様に、多くの校正なしには原稿も出版する準備は整いません。効果的な書き手は、計画する、書く、校正するといった3つの帰納的な段階を、書く作業の準備段階と完成時に使用します（Luke, 2006）。この点をさらに描写するために、あなた自身のずさんな作文を悪い例として児童生徒といくつか共有しましょう。

　児童生徒には校正をするよう勧めましょう。下書きを書くときには、1行空けて書くように指示しましょう。こうすることで、修正事項を書き入れるスペースができます。さらに、児童生徒と作文の検討会を開くことで、対話を増やし、意味のある校正への道へと児童生徒を導きます。これは、他の児童生徒が学習コーナーあるいは個別に着席して作業している間に実施可能です。

　当時中学1年生だった著者の息子が、校正の重要な側面について、以下の記憶術「Ed's Car（エドズ・カー）」を考案しました。

　　Expand —文章を拡張させる
　　Delete —消す
　　Substitute —代用、交換する
　　Combine —2つの文章を1つにまとめる
　　And —それから
　　Rearrange —アレンジし直す

以下の順序は、Ed's Car（エドズ・カー）を適用した理科に関連した書く活動の例を示しています。原文は「植物はたくさん成長する」です。

1. いつ？どのように？どこ？なぜ？といった質問をすることで（自問自答することで）文章を拡張させましょう。校正した文は、「植物は太陽光の近くで、毎日水分を吸収することで大きく、高く、強く育つ」となります。

2. 不必要な、あるいは重複する単語を削除しましょう。校正した文は、「植物は毎日水分を吸収することで、太陽光の近くで高く強く育つ」となります。
3. 多く使われ過ぎている、あやふやな、または大げさな表現を、より適切できちんとした表現に書き直ししましょう。校正した文は、「毎日水分を与えることで植物は太陽光の近くで高く強く育つ」となります。
4. 文中の単語をまとめ、再校正しましょう。校正した文は、「毎日水分を与えられ、太陽光の近くに置かれることで、植物は高く強く育つ」となります。

いったん Ed's Car（エドズ・カー）を習得すれば、児童生徒は読み手が誰かによって書き方を変更させることを学ぶことができます。

児童生徒の中には、読者のために書くということの意味が理解できないかもしれません。彼らは、彼らの文章を読む人たちは彼らの言わんとしていることをきちんと理解していると仮定し、詳しい序論や説明、移行、関連する詳細事項を文章に含めないかもしれません。そのような児童生徒には、直接的な序論や、彼ら自身の書いた内容をうまく反映させるためにチェックができる、読者の立場に立った筆記チェックリスト（120ページ）にあるような、書くアイデアを引き出す質問を与える必要があります。

■個別の指導計画の文章

明確な書きについての指導は、GO 4 IT NOW 方略による自己決定につながっています。この GO 4 IT NOW 方略とは、中学生が、彼ら自身の個別の指導計画の目標を書くときに、短い文章を書くことです。この方略を使用することで、中学生は1つの主題文を書き、それから短期目標またはその主題文についての詳細を4つ提供します。生徒は個別の指導計画の焦点化された目標またはテーマを指定し、詳細を注文し、それを完成させる、または結びの文でトピックを再び述べます。それから、個別の指導計画の目標についての生徒の考えは、文章の中に整理されます。ですから、書くことで自己決定スキルを同時に教えることができるのです（Konrad & Test, 2007）。

■説得力のある手紙

今日の児童生徒は、砕けた文章を書くことにあまりにも慣れ過ぎているため、改まった表現による手紙を書くことに大きな困難を示します。文書による考えのやりとりは、すべての児童生徒のために直接的指導が求められる重要な実践スキルです。児童生徒

第5章　読み書き・コミュニケーション

は、以下に示すようなおおまかな要点から執筆作業を始めることの有効性や、負担の軽減をよく実感しています。要点は、手紙の体系化と構造化された助言を提供します。

手紙の見出しと挨拶文
段落1：話題の導入。文の書き始め：「私たちは_____（すべきである）。」
段落2：理由1
段落3：理由2
段落4：理由3
段落5：まとめを再び書き出し、考えをまとめる。
文末：署名

児童生徒の中には、教師の方で段落を設定するか、それぞれの段落の開始部分を教師が書いておく必要のある者がいるかもしれません。もし、児童生徒が作文の骨組みを作るための枠組みを使用しているならば、後に、理路整然とした作文を書く視点を身につけさせるために、完全に説得力のある手紙を書き直させましょう。できれば、作文の編集や校正するスキルが、数回練習した後に習得されると良いでしょう。

■学際的な書き

学際的な書きへのアプローチは、すべての教科領域の中のクリティカルシンキングスキル（批判的思考スキル）を高めます。この種類の書きは、先行知識を確立させ、授業展開の一部とし、あるいは自由回答形式による児童生徒の反応や作文、語り、詩などを通じた知識の評価となり得ます。児童生徒の中には半抽象レベルで、授業で学習した概念に見出しをつけて書く者がいるでしょう。一方で、他の児童生徒は、学習した概念のさらなる詳細について書くでしょう。

以下は、ユリウス・カエサルについての社会科の授業のための書記化された折句（アクロスティック：語頭の1字を並べるとあることばになる文章）です。この例は、書くスキルがかかわりますが、同時に児童生徒に対してカリキュラムの知識の程度を明らかにする機会を提供します。

有名なローマ皇帝であるカエサル（Caesar）は、紀元前100年に生まれました。彼はローマの貴族の一家に生を受けましたが（Although）、彼はすぐに人気のある将軍に

第2部　効果的なカリキュラム実践のための方略

なり、多くの土地を治めました。ガリア人でさえ（Even）カエサルと彼の不落の軍によって制圧されました。その後まもなく（Soon）彼はエジプトを訪れ、女王の弟であるファラオを打倒することで女王を救いました。その後、（After）カエサルはローマを統治し、独裁者となりました。ローマの（Roman）政治家は、カエサルの独裁政権に怒り、紀元前44年に彼を殺害しました。

　算数・数学、体育、図工（美術）、音楽、国語（読み書き）、理科、そして社会科の学習レポートあるいは学習記録を書くことは、児童生徒に基礎的な、そしてより高度な授業の目当てやベースライン、目標の理解の程度を表す機会だけでなく、彼らが何を知り、何を理解していないか、あるいはあるケースでは彼らが何を知っていると自身で思っているかを児童生徒が反映させるため機会を提供します。こうすることで、児童生徒のメタ認知力を伸ばします。児童生徒が課題を行なっている間に、彼らをチェックし、評価を与えることは、彼らのメタ認知的な知識を増やし、それによって彼らが学習方略をより効率的かつ効果的なものへと変えることが可能になります（Garner, 2009）。

▶ コミュニケーションの方略

　テクノロジーが発展した今日、多くの児童生徒は顔をつきあわせる会話よりも、携帯メールやEメールのような音声言語を使用しないコミュニケーションによるやりとりを好みます。テクノロジーはコミュニケーションを行なう方法を素晴らしく拡張してくれますが、顔をつきあわせる形態のコミュニケーションを完全に置換することは不可能です。言語や発達レベルの相違にかかわらず、どの児童生徒も他人と社交的にやりとりをすることを学ばなければなりません。意味のあるコミュニケーションは、実際の口頭による話しことばから、傾聴する、反応する、共有するといった行動まで、多くのスキルが求められます。

■教室でのコミュニケーションを促進させる
　教師は、意見が表明され、傾聴され、そして尊重される意見の表明を推奨し、それらを認めあう環境を設定することができます。学級の公開討論会形式で朝の会を定期的に行なうことは、児童生徒のコミュニケーションを尊重する1つの方法です。児童生徒は、自分の好きな食べ物や、週末に彼らがやったことについて話をしたり、読み上げに

第5章　読み書き・コミュニケーション

応答したりすることができます。

　教師は、理科室での実験を行なって幾何学的な証拠を見つける、あるいは啓蒙の時代について学ぶ、など、多くのクラスでの学習活動を通して継続的に児童生徒のコミュニケーションを促進することができます。例えば教師は、ペアで相互に、小グループで、あるいは教室全体での発表を通じて授業で学んだことを議論し、説明するよう児童生徒に求めることができます。インクルーシブな学級は、対面によるやりとりに価値を置き、児童生徒が相互にコミュニケーションを図り、説明しあい、たくさん会話をしながら学びの概念を強化することを可能にする活動を提供しています。

　モデル化された言語による相互作用や発話、聞き取りは、児童生徒の言語スキルやソーシャルスキルの向上を支援し、語彙スキルも伸ばします。このような相互作用は、児童生徒が級友と話をしたり、彼らの話を聞いたりすることができる会話の学習コーナー（Bond & Wasik, 2009）で提供されます。初級レベルの学習コーナーの例には、食品コーナー、動物コーナー、外のコーナー、数字コーナー、そして文字と単語コーナーがあります。上級レベルの学習コーナーの例には、ショッピングセンターでどうふるまうべきか、買い物時のエチケット、Facebook 上で言って良いことと悪いこと、私の両親とどのようにコミュニケーションを図るべきか、この幾何学的定理を解決する方法、そしてもしベンジャミン・フランクリンなら何て言うだろう、などが含まれます。

　学習コーナーは、言語発達に伴い、児童生徒個々の学術的および機能的なスキルを促進するため、毎週、毎月、および年間のカリキュラムの目標を強調するために使用されています。各学習コーナーでの活動は個々の児童生徒の興味と学習レベルによって変化します。言語課題は、文字や動物の名前と音を確認するものから、大学入試の面接対策のための面接官とのやりとりを作成するものまで幅広く設定できます。

　教師は、ホッと落ち着けるユニバーサルな学級設計によって、情報への最適なアクセスを可能にする方法でカリキュラムを提示しなければなりません。コミュニケーション能力を向上させるための授業の目的には、対人関係の構築や学びの深化・増加、そして日常生活スキルの支援が含まれています。

■コミュニケーション能力の違いを配慮する

　インクルーシブな学級では、コミュニケーションや言語の能力が異なる児童生徒が多様な1つのグループを形成しているという事実が反映されています。児童生徒の中には言語のバリアによる困難があるかもしれませんし、一方で他の児童生徒は、彼らの母国

第 2 部　効果的なカリキュラム実践のための方略

語で示されようが、教室内で使用されている言語であろうが概念を理解できません。文化的な違いのある児童生徒の日常的・基礎的な対人コミュニケーションスキル（basic interpersonal communication skills: BICS）はまだ良い方かもしれません。しかし、彼らの認知的な学習言語の上達度（cognitive academic language proficiency: CALP）レベルは BICS よりも弱いです。指導や評価に用いられる言語と母国語とが異なる児童生徒の中には、慣用句や皮肉表現、比喩、高レベルの認知的考察力が失われる子どももいます。

　重度の知的障害がある児童生徒には、指示を繰り返したり、具体物を提示しながら言い換えをしたりする必要があるかもしれません。このような児童生徒には、直接的な教示や、見本の提示による特定の言語コミュニケーションスキルの指導が有効です。教師は、児童生徒がコミュニケーションの育ちを支援するために求められるステップを細かく分けることができます。

　聴覚障害がある、または注意あるいは聴覚情報処理過程に困難のある児童生徒の場合、教室に補聴援助システムを導入することで、聞くスキルや集中するスキルが増加することがあります。ことばの教室担当教師や言語聴覚士を教室に招いて児童生徒を観察してもらい、提案を提供してもらい、そして児童生徒個々あるいは学級全体に対して語用論的な言語、構音・発音、そして理解・表出言語スキルについてのミニ授業を実施するよう依頼しましょう。

　自閉症スペクトラム障害、聴覚障害、そしてより重度の発達障害のある児童生徒には、ジェスチャーや絵カード交換式コミュニケーションシステム（PECS：Spencer, Petersen, & Gillam, 2008; Tincani, 2004b）のようなノンバーバル言語を含むコミュニケーションの選択が求められるかもしれません。PECS の内容は、ペット、家、クラスメート、象のように、その児童生徒の好きなことや役割、彼女が知っている人々の写真のように児童生徒個々に特化した物でなければなりません。

　拡大・代替コミュニケーション（AAC）は、ジェスチャーやシンボル、絵、写真と言った表現形式による非言語のメッセージのことを指します。AAC は音声言語によるコミュニケーションを行なわない児童生徒に対して、学習、社会的、行動、感情、そしてコミュニケーションスキルを最大化させるために自然なスピーチの代替や補助としての方法として選択されるかもしれません。ジェスチャー、指を使用した空書、抽象的な考えを表すための具体物が役目を果たします（ASHA, 2002）。

　認知的学習言語習得アプローチは、言語能力に違いのある児童生徒を指導するための

特定の方略を提供します。これには、体験活動や共同課題、相互に質問をしあう課題を通して、さらなる学習の自己コントロールや、学習内容と予備知識、文化的な経験がうまく融合することを含みます（Luke, 2006）。

■コミュニケーションプロフィールをつくる

児童生徒が異なるコミュニケーションスキルをもつとき、教師や教育支援員そして家族のためにことばの教室担当教師や言語聴覚士がコミュニケーションプロフィールを用意することが不可欠です（Cascella & McNamara, 2005）。このようなプロフィールは以下のことを提供します。

- 対象の児童生徒がコミュニケーションを図る際に使用する方法の概要
- 対象の児童生徒がコミュニケーションを図る理由の概要
- 例えば微笑む（ポジティブ）、怒る（ネガティブ）のようなものではなく、ポジティブでもネガティブでもないすべての現時点における言語・非言語コミュニケーションについての詳細な説明
- 発話と機能的な活動との相関―例えば学級の日々のルーティン、手続きやルール、授業、そして児童生徒、大人、家族との日々の社会的（社交的）交流
- すべてのコミュニケーションの上達・進捗―例えば、指さしやうなずきから音声表出あるいはアイコンタクトを与えることへの推移

コミュニケーションプロフィールが設定された後、個別の指導計画には、構音、発声（音声）、流暢性、そして受容・表出言語のような領域を含むコミュニケーションの指導目標を設定します。また、その他として含まれるものには、学校での学習面に対する応答性あるいは昼食時の社交的な対話のような日常生活スキルを含む機能的な指導目標があります。コミュニケーションにおける特定の指導目標例には、一般的な物や人々の名前を呼称すること、役割を実行するために支援を求めること、発声、ジェスチャーあるいはサインによる本人の好みの表出、声を出すこと、指示に従うこと、話しことばによる理由づけのスキルが上達すること、写真あるいはやりとりから他人の感情を理解する、などがあります。

コミュニケーションとは、学校や職場、地域における児童生徒の生活を向上させるために、一生必要な機能スキルであり、だからこそコミュニケーションは児童生徒の教育

第 2 部　効果的なカリキュラム実践のための方略

における重要な側面なのです。

■英語学習者に対する方略

　あらゆる学習者グループのように、英語学習者はコミュニケーションや学力レベルにおいて能力差を示す特質性のあるグループです。到達度や適合するレベルが明らかになるまで、指導の選択肢は多岐に渡り、それは学級内の教材などの物の命名レベルから、両方の言語で話すレベルまでの範囲があるかもしれません。もし児童生徒が両方の言語を話すなら、相互に変化があり、教師は彼らの言語学的選択への気づきを増加させる必要があります。少ない言い回しによる簡潔な指示も便利です。

　受容的な環境は、対人関係能力を身につけるための個々の振り返り学習や共同（協同）学習を通して、児童生徒が増加した習熟度を伸ばすとき、自身の発話に細心の注意を払うように彼らを後押しします。例えば、ソーシャルストーリーや模擬的な会話のような日々の社会的・学問的な交流や理論的（仮説的）な状況を通して会話スキルを磨くことは重要です。"It's raining cats and dogs.（大雨が降っている）"のような慣用句やことわざを少しずつ紹介し、説明し、そして描写しましょう。話してくれるホームページ（talking websites）やオーディオブック（カセットテープやCDに朗読が録音されているもの）、ビデオ、電子辞書、ポッドキャストのような視覚あるいは口話によるメディアや器材を、書字や作文の学習に補助的に導入しましょう。バイリンガルで視覚的な辞書（http://visual.merriam-webster.com）やカリキュラムに関連した画像データ集（www.clipartforteachers.com）を提供しましょう。また、ノートを取ったり、宿題をやったり、個別あるいはグループ課題に取り組んだり、テストの準備をしたり、などといった形で児童生徒を支援するピアメンター（相談係のクラスメート）を教育しましょう。児童生徒に言い換えをするように頼んだり、観察したり、宿題をチェックしたり、ノートをチェックしたり、略式のテストや正式なテストを実施したりすることで、頻繁に彼らの理解度をチェックしましょう。

　授業の目標は、単なる能力の改善を目指すよりも、児童生徒のコミュニケーションスキルが上達するように、彼らの能力に適合した課題を与える必要があります。すべての児童生徒が最大限の歩幅を獲得することを可能にするレベルに授業をつなげていくことは学校の責任です。児童生徒によっては、PECS（Spencer, Petersen, & Gillam, 2008）あるいは外国語の通訳が必要かもしれません。

　英語学習者の親や家族あるいは障害のある親や家族は、子どもが成長・伸びることに

第5章　読み書き・コミュニケーション

影響を及ぼす彼らの文化的あるいはその他の違いにかかわらず、彼らにわが子の教育に全面的に参加することを推奨されるべき必要があります。これには、保護者面談や個別の指導計画ミーティング、スクリーニング検査、アッセンブリー（縦割り学習、自由時間など）、会議、学校での遊び、定期テスト期間といった学校行事・活動に完全にアクセスすることを含みます。

　読み書きやコミュニケーションスキルは、児童生徒のために学校内、そして現実世界の両方に多くのドアを開いてくれます。読むこと、書くこと、話すこと、そして聞くことは、児童生徒がカリキュラムを遂行し、同級生や大人とやりとりをし、そして彼らが暮らす地域への愛着をもつことを許容する口語—文語手段なのです。これらの内容を実践するインクルーシブな学級は、全員の声が表面化され、包含される必要があることを大きな声ではっきりと表現します。

‖考えてみましょう

**　読み書きやコミュニケーションの困難がある児童生徒の自己有用感を高めるには教師は何ができるのでしょうか？**

　読み書きあるいはコミュニケーションに困難のある児童生徒は、読み、書き、あるいは発話の能力によって彼らの能力が定義づけされるものではないことを理解しなければなりません。インクルーシブな教師は、児童生徒に対して彼らの習熟度に関心をもち、習得した結果だけでなくその過程を讃えることができます。これは、どのように読み、書き、言語力が上達したかをはっきりと示すタイムテーブルやグラフによって獲得することができます。児童生徒の自己有用感は、彼らがよりすぐれた読み手、書き手、あるいはコミュニケーションの発信者になるかどうかについての質問だけでなく、それがいつ起こるかについての質問であることに気づいたときに高まります。児童生徒には、読み、書き、そして表出能力を上達させ、それらを自由に操るための方略や、継続的な再確認を提供する必要があります。つまり、全体のまとめとして、児童生徒は彼らの苦手な分野によって定義づけられているわけではないことを理解する必要があります。

第 2 部　効果的なカリキュラム実践のための方略

コピー OK

早期の読み書きスキル

以下の空欄にチェックすることで、児童生徒のスキルを記録し続けましょう。習得状況を把握するため、後日すべてのスキルが身についているかを再チェックしましょう。

氏名：	・ひらがな・カタカナの名前（文字の名前）を知っている	・ひらがな・カタカナの音（文字の読み方）を知っている	・自分の名前を書ける	・数字を順に言うことができる	・ひらがなを50音順に従って言うことができる	・状況絵を正しく並べ、説明できる	・簡単な文章で話すことができる

Inclusion Strategies and Interventions © 2011 Solution Tree Press

第5章　読み書き・コミュニケーション

コピーOK

文字（ひらがな・カタカナ）の習得

もし児童生徒がすべてのひらがな・カタカナの読み書きを習得していなければ、どのひらがな・カタカナの復習がさらに必要かを明らかにするために以下の様式を使用しましょう。

氏名：
文字（ひらがな・カタカナ）の読み
文字（ひらがな・カタカナ）の書き

Inclusion Strategies and Interventions © 2011 Solution Tree Press

第２部　効果的なカリキュラム実践のための方略

コピーOK

物語文の内容計画リスト

氏名＿＿＿＿＿＿＿＿＿＿＿＿＿＿＿＿＿＿＿＿＿＿＿＿＿＿＿＿＿＿＿＿＿＿＿＿＿＿＿

物語のタイトル＿＿＿＿＿＿＿＿＿＿＿＿＿＿＿＿＿＿＿＿＿＿＿＿＿＿＿＿＿＿＿＿＿，

著者＿＿＿＿＿＿＿＿＿＿＿＿＿＿＿＿＿＿＿＿＿＿＿＿＿＿＿＿＿＿＿＿＿＿＿＿＿．

登場人物＿＿＿＿＿＿＿＿＿＿＿＿＿＿＿＿＿＿＿＿＿＿＿＿＿＿＿＿＿＿＿＿＿＿＿．

物語は　過去／現在／未来について書かれている（１つを選び○で囲む）＿＿＿＿＿＿，

場所・設定＿＿＿＿＿＿＿＿＿＿＿＿＿＿＿＿＿＿＿＿＿＿＿＿＿＿＿＿＿＿＿＿＿．

最初の展開＿＿＿＿＿＿＿＿＿＿＿＿＿＿＿＿＿＿＿＿＿＿＿＿＿＿＿＿＿＿＿＿＿．

次の展開＿＿＿＿＿＿＿＿＿＿＿＿＿＿＿＿＿＿＿＿＿＿＿＿＿＿＿＿＿＿＿＿＿＿．

その後の展開＿＿＿＿＿＿＿＿＿＿＿＿＿＿＿＿＿＿＿＿＿＿＿＿＿＿＿＿＿＿＿＿．

主題＿＿＿＿＿＿＿＿＿＿＿＿＿＿＿＿＿＿＿＿＿＿＿＿＿＿＿＿＿＿＿＿＿＿＿＿．

最も面白い部分について＿＿＿＿＿＿＿＿＿＿＿＿＿＿＿＿＿＿＿＿＿＿＿＿＿＿＿．

その次の展開＿＿＿＿＿＿＿＿＿＿＿＿＿＿＿＿＿＿＿＿＿＿＿＿＿＿＿＿＿＿＿＿．

最後の展開＿＿＿＿＿＿＿＿＿＿＿＿＿＿＿＿＿＿＿＿＿＿＿＿＿＿＿＿＿＿＿＿＿．

この物語を読んで考えさせられた・感じたこと＿＿＿＿＿＿＿＿＿＿＿＿＿＿＿＿＿．

この物語は好きだ／好きではない（１つを選び○で囲む）。なぜなら……＿＿＿＿＿

＿＿＿＿＿＿＿＿＿＿＿＿＿＿＿＿＿＿＿＿＿＿＿＿＿＿＿＿＿＿＿＿＿＿＿＿＿．

Inclusion Strategies and Interventions © 2011 Solution Tree Press

第 5 章　読み書き・コミュニケーション

コピーOK

物語の枠組み

物語のタイトル

著者

ジャンル

登場人物

設定（場所や時代）

主題

物語中に出てきた問題や課題

問題解決のための行動

終わり／結論

テーマ／メッセージ

この本を読んで思い当たったこと・考えさせられたこと

意見

Inclusion Strategies and Interventions © 2011 Solution Tree Press

第2部　効果的なカリキュラム実践のための方略

コピーOK
小学生用の接続詞リスト

まず	しかし	例として	結果として	一方で
次に	その前に	再び	この理由により	しばらくの間
後で	それから	〜として知られている（呼ばれている）	なぜなら	突然に
その後	一度	〜以来	〜だから	例えば
ついに	加えて	そこで	〜のため	その結果

Inclusion Strategies and Interventions © 2011 Solution Tree Press

第5章　読み書き・コミュニケーション

> コピーOK

中学生用の接続詞リスト

初めに	特に	〜と対比して	〜を超えて	一般的に
結果的に	〜にもかかわらず	〜と関連して	偶然に	類似して
同様に重要なこととして	〜によると	さしあたり	特に	比較して
比較すると	必須のこととして	逆に言えば	さらに	その事実にもかかわらず
同時に	それにもかかわらず	併せて	通常のところ	最終的に

Inclusion Strategies and Interventions © 2011 Solution Tree Press

第2部　効果的なカリキュラム実践のための方略

コピーOK
小学生用の感覚語リスト

後半部の空欄は、教師または児童がリストに追加できるようになっています。

見る	聞く	触る	嗅ぐ	味わう
明るい	うるさい	ぬるぬる	甘い	甘い
小さい	静かな	湿った	臭い	苦い
大きい	無声の	絹のような	腐った	塩辛い
短い	シーという音が出る	なめらかな	爽やかな	辛い
高い	ちりんちりんと鳴る	冷たい	清潔な	ピリッとした
狭い	ささやく	熱い	強烈な	甘口
広い	パチパチ音が鳴る	やわらかな	焦げた	酸っぱい

Inclusion Strategies and Interventions © 2011 Solution Tree Press

第5章　読み書き・コミュニケーション

コピーOK
中学生用の感覚語リスト

後半部の空欄は、教師または生徒がリストに追加できるようになっています。

見る	聞く	触る	嗅ぐ	味わう
角度の	カサカサ	肉厚な	腐った	刺激的な
明確な	ゴロゴロ鳴る	革のような	腐敗した	ピリッとした
かっぷくの良い	突き刺すような	スポンジ状の	香り高い	酸味の
輝いた	メロディのような	チクチクした	刺激性の	塩味の
見苦しい	反響した	サテンのような	かび臭い	無味の
半透明の	耳をつんざくような	ビロードのような	無臭の	雑味のない
趣のある	雷鳴のような	油っぽい	臭気の	ほろ苦い

Inclusion Strategies and Interventions © 2011 Solution Tree Press

第2部　効果的なカリキュラム実践のための方略

コピーOK

読者の立場に立った筆記チェックリスト

質問	答え
だれが私の作文を読むか？	
読み手の年齢は？	
書いた内容で十分に説明できているか？	
書いた内容が多すぎないか？	
正しい順で物事が書けているか？	
正確・適切な詳細情報を含めているか？	
叙述的な用語を使用しているか？	
私が書いた文章は、書き出しや使用する単語を変えることで、さらに面白く読んでもらえるようになるか？	
書きたいと思ったことが文面に表れているか？	

Inclusion Strategies and Interventions © 2011 Solution Tree Press

第6章
算数・数学

僕の答えは正しかった。僕は200と書いたんだ。問題は18,000÷90だから、まず、18÷9の計算をして、その数の後ろに0を2つ付けた。それがどうして不正解なの？　あ、またやっちゃった。本当の問題は、81,000÷90で、18,000÷90じゃないや。隣の席の子、僕が嫌いなあの子は、確かに正解の900を書いてたな。文字とか数字とか、僕には違って見えるだけなのに。こんなのずるいよ！

　数量・配列・模様・図形のあるシンボル・整数・分数・小数は、児童生徒を混乱させることがあります。しかし、算数・数学の勉強のときに適切な足場かけが与えられれば、習得した上級スキルは、これらの算数・数学の特徴をより良く理解し、解答できるようになるだけでなく、日常的な状況に対処するのにも役立ちます。算数・数学とは、単に数字の問題ではありません。全米数学教師協議会（NCTM）は、包括的な算数・数学のカリキュラムについて、思考・問題解決・論理的思考が共に重要であるとして推奨しています。未就学児から中学2年生までの児童生徒が算数・数学で成果を収めるには、中核となる知識が必要です。高校のカリキュラムは、それ以前の学年で習う、代数学・幾何学・統計・確率・離散数学のようなコースの技能の積み上げです。算数・数学のカリキュラムの枠組みは全学年に渡って、基本的な算数・数学力から、代数学や確率、比例へと螺旋を描くように進み、長期的な算数・数学のカリキュラム目標と基準を確実に達成することへとつながります。概念の理解、技能の習熟（手順の流暢さ）と数学的事実の物質世界への変換・展開（計算）は、すべて重要で、相互関係にあります（米国教育省，2008）。インクルーシブな学級における卓越した教師は、学習率の違いを認識し、それに対処して算数・数学のカリキュラムを進め、算数・数学に消極的な児童生徒の態度を肯定的に変えます。

　算数・数学に対する児童生徒の態度を改善する方法の1つは、児童生徒の生活の中に算数・数学を応用することです。NCTMは、児童生徒は、論理的思考をどう応用して

第2部　効果的なカリキュラム実践のための方略

手順と解決法を証明すべきかを知り、また、算数・数学を日常生活場面につなげるために、さまざまな表現を考案し分析する方法を知る必要があると強調しています。組織的教育アプローチは、算数・数学力を向上させます（Steedly, Dragoo, Arafeh, & Luke, 2008）。すべてのレベルの児童生徒は、体系化された教育目標と目的から、カリキュラム基準の展開と凝固と共に、無数の能力を得ることができるのです。

▶ 算数・数学的表現

　抽象的な概念を具体的に表現することは、児童生徒の理解に役立ちます。例えば、硬貨と紙幣の価値についての説明を聞くことと、一円玉・五円玉・十円玉・五十円玉・百円玉・五百円玉・千円紙幣を実際に手に握ることとは全く異なります。おはじきやブロックを使えば、理解はさらに深まるでしょう。

　算数・数学教材を使うと、算数・数学の概念をもっとよく理解できます。まず、物体を見せます。そして、その物体を表す絵を加えます。最後に、抽象的な数学記号を与えます。この提示方法は、すべての学年レベルに適用できます。例として、低学年では、桁の値を表すために、そろばんを使い、高学年では、幾何学を勉強するために、Geometer's Sketchpad のような仮想教材や視覚化ソフトウェアを使うことができます。

　学習障害のある中学1年生と中学2年生の生徒を対象にした研究で、さまざまなレベルの算数・数学的表現の影響が調査されました（Witzel, Mercer, & Miller, 2003）。あるグループは、具体的な表現と抽象的な伝達の両方のアプローチで、数学概念を教えられ、他のグループは、抽象的な提示だけを使って伝えられました。どちらのグループの結果にも向上が認められましたが、具体的な表現で明確な指導を受けた生徒のほうが、抽象的な伝達だけを受けた生徒よりも、事後テストの成績が良かったのです。

　さまざまな具体的・半具体的・半抽象的な提示は、児童生徒が算数・数学の概念をより深く把握する手助けとなります。具体的な提示では、児童生徒に、実際に物を数えるような算数・数学教材を手に取って操らせます。半具体的な提示では、物や用語を表す図を使うことがあります。半抽象的な提示では、数を数えるために集計マークを使わせることがあります。分数表・キューブブロック・ピザゲームや房に分けたグレープフルーツで、全体を部分に分けるという概念を教えることができます。十進法の問題は、ホワイトボードに円形の磁石を小数点として使い、問題を解く際にその小数点を動かすようにさせて、教えることができます。児童生徒は、例えば、百の位を緑、十の位を

第 6 章　算数・数学

青、一の位を赤で下線を引くなどのように桁を色分けすることができます。列が分かれた位取り表を使えば、それぞれの桁が値を表すことがわかるようになります。なじみの薄い用語については、算数・数学用語集のようなものを作成することで、児童生徒に対して視覚的に説明できます。もちろん、グラフ計算機（グラフ描画ツール）から仮想算数・数学教材まで、最新のテクノロジーは、児童生徒に算数・数学を探求する機会を多く提供しています。

▶ 算数・数学をワークシート型から生活密着型へ

　算数・数学はとても抽象的な概念なので、算数・数学の指導を、児童生徒の予備知識や周囲の世界につなげると児童生徒が理解しやすくなります。単に数学的事実を学ぶと持続性が低くなります。スキルや練習問題を提供するだけのワークシートとは別に、情報を処理して、概念の理解を進展させるための学習が重要です（Silva, 2004）。教科書の練習問題だけでなく、豊富な算数・数学的課題に取り組むよう直接指導することは、児童生徒が批判的思考力を習得する手助けになります（Ollerton, 2009）。

　指導がなければ、児童生徒は、算数・数学の授業が日常生活にどう関係するのかを理解できないかもしれません。例えば、児童生徒は、小数の話は退屈で、その概念を学ぶ意味がないと思っているかもしれません。しかし、小数がお金と同一視されたとたんに、新しい意味、そして関心をもつようになります。オリンピックの金メダルを獲得する際の、1秒の10分の1の重要性を説明すると、児童生徒は十進値をよりよく理解します。シャツの上に一列に並んだボタンの画像を作ると、小数を一列に並べることを学びます。知識が学校の外の世界につながると、児童生徒はその知識を習得し、保持することができます。

　論理的な算数・数学的知識が気に入らなくても、児童生徒はスキップの数を数えたり、歌を作ったり、絵を描いたり、ソフトウェアプログラムに取り組んだりして、自分の特技を活用しながら学ぶことができます。児童生徒が料理や車、スポーツ、恐竜が好きなら、授業にもっと引き込ませるために、その話題を入れた文章問題を考えましょう。学校の売店や、ブックフェア（新刊や推薦図書を紹介する学校行事）や昼食時間に、本物の硬貨を使って数えて支払うことは、規定の算数・数学の時間や教科書のページよりも、お金の概念理解を強化します。垂直や平行線の意味は、算数・数学のワークシートの上だけでなく、本棚・掲示板・窓のブラインド・自然の中でも見つかります。

第2部　効果的なカリキュラム実践のための方略

　この章の終わりにあるコピーOKの資料は、算数・数学を児童生徒の生活に関連づける課題を提供しています。算数・数学の面接課題（131ページ）では、教室の外で算数・数学について考え、友人や家族に対して、算数・数学をどのように使っているか、そして算数・数学の何が好きかを尋ねるように指導しています。算数・数学のある暮らし（132〜135ページ）は、台所・野球場・店・レストランに算数・数学を取り入れる練習問題を提供しています。

　算数・数学力は、理科・国語・外国語・社会・音楽・図工（美術）といった他の教科に関連づけると、強化されることもあります。計量・グラフ・モザイク・確率・拍子・時間・距離・地図の技能のような他の教科におけるさまざまな課題は、数学の概念を利用しています。すべての教科の教師が、児童生徒に得点を理解させるために、あえて分数で成績を書いても良いのです。論理は算数・数学の主要な構成要素であり、すべての学級に論理がかかわるのではないでしょうか？

▶ 教育的介入に対する応答（RTI）算数・数学の推奨

　以下の8つの提案（Gersten et al., 2009）の目的は、算数・数学において支援が必要な児童生徒のニーズを確認し、対処するために、教師や管理職がRTIを使えるようにすることです。

1. どの児童生徒が、算数・数学に苦戦したり、落ちこぼれそうになったりしているかを見極めるため、児童生徒全員の学習到達度を確認する。
2. 支援を受ける児童生徒には、教育委員会や学校が選んだ教材を提供する。幼稚園児から5年生までの児童全員と、小学4年生から中学2年生の合理的な人数の児童生徒に焦点を合わせる。
3. 問題解決モデル・思考プロセスの言語化・指導型の学習・訂正フィードバック・継続的で累積的なチェックを含む、明確な組織的支援を行なう。
4. 児童生徒が、問題の基本構造や種類についての理解を深めるために、文章問題について支援し、方程式を設定したり、より簡単な問題を探したり、やり直したり、というような解決法を見つける直接的スキル指導を提供する。
5. 算数・数学的な概念の視覚的表現を提供する。
6. 流暢さを強化するため、すべての学年レベルで、基本的算数・数学的事実の復習

第6章 算数・数学

を毎日10分間行なう。
7. 苦戦している児童生徒の学習進捗度を注意深く観察する。
8. 第二・第三段階の、意欲を引き出すストラテジーを取り入れる。

　教育的介入と足場かけは、児童生徒が算数・数学を受け入れるのに役立ちます。モデリングと段階的な説明は有益であり、必要不可欠かもしれませんが、より深く理解するには、児童生徒自身も概念を探求する必要があります。これらのRTIの提案が指摘するように、児童生徒を観察し、やる気を起こさせるような、体系化された指導を行なう必要があります。

▶ 算数・数学の方略

　さまざまな能力の児童生徒が混在した教室では、一部の児童生徒には基本技能を強調して指導し、他の児童生徒には、関心を保てるように、よりやりがいのある、高水準の算数・数学的指導をすることが必要になるでしょう。常に、児童生徒のレベルと、最低限必要とされる技能を考慮しましょう。ヴィゴツキーが概説するように、算数・数学は、すべての科目と同様に、児童生徒の最近接発達領域（ZPD）内で教えられるべきで、それには模倣・指導・協力による学習が含まれます（Kearsley, 2009）。児童生徒のZPD内の概念は、現在の理解より少し上のレベルにありながら、既知のものにつながっているもので、新しい学習へと導くものとします。教師は、児童生徒が、予備知識にない不適合な指導レベルに不満を抱くことなく達成できるような、適切な足場かけを提供しなければなりません。例えば、相似と相違を見分けることができなければ、対称の鋭角や、鈍角、直角、線の習得や識別はできません。相関的一致と系列の技能が平均以下であれば、その技能の低さは、上の学年レベルでの算数・数学力に否定的な影響を与えます。

　多くの場合、算数・数学的な誤解があり、数量的思考能力が低い学習者は、算数・数学力を強化するために重要な自信が欠如しています。ただ正解か不正解かを付けるのではなく、現実的に学びの進展を褒め、不正解のフィードバックを一貫して詳細に行ない、児童生徒に自分の成果と課題を分析させることで、教師は自信の欠如の問題に対抗することができます。例えば、指導型の練習問題や訂正フィードバックにより、段階を分割して教える認知方略によって、文章問題に解答する手助けをすることができます

第2部　効果的なカリキュラム実践のための方略

（Cole & Wasburn-Moses, 2010）。教師が、声を出して問題を読んだり、余分な語彙を削除したり、問題を言い換えたりといった、必要な合理的配慮を適切に提供すれば、読解力の弱さは文章題の解答に影響を与えるものの、妨げになることはありません。

　知覚・認知面の相違・外傷性脳損傷・ADHD・学習困難がある児童生徒が算数・数学に苦労するのは、視覚の記憶と空間の知覚・認知が、概念の理解や演算と手順の流暢さに影響を与えるからです。算数・数学問題を公式化・説明・解答するためにこうした児童生徒に必要な算数・数学力は、結果的に算数・数学的な影響を受けるのです（Kilpatrick, Swafford, & Findell, 2001）。累積的なチェックを計画的に行ないながら算数・数学の指導をすれば、予備知識を強化できます。

　知覚・認知面における相違はまた、多くの場合算数・数学的理解を阻害します。書字障害のある児童生徒の中には、書いた文字が判読できず、不正解になる者がいるでしょう。自分の手書きが読めずに4と9を勘違いしてしまい、算数・数学力ではなく、知覚的相違のために、問題すべてが不正解になるかもしれません。児童生徒の手書きに問題があったり、微細運動スキルの障害がある場合、方眼紙を使ったり、罫線紙を垂直に持ち、罫線を縦列の線として使ったりすることは、計算問題を正しく解くために、数を上手に整理する手助けとなります。知覚面または視覚障害のある児童生徒の中には、正解にたどり着いても、テストの解答用紙に答えを書き込むときに、間違える者がいるかもしれません。数を反転する児童生徒（例えば、24を42と捉える）にも同じことが言えます。数を見極め、分類し、追っていくといった、視覚的識別作業の知覚トレーニングは、こうした児童生徒に有益です。また、演算記号に印をつけさせ、引き算の代わりに足し算をしたり、その逆をしたりしないようにします。そして、1ページの問題数を減らしたり、もっと整然とさせたりして、視覚的に気を散らすものを最小限にします。

　さらに、前述したように、概念を強固にするために、視覚映像と教材を取り入れます。聴解力・注意力・やる気はさまざまなので、生の算数・数学的事実を伝える前に、まずは関心を起こさせなければなりません。多様な学習者のいるクラスに帯分数と仮分数の授業をする間、その抽象的な概念を具体的に示すために、みかんの房を分けてみせます。追加する触覚的要素は、ワークシートやパワーポイントの提示で目にする無意味な問題よりも、みかんのような馴染みのあるものに結びつきます。NCTMのホームページ、Illuminations（http://illuminations.nctm.org）は、分数・小数・百分率を双方向に示し、仮想教材を通して、抽象的概念をより良く把握する方法を児童生徒に与えています。

算数・数学ではしばしば、児童生徒が記憶し、応用するには多すぎるくらいの、連続的な手順が必要とされます。この場合、簡略記憶記号は、すばらしいツールです。例えば、最初（First）・外側（Outer）・内側（Inner）・最後（Last）を表すFOILは、代数学の授業で乗算二項式に適用される有名な簡略記憶記号です。また、MAD［掛けて（Multiply）、足して（Add）、分母の上に置く（put it over the Denominator）］は、帯分数を仮分数に変える方法を児童生徒に記憶させる簡略記憶記号です。

児童生徒に算数・数学について話しあう機会をもたせましょう。声に出して考えを述べる機会を与えると、理解が深まり誤解が減少します。また、ある児童生徒には、レベルを上げるための強化学習に取り組ませ、他の児童生徒には、改善・練習問題・繰り返し・指導型の練習に取り組ませます。児童生徒は皆が同じ算数・数学能力をもっているわけではありません。したがって、教師の授業を進める速度・伝達方法の種類・カリキュラムの幅は多様でなければなりません。正しい指導があってこそ、すべての児童生徒が算数・数学をできるようになるのです。

▶ 計算の流暢さの強化

計算の流暢さは、指導プログラムを通して、連続的に強化される必要があります。数直線・そろばん・100数表（136ページ）のようなローテク教材の選択肢は、基本的な足し算・引き算・掛け算・割り算を教え、強化する有益な方法です。教師は、100数表を複数コピーして、児童生徒が、スキップカウンティングをしたりパターンを見つけたりしたときに、数字に印をつけるように指示します。手に持った視覚教材で、数字のパターンを見つけ、理解するという楽しい方法により、位取り・十進法・分数・小数のような概念が強化されます。2年生くらいの低学年児童には、100数表に掛け算の値の色をつけた照合表をホチキス止めした束を、掛け算の勉強ガイドとして使わせることができます。

特別なニーズのある児童生徒の中には、算数・数学に恐怖さえ感じるようになる者もいます。できないことをごまかすために、算数・数学は退屈だと訴える者もいます。カリキュラムを習得して、本当にそれを自分のものにするには、頻繁に学習を繰り返さなければならないかもしれません。たとえカリキュラムが螺旋を描くように展開するとしても、教師が単元を定期的に繰り返して、循環させると、算数・数学的な学習は強固になることが多いのです。

第２部　効果的なカリキュラム実践のための方略

　算数・数学は、児童生徒の思考力を拡大します。児童生徒の強みと弱点はさまざまであり、適切な合理的配慮とモディフィケーションを行なった、さまざまな支援が必要です。電卓や数直線、ジオボードを使用させることは、学習を後退させることではなく、より多くの側面から算数・数学を理解し、感じさせることなのです。

▎考えてみましょう

　どうすれば、特別なニーズのある児童生徒が算数・数学的概念の力を身につけるための支援ができるのでしょうか？

　学習障害のある児童生徒を含む、すべてのレベルの児童生徒は、算数・数学技能と概念化の能力を身につけることができます（Maccini, McNaughton, & Ruhl, 1999）。段階的な説明・多様な具体的表現・モデリングの繰り返し・指導型の練習・頻繁なフィードバックによる代替的な教示は、算数・数学が苦手な児童生徒を手助けします。学習困難のある児童生徒には、彼らの弱点ではなく長所を強調するような、組織化されたフォーマットと伝達方法が必要であることを認識しましょう。例えば、絵が好きな児童生徒であれば、視覚を利用して図を描くことで数学的概念を図形化させます。やる気を起こさせるために、常に算数・数学を児童生徒の生活に関連づけましょう。児童生徒には、算数・数学の授業目標と共に、学習方略を教えましょう。

第 6 章　算数・数学

コピーOK

算数・数学の面接課題

質問	家族	友人	自分自身
今週（授業や宿題以外で）、どんな算数・数学の力を使いましたか？			
あなたの好きな算数・数学の単元は何ですか？			
算数・数学が、生活を便利にしている例を1つ挙げなさい。			
このページの裏に、算数・数学的な絵を何か描きなさい。また、その絵の説明を記述しなさい。	説明	説明	説明

Inclusion Strategies and Interventions © 2011 Solution Tree Press

第２部　効果的なカリキュラム実践のための方略

コピー OK

算数・数学のある暮らし：スポーツ

先生と相談して、取り組む項目数と完成予定日を決めなさい。

1. 好きな野球チームまたは選手の、１試合・１週間・１ヵ月間の安打数を集計しなさい。

    選手／チーム：＿＿＿＿＿＿＿＿＿＿＿＿

    １試合の安打数：＿＿＿＿＿＿＿＿＿＿＿＿

    １週間の安打数：＿＿＿＿＿＿＿＿＿＿＿＿

    １ヵ月の安打数：＿＿＿＿＿＿＿＿＿＿＿＿

2. 好きな選手の１試合の打率を計算しなさい（ヒント：打席数で安打数を割る。例：20安打÷60打席＝.333）

    打率：＿＿＿＿＿＿＿＿＿＿＿＿

3. テレビでスポーツを観戦する時間数と、自分でスポーツをしたり練習したりする時間数を比較して、グラフを作りなさい。

    グラフからわかったこと：＿＿＿＿＿＿＿＿＿＿＿＿＿＿＿＿＿＿＿＿＿＿＿＿

4. 野球ボールの円周とバスケットボールの円周を比較しなさい。（ヒント　C＝円周；π（パイ）＝3.14 または 22÷7、r＝半径、C＝π×直径または 2r）

    野球ボールの円周：＿＿＿＿＿＿＿＿＿＿＿＿

    バスケットボールの円周：＿＿＿＿＿＿＿＿＿＿＿＿

5. スタジアムや体育館、球技場で見られるさまざまな図形を挙げなさい。（例：球、三角形、長方形）

    見つけた図形：＿＿＿＿＿＿＿＿＿＿＿＿＿＿＿＿＿＿＿＿＿＿＿＿＿＿＿＿

Inclusion Strategies and Interventions © 2011 Solution Tree Press

第6章　算数・数学

コピーOK

算数・数学のある暮らし：調理

先生と相談して、取り組む項目数と完成予定日を決めなさい。

1. 1日で食べたものの費用を求めなさい（ヒント：食事日記をつけ、それぞれの品目の費用を求めて、合計を計算する）。
    朝食：＿＿＿＿＿＿＿＿＿＿
    昼食：＿＿＿＿＿＿＿＿＿＿
    夕食：＿＿＿＿＿＿＿＿＿＿
    軽食：＿＿＿＿＿＿＿＿＿＿
    合計：＿＿＿＿＿＿＿＿＿＿

2. 家の好きな料理のレシピの材料を、2倍と半分にしなさい。

材料	元の分量	2倍の分量	半分の分量

3. 5日間で家族の食事の準備に費やされる時間の平均値を計算しなさい。
    （ヒント：平均値を求めるには、全体の時間を5で割る。）
    1日目：＿＿＿＿＿＿＿＿＿＿
    2日目：＿＿＿＿＿＿＿＿＿＿
    3日目：＿＿＿＿＿＿＿＿＿＿
    4日目：＿＿＿＿＿＿＿＿＿＿
    5日目：＿＿＿＿＿＿＿＿＿＿
    平均：

4. 1日で消費したカロリーを計算しなさい。
    1日で消費したカロリー：＿＿＿＿＿＿＿＿＿＿

5. 台所にある、平行線と垂直線の例を挙げなさい。
    平行：＿＿＿＿＿＿＿＿＿＿＿＿＿＿＿＿＿＿＿＿＿＿＿＿＿＿＿＿＿＿＿＿
    垂直：＿＿＿＿＿＿＿＿＿＿＿＿＿＿＿＿＿＿＿＿＿＿＿＿＿＿＿＿＿＿＿＿

Inclusion Strategies and Interventions © 2011 Solution Tree Press

第2部　効果的なカリキュラム実践のための方略

コピーOK

算数・数学のある暮らし：買い物

先生と相談して、取り組む項目数と完成予定日を決めなさい。

1. 3種類のポテトチップスかチョコレートの価格を比較して、どれが10グラムあたりで最もお得な買物なのかを見極めなさい（ヒント：袋を比較するには、10グラムあたりの値段を求めるために、袋ごとの価格を重さで割る）。

1つ目の袋	2つ目の袋	3つ目の袋
価格：	価格：	価格：
グラム：	グラム：	グラム：
10グラムあたりの値段：	10グラムあたりの値段：	10グラムあたりの値段：

一番お得な袋：＿＿＿＿＿＿＿＿＿＿＿＿＿＿＿

2. カタログから好きな服を選び、買うことができます。予算は1万円です。商品を選んで、送料込みの合計額を求めなさい。購入後、残ったお金はいくらですか？
送料込みの合計額：＿＿＿＿＿＿＿＿＿＿＿＿＿＿＿
残ったお金：＿＿＿＿＿＿＿＿＿＿＿＿＿＿＿

3. 家族全員分のアイスクリームを買うための費用を見積りなさい。お店に行き、その見積額と実際の価格を比較しなさい。
見積額：＿＿＿＿＿＿＿＿＿＿＿＿＿＿＿
実際の価格：＿＿＿＿＿＿＿＿＿＿＿＿＿＿＿
差異：＿＿＿＿＿＿＿＿＿＿＿＿＿＿＿

4. スーパーの5つの通路の棚の数を求めなさい。
1通路ごとの棚の数：＿＿＿＿＿＿＿＿＿＿＿＿＿＿＿
5つの通路の棚の数：＿＿＿＿＿＿＿＿＿＿＿＿＿＿＿

5. 好きな食べ物を5つ選び、それぞれ一人前の費用を計算しなさい。

食べ物	一人前の費用

Inclusion Strategies and Interventions © 2011 Solution Tree Press

第 6 章　算数・数学

コピー OK

算数・数学のある暮らし：外食

先生と相談して、取り組む項目数と完成予定日を決めなさい。

1. 家族がレストランで注文している間に、会計額を見積りなさい。お店の人がお勘定を持って来たら、見積った金額と実際の金額を比較しなさい。

   見積額：＿＿＿＿＿＿＿＿＿＿＿＿
   実際の金額：＿＿＿＿＿＿＿＿＿＿＿＿
   差異：＿＿＿＿＿＿＿＿＿＿＿＿

2. 1．のレストランが米国にあった場合、チップを支払う必要があります。では、会計額のチップを計算しなさい。（ヒント：まず、10％を求める。20％の場合はそれを倍にする。5％の場合はそれを半分にする。15％の場合は 5％を 10％に足す。たとえば、会計が 25.00 ドルなら、10％は 2.50 ドル。20％にするには倍にして、5.00 ドル。5％にするには半分にして、1.25 ドル。そして、15％にするには、それを 10％の 2.50 ドルに足して、3.75 ドルとなる。）

   15％のチップはいくらか？：＿＿＿＿＿＿＿＿＿＿＿＿
   20％のチップはいくらか？：＿＿＿＿＿＿＿＿＿＿＿＿

3. 数人の友だちと、レストランのメニューを見て、注文するものを決めなさい。割り勘にするならそれぞれいくら払うかを求めなさい。18％のチップを勘定に入れること。

   一人当りの金額：＿＿＿＿＿＿＿＿＿＿＿＿

4. 友だちにクッキーを差し入れするために、菓子店に行きます。100 グラムあたり 200 円のクッキーを 200 グラム買おうと思います。すると、300 グラムのクッキーが 500 円という表示を見つけました。なぜ、200 グラムでなく、300 グラムを買うほうを選ぶかを説明しなさい。また、100 グラム余分に買いたくない人がいるのはなぜかを説明しなさい。

   300 グラムを買う理由：＿＿＿＿＿＿＿＿＿＿＿＿
   200 グラムを買う理由：＿＿＿＿＿＿＿＿＿＿＿＿

5. 友だちの一人と、近所のレストランで外食をしています。お勘定は税抜きで 33.00 ドルになりました。友だちは、合計額から 30％引きになるクーポンを持っています。節約できる金額はいくらになるか？　8％の税と 17％のチップを入れた、新しい合計はいくらになるか？　計算メモはすべて添付しなさい。

   クーポンで節約できた金額：＿＿＿＿＿＿＿＿＿＿＿＿
   新しい合計：＿＿＿＿＿＿＿＿＿＿＿＿

Inclusion Strategies and Interventions © 2011 Solution Tree Press

第2部　効果的なカリキュラム実践のための方略

コピーOK

100数表

1	2	3	4	5	6	7	8	9	10
11	12	13	14	15	16	17	18	19	20
21	22	23	24	25	26	27	28	29	30
31	32	33	34	35	36	37	38	39	40
41	42	43	44	45	46	47	48	49	50
51	52	53	54	55	56	57	58	59	60
61	62	63	64	65	66	67	68	69	70
71	72	73	74	75	76	77	78	79	80
81	82	83	84	85	86	87	88	89	90
91	92	93	94	95	96	97	98	99	100

Inclusion Strategies and Interventions © 2011 Solution Tree Press

第7章
社会科・理科

僕の先生は、ユーモアのセンスがないんだよ。水の化学式を HIJKLMNO と書いたら、全然ウケなかった。HからOまで（H2（to）O）のアルファベットを書いたんだけど。先生、何が嫌だったんだろう？　前にも、教室で植民地のことを調べ学習していたとき、僕がコンピュータでジェームズタウンについて調べていたら、先生がやって来て、キレそうになったんだ。ジェームズタウンってタバコで有名だったよね？　だったら、どうしてタバコについて検索しちゃいけないんだろう？

　特定の指示がわかりやすく説明されないと、誤解が起こることがあります。
　授業では、特定の指示が必要なことがあり、理解を確実にするために、より綿密な計画・頻繁な観察・モデリングも必要です。社会科は、多くの事実・遠く離れた場所・時代を扱い、理科は、観察・仮説・研究・分析という高い水準の思考力を扱うので、インクルーシブな学級では難しい教科と見なされることが多くあります。学習障害やその他の発達障害のある児童生徒は、障害のない児童生徒と同じ予備知識をもっていないことがよくありますが、実際にこれらの教科の理解を深めるためには、その予備知識が基盤となるのです。教師の中には、さまざまな能力と特別なニーズのある児童生徒に、理科を的確に教えるために必要なトレーニングと支援が不足していることがあります（Irving, Nti, & Johnson, 2007）。しかし、準備量を増やし、さまざまなストラテジーを用いれば、児童生徒の科学的・歴史的知識を強化し、教室内で、社会科と理科が現在・過去・未来に命を吹き込むことを提示することができます。

▶ 社会科のカリキュラム

　社会科のカリキュラムには、さまざまな学年レベルで、前期旧石器時代から現代まで数千年にわたる内容を扱うさまざまな学習コースがあります。カリキュラムが広範囲なため、教師は1つの単位を深く提示しがちで、全体像を見渡す機会を逃しています。例

第 2 部　効果的なカリキュラム実践のための方略

えば、アメリカ独立革命について議論することは重要ですが、アメリカ史の全体像を把握するためには、南北戦争と大恐慌について議論する時間もなければなりません。さもないと重要な情報が失われ、その結果、一部の児童生徒は、重要な出来事の地理や歴史的年代史の基礎知識が欠如することになります。ヨーロッパ諸国から来た 20 人の探検家の名前を記憶することはそんなに重要で、それによって教室で市民権について話す時間がなくなっても良いのでしょうか？　ジグソー法*を使い、探検家について学習コーナーや小グループで研究させたり、市民権の歴史年表を振り分けて、各自で研究させたりしてはどうでしょうか？

　児童生徒が全体像を見ることができれば、より多くの予備知識が、より深い概念の理解と共に確立されます。全米社会科協議会（NCSS, 2002）は、文化・時代・連続性・変化・人物・場所・環境・個人とグループのアイデンティティ・支配と自治・製造・流通・消費・公民・地域と世界・技術・科学を含む、主題のつながりを推奨しており、それぞれの主題の全体像を作り出すために、児童生徒が知るべきことを示しています。

　マリア・モンテッソーリは探求と発見を評価し、特別なニーズのある児童生徒の強力な擁護者でした。モンテッソーリ学校は、児童生徒が、全体論的アプローチによる調査を通して、地球の歴史を探求することを奨励しています。モンテッソーリ式教育法においては、将来の科学的で社会的な影響について、過去や現在との関連で教えます。詳しい情報は、Teaching History's Big Picture（www.fossils-facts-and-finds.com/history.html）のホームページを閲覧してください。このような探求から、現在のインクルーシブな学級の児童生徒が学べることがたくさんあります。

　より頻繁に形成的評価をするのは良い考えですが、評価の数に頼ってはいけません。「よし、第 5 章のレッスン 1 と 2 をやって、子どもたちにクイズを出題しよう。そして、レッスン 3 と 4 をやって、クイズを出題しよう。それから、第 5 章全体の単位テストをしよう」。児童生徒が全体像について何を学んでいるかを考慮しなければなりません。第 5 章は、それ以前と以後の章にどうかかわっていますか？　カリキュラムの全計画において、そのトピックの重要性は何ですか？

---

*ジグソー法とは、カルフォルニア大学サンタクルーズ校名誉教授のエリオット・アロンソン氏によって開発された、共同（協同）学習を促すための方法である。1 つの長い文章を 3 つの部分に区切り、それぞれを 3 人グループの 1 人ずつが担当し、その内容を学習する。その後、学習した担当箇所を相互に紹介しあって、ジグソーパズルを解くように、協力しながらその内容の全体像を明らかにする。

研究者である Laura Dull と Delinda Van Garderen（2005）は、多くの教科書が厳密な叙述型であり、ハラハラもせず興味もそそられず、多くの児童生徒にとって理解困難であると述べています。これは、社会科のカリキュラムのもう1つの問題です。教科書に、児童生徒を引き込むようなもっと迫力のある対話が必要なのは間違いありません。教科書をもっと魅力的にするための方法がいくつかあります。児童生徒が、生き生きとした過去の声を聞くために一次資料を読んだり、ドキュメンタリードラマや模擬インタビューを演じたり、教科書の一部を叙述の代わりに対話式に書き直したり、適切な水準の歴史小説を読んだり、適切な画像や映像などを使って主要概念を表すパワーポイント資料を作ることができます。

社会科のカリキュラムを最大限に利用するために、児童生徒は教科書以外でも、その授業内容を体感する必要があります。Dull と Van Garderen が指摘するように、児童生徒にとって、物語は生き生きとしていなければなりません。社会科は、教科書に書いてあることがすべてではなく、継続的で進化する物語です。

▶ 理科のカリキュラム

児童生徒が理科を学習することの重要性は、法律によってより多くの信憑性が与えられています。理科は、落ちこぼれ防止法において、2007～2008の学年度から義務化された理科の到達成績報告と共に取り組まれています（Spooner, Ahlgrim-Delzell, Kohprasert, Baker, & Courtade, 2008）。全米理科教育スタンダードは、理科とは動的で複雑なプロセスであると断言しています。この絶えず変化する世界において、理科の分野は静的ではないので、この教科には、専門の知識と教師の継続的な準備が必要です。教育学的な重点は次の3つから成ります。理科を学び、理科を教える方法を学び、児童生徒が学習方法を学ぶ支援をすることです。周りの世界をより深く理解するためには、理科は、文学・メディア・テクノロジー・数学といった他の分野にもかかわるでしょう。教師は、理科のカリキュラムについての確実な知識をもっていれば、適切に構成された授業を児童生徒に提供することができます。その授業とは、魅力的な共同作業による探求学習に価値を置くため、児童生徒は、予備知識を増やし、理科に関連した資料を扱って、観察と関連性を見定めることができるようになります。

理科の学習サイクルは、探求・概念の発展・応用から構成されます（Olson & Mokhtari, 2010）。例えば、力と加速度について教えるとき、運動量や質量のような用語を持ち出

第2部　効果的なカリキュラム実践のための方略

す前に、ゴルフボールや野球ボールを打つといった活動に児童生徒をかかわらせます。ニュートンの第二法則を覚える前に、それを体感させるのです。教師は、児童生徒が現象を観察し、実験し、データに基づいた結論を出すような、理科の授業を計画する必要があります。

▶ 社会科と理科のストラテジー

　社会科と理科のどちらも、指導と評価のために、児童生徒には合理的配慮と支援が必要です。教師も支援を必要とします。例えば、理科の教師は、特別なニーズのある児童生徒を指導する際に、教育方法論とより専門的な内容の発展を含む、特別な支援が必要であると報告しています（Irving, Nti, & Johnson, 2007; Kirch, Bargerhuff, Turner, & Wheatly, 2005）。この節では、インクルーシブな学級において、児童生徒と教師の両者を支援するためのストラテジーを提供します。

■積極的に取り組む学習

　教師が構成主義的で探求に基づくアプローチを実施すると、児童生徒は5つのE［参加（engage）・探求（explore）・詳述（elaborate）・説明（explain）・判断（evaluate）］を用いて、積極的な学習者になります（マイアミ科学博物館，2001）。指導の基盤となる探求・グループワーク・調査プロセスの支援・より綿密なチェック・認識思考と推理の支援は、標準的な学力の児童生徒・到達度の低い児童生徒・学習に困難のある児童生徒が混在する理科の授業で成果を出す手助けとなります（Palincsar, Magnusson, Collins, & Cutter, 2001）。理科と社会科のどちらにおいても、児童生徒は、記憶した事実をただ披露するのではなく、問題を解決するように指導されると、批判的思考を促すより高いレベルの学習に取り組むようになります。

　理科と社会科には、どちらも大量の抽象概念的な語彙があります（Mastropieri et al., 2005）。このことが、言語と読み書き能力に障害のある児童生徒にとって、大量のテキスト・実験課題・筆記課題が、厄介で意欲をそぐものにしています。教師は、指示を言い換える、課題の冗長性を減らす、または同じ概念を提示しても読解の必要性が少ない代替テキストを用意するなどの支援を行なう必要があるかもしれません。

　効果的に教える教師は、いきなり概念レベルの話を進めるのではなく、まずは抽象概念を具体的に教えるために、継続的に創造力を駆使します。認知レベルに違いのある児

童生徒は、過去・現在・未来の出来事の関連性のような概念を明確に理解するために、具体例を必要とすることがあります。さまざまな地域の人々の選択が、どのように地理と気候の影響を受けているのか。また、科学的発見の意味とは何なのか。一例を挙げると、学級が環境汚染について勉強しているなら、油・油脂・洗剤のようなさまざまな汚染物質がどのように水の純度に影響を与えるかを示すには、瓶に入った海洋バイオームが役に立ちます。結果とその意味を観察し議論することは、概念レベルでの理解につながります。

　教科書のページから飛び出すような学習は、どのような場面でも利用すべきです。マルチメディアツール・共同（協同）学習活動・学習記録や日誌・デモンストレーション・モデリング・寸劇によるプレゼンテーション・実践的な活動により、児童生徒は理科と社会科をさらに集中して勉強できるようになります。産業革命における組み立てラインの概念を示すためにレゴの車を組み立てたり、緯度と経度や、食物網の線を表すために、かせ糸を使ったりすることができるかもしれません。独立戦争について学ぶならば、入植者・体制支持者・フランス人・アフリカ人・アメリカ原住民の役を演じるよう立候補者を募ることもできます。出来事の再現・劇・討論・ビデオ・歴史小説・起伏地図・実際の実験・オンラインでのペンパル（文通仲間）とのコミュニケーションは、どれも概念を具象化して、より多くのカリキュラムを達成する媒体となります。

　個別化した社会科と理科を行なうことは、その教科が教科書のページや評価の一部として存在するだけの断片化したトピックではないことを、児童生徒に理解させるのに役立ちます。社会科と理科は、例えばマリー・キューリー（物理学者・化学者）、ベンジャミン・フランクリン（政治家・物理学者）、ベンジャミン・バネカー（科学者）、アメリア・イアハート（飛行士）、フランシスコ・ヴァスケス・デ・コロナード（探検家）のような人物の人生を通して描写することができます。例えば、偉大な軍事指導者に関する議論を行なう授業は、ジンギス・カン（チンギス・ハン）、アレキサンダー大王、ナポレオン、ジョージ・ワシントンの人生を、ジグソー法で協同研究し、プレゼンテーションを準備する絶好の機会となります。

　これらの科目はどちらも素晴らしい物語を提供し、劇・本人の話・シミュレーション・討論などを通した指導ができます。弁護士・退役軍人・建築家・エンジニア・生物学者・理科や歴史の教師・政治家・ソーシャルワーカー・心理学者・パラリーガル（法律事務職員）・医師・天文学者・環境保護運動家・放射線技術者・研究者のようなゲストスピーカーに、実体験を児童生徒と共有してもらうのはどうでしょうか？　これによ

第2部　効果的なカリキュラム実践のための方略

り、それぞれの主題にさらに多くの信憑性が与えられるのは確かです。教師がしっかり準備をすると、児童生徒はその科目を現実と結びつけ、豊かな経験をすることができるのです。

■グラフィックオーガナイザー

グラフィックオーガナイザーは、適切な見出しの下、児童生徒が授業の多くの事実と概念を区分するのに使われ、概念を組織化し、カリキュラムの過重負担を取り除いて、理解を深めるのに役立ちます。概略・絵コンテ・概念マップ・概念チャートなど、数種類のグラフィックオーガナイザーがあります。情報・ノート・事実のページを視覚的に整理すると、学習に困難のある児童生徒は、多数の詳細と概念を、全体像や重要な問題と結びつけることができます。以下は、さまざまな種類のグラフィックオーガナイザーの効果的な活用例です。

●マインドマップ

マインドマップは、データを図解する視覚表現の1つで、中心のトピックを取り囲んで、いくつかの概念を結びつけることができます。多数のページのノートを、児童生徒にわかりやすい方法で整理することができます。図7.1は、大陸と国の理解を手助けする、地理学マインドマップです。

●概略

概略とは、トピックを詳細や特質を裏づけるサブトピックに分けることです。図7.2は、マインドマップで提供されたものと同じ情報の、異なるバージョンです。図7.2の大陸についての地理の授業には、多様な児童生徒レベル・興味・好ましい様式・多重知性を尊重した課題が含まれます。例えば、以下のような活動が挙げられます。

- 概略に国を追加して、政治地図・地図帳・地名辞典・テキスト・教育目的や個人的な使用が承認されたホームページを参考に、特定の国について個別のマインドマップを作成する。
- さまざまな大陸・国・州・行政区・都市について、文章・エッセイ・詩・説明文を付けた絵を使い詳細を書く。
- 大陸の1つについて、ゲームまたはパワーポイントを作成する。
- 世界地図の大陸の境界をなぞり、色を塗る。

Inspiration Software（www.inspiration.com, www.inspiration.com/kidspiration）では、児童生徒は概念チャートを作ることができ、アイコンをクリックすると、トピック

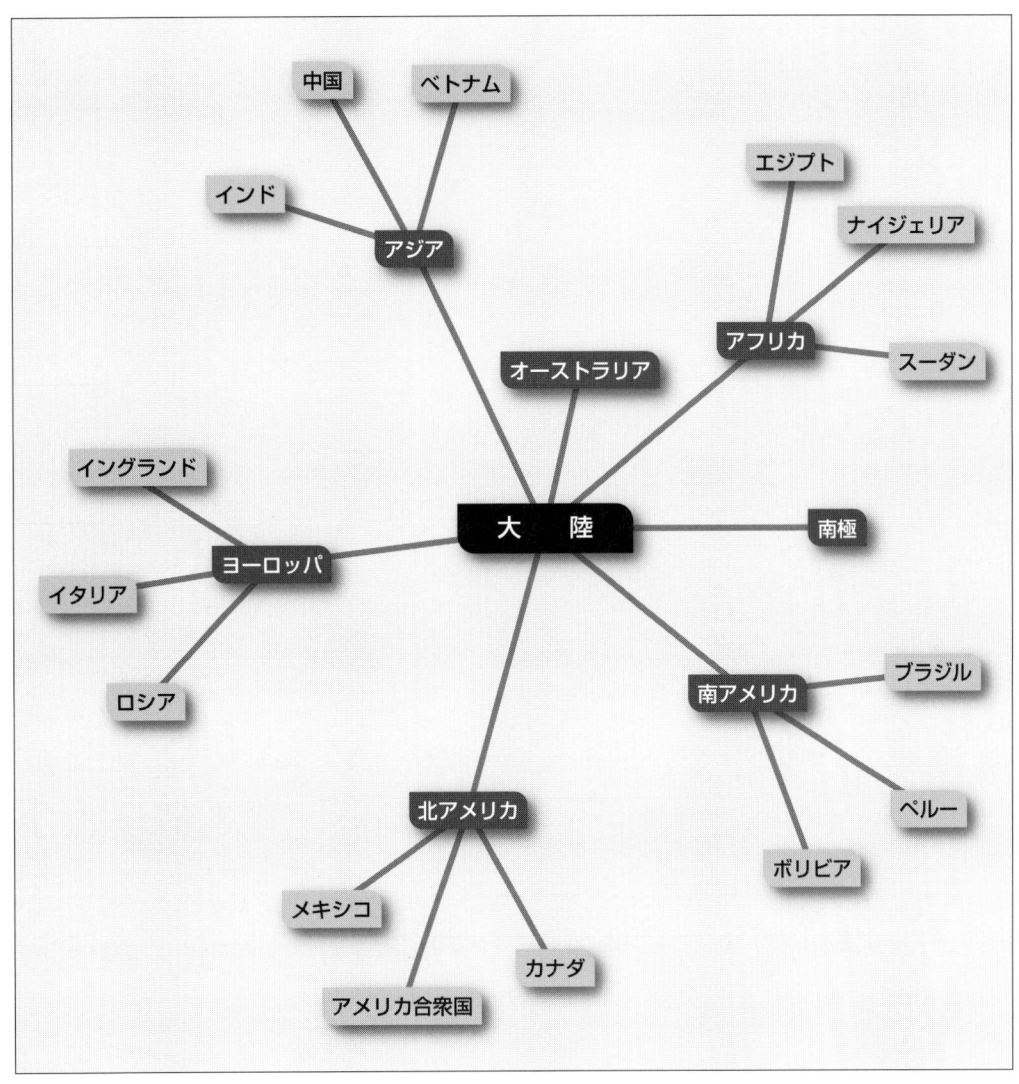

図7.1：マインドマップ
出典：T. Karten（www.text2mindmap.com）

をサブトピックまで狭めた概略に形が変わります。さらに、クリップアートライブラリは、幼稚園から高校3年生までに習う抽象概念と語彙を例示する画像を複数含んでいます。

● PEP

PEPと呼ばれる自問テクニック（Harmon, Katims, & Whittington, 1999）は、学習者が、授業で学ぶ人物・出来事・場所に焦点を当て、関連情報を抜粋し、理解を深めるのに役立ちます。表7.1は、優れたグラフィックオーガナイザーであり、鍵となる事実

第 2 部　効果的なカリキュラム実践のための方略

I. 大陸
   A. ヨーロッパ
      1. ロシア
      2. イタリア
      3. イングランド
      4. _____
      5. _____
   B. アジア
      1. インド
      2. 中国
      3. ベトナム
      4. _____
      5. _____
   C. アフリカ
      1. エジプト
      2. ナイジェリア
      3. スーダン
      4. _____
      5. _____
   D. オーストラリア
   E. 南アメリカ
      1. ブラジル
      2. ペルー
      3. ボリビア
      4. _____
      5. _____
   F. 北アメリカ
      1. カナダ
      2. アメリカ合衆国
      3. メキシコ
      4. _____
      5. _____
   G. 南極

図 7.2：大陸の概略

表 7.1：PEP の例

人物	出来事	場所（時間）
ジョン・ロルフ	植民地に向けて航海	イングランド、1609 年
	タバコを栽培	ヴァージニア、1612 年
	ポカホンタスと結婚	ジェームズタウン、ヴァージニア、1614 年
	帰国	イングランド、1616 年
	植民地で暮らす	ヴァージニア、1617 年～1622 年

を強調して、基本的な予備知識を確立するのに役立ちます。児童生徒は、討論メモや勉強ガイドとして PEP を使い、学習が進むにつれ、それを拡張することができます。

選択肢として、合理的配慮を必要とする児童生徒のために、PEP の項目のいくつかは事前に全部または部分的に埋めることで、聞いて書き取る作業を最小限にすることができます。表 7.1 は、ジョン・ロルフの PEP の例です。

●囲み年表

児童生徒の多くは、多数の事実を並べて示す使い勝手の良いなガイドが理解しやすいと考えています。表 7.2 は、児童生徒がロシアの歴史の全体像を把握しやすくするための囲み年表の例です。

教師は、この囲み年表を使って、児童生徒の多様なレベル・興味・好ましい学習様式・多重知能を尊重した評価をすることができます。例えば、以下のような活動が挙げられます。

- 年代だけ入った囲み年表をもらい、自分で調査して出来事を記入する。
- 完成された年表と空白の年表の紙を渡され、見本の年表と同じになるように、空白の年表に事実を書き写したり、切り取った紙片を貼りつけたりする。
- 強化活動、スポンジ活動（授業で余った時間に行なう学習活動）、あるいは発展学習として、クラスが協力してこれらの出来事をジグソー法で研究し、多重知能が尊重された児童生徒制作のクイズ・クロスワードパズル・ジェパディ！クイズ（テレビのクイズ番組）・パワーポイントの発表・寸劇・ポスター・詩・歌などにより説明をする。

●知識を深める項目

知識を深める項目は、主題の抽象的な知識と思考を整理・区分するだけでなく、学習

第２部　効果的なカリキュラム実践のための方略

表7.2：囲み年表の例

紀元前1200年	バルカンが強力な族長としてウクライナに定着する。
紀元前200年	サマリア人が、ギリシアとローマの思想を持ち込む。
0年	イエス・キリストが生まれる。
西暦200年	ドイツの西ゴート族が進出する。
370年	フン族のアッティラは冷酷な指導者である。
800年	東スラブ人とチェコ人がこの地に定着する。
1200年代	モンゴル人（ジンギス・カン）がロシアに侵攻する。
1547年	イワン雷帝が初代ツァーリ（皇帝）となる。
1682年	ピョートル大王の支配、ロシアはヨーロッパの大国と見なされる。
1762年	女帝エカチェリーナが支配する。
1853年	オスマントルコ帝国とのクリミア戦争が勃発する。
1894年	ニコライ2世が、ツァーリとなる。
1898―1905年	マルクス・レーニン主義哲学が広がり、血の日曜日事件が起こる。
1914―1918年	第一次世界大戦が起こる。 共産党が、1917年のボルシェビキ革命の後、政権を引き継ぐ。 ソビエト連邦が始まる。レーニンが初代のリーダーとなる。
1929―1953年	スターリンが、独裁者として君臨する。 フルシチョフが、スターリンの死後、権力を握る。
1939―1945年	第2次世界大戦が起こる。 ベルリンが陥落する。 ベルリンは、東西ベルリンに分けられる。
1957―1977年	ブレジネフが、共産党の多数のポストを経て、権力を握る。1977年最高指導者になる。人工衛星スプートニクが宇宙へ送られる。
1978―1982年	ソビエト連邦がアフガニスタンを侵略する。
1989年	ミハイル・ゴルバチョフが、ソビエト連邦のリーダーとなる。 ベルリンの壁が破壊される。
1990―1991年	ロシア連邦が成立、ボリス・エリツィンが大統領に選ばれる。 ロシアと14の旧ソビエト連邦の国が独立する。
1999年―現在	ロシアが、チェチェンを侵略する。 メドベージェフが、ウラジミール・プーチンの後に大統領に選ばれる。 ロシアが、グルジアを侵略する。

第 7 章　社会科・理科

表 7.3：知識を深める項目　例 1

トピック：汚染	知識を深める項目	私の考え・経験
・汚染は、陸・空・海の生命にとって有害である。 ・光・雑音・水・熱のようにさまざまな種類の汚染がある。	・汚染は、河川・小川・海・湖の魚を傷つける。石油流出とゴミの投棄は、水質汚染を引き起こすことがある。	・汚染された魚を食べると、健康に有害なことがある。
	・私たちが大気に対して行なっている行為は、人間・植物・動物にとって問題を引き起こすことがある。 ・大気汚染の例には、空気に悪影響を及ぼす、車と工場から出るガスがあり、スモッグと他の有害な影響を引き起こす。	・有害な空気を吸うと、肺に問題を引き起こすことがある。 ・私の伯父はアメリカ同時多発テロ事件のときに世界貿易センターで救助活動をした消防士だった。そして現在も、よく咳をする。
	・汚染は、建物の内部や外の環境でも起こりうる。	・私は、焦げたトーストと洗剤と、父が家でタバコを吸うときの臭いが嫌いです。

語彙：
・大気（タイキ）―空間にある空気またはガスで、地球を取り巻いている。
・汚染された―汚れに染まり、物が不潔（清潔でない）になること。
・肺―胸にある 2 つの臓器（心臓や脳のように）で、血液に良いガスの酸素を吸い、二酸化炭素ガスを吐き出す。二酸化炭素は、植物が育つときに使われるが、人間は体内から出す必要がある。
・汚染（オセン）―環境（われわれの周囲・空気・土・水）を汚し、時に危害を与える。
・サーマル―熱

表 7.4：知識を深める項目　例 2

トピック：汚染	知識を深める項目	私の考え・経験
・空気・水・土壌の汚染は、環境に有害な商品の製造・輸送・消費と廃棄物によって引き起こされることがあり、大気と水質に悪影響を与える。	・スモッグ・地球温暖化・オゾン層破壊・酸性雨・森林伐採・土壌汚染のような問題は、地球上の生命を危険にさらし、生物に問題を引き起こす。	・私は、環境を保護し、汚染を減らして、より健康的な世界を作るために、自分のゴミの量を減らし、他の人にも同じようにするよう説得する必要がある。
	・大気中の多すぎるガスは不安定な状況を作り、極暑をともなう温室効果を引き起こして植物を滅ぼし、それにより、動物と人間に影響を及ぼす。	・温室効果は、暑い日に窓を締め切っていた車に乗るときのことを思い出させる。車は、ちょうど地球の大気のように、太陽の熱と光を閉じ込める。

第2部　効果的なカリキュラム実践のための方略

の手引きとしての役割も果たします。「トピック」と書かれた最初の列は、学習する単元のテーマが示されています。2列目は、「知識を深める詳細」（電球の絵をこの列に挿入して、このオーガナイザーを楽しく飾ろう！）です。3列目は、児童生徒の考えや経験とテーマとを直接結びつけます。語彙を音節に分け、発音を書き入れ、同じページ上にその定義を書くことで、読字障害（ディスレキシア）のある児童生徒にとってわかりやすい参考資料となっています。表7.3と7.4は、知識を深める項目の例です。

　2つの例のトピックは同一ですが、各表の知識の幅が違うことに注目してください。学習レベルが2つあるのは、児童生徒の予備知識・読解レベル・言語能力・語彙力が多様であるためです。

　紙を折って3つの列を作り、このような見出しをつければ、児童生徒は自分でグラフィックオーガナイザーを容易に作ることができます。あるいは、空白の部分の知識を深める詳細な表を児童生徒に渡して、記入させることもできます。

▍考えてみましょう

　さまざまな予備知識と能力が混在するインクルーシブな学級において、教師は、社会科と理科をどう指導すればよいでしょうか？

　教師は、難しい概念を児童生徒が理解できるレベルに分けて、最初に基本的な知識を与えることができます。この知識は、その翌週以降に、個人・グループ・クラス全体で学習スキルが示されるときに、螺旋を描くように展開していきます。低年齢の児童生徒は、まずは世界における自分自身の位置をよりよく認識しながら、家族・文化・地域について学ぶことに手を広げなくてはなりません。進級するにつれ、学習内容は、市町村・都道府県・国・大陸へと広がっていきます。同じことは、理科についても言えます。例えば、節足動物について詳しい単元を学ぶ前に、生物と無生物の違いを、脊椎動物と無脊椎動物の基本的な特徴と共に、理解する必要があります。他の児童生徒が知識向上のために学習コーナーで作業に取り組んだり、他のプロジェクトをしたりする間に、児童生徒によっては、その分野の知識をいくつかの要素に分割する必要があります。

　教師は、自分の授業を見直して、発達・認知・身体・コミュニケーション・行動

のレベルがさまざまな児童生徒が、どうすれば知識の幅を広げながら学習に取り組めるかを見いださなければなりません。合理的配慮には、実験室で代替器具（例えば、実験用スポイトの代わりに大きな調理用スポイト）を用意したり、手引きのプリントの文字を大きくしたり、読唇する児童生徒の方に顔を向けたり、実験台の高さを低くしたり、などが含まれます。行動上の困難を伴う視覚障害のある児童生徒は、実験室環境の安全規則を知り、それに従う必要があります。それには、担任によるさらなるチェックや、クラスメートや教育支援員による支援が必要かもしれません。オーガナイザーを事前に配布することで、注意力に困難のある児童生徒が、授業についていくのに役に立ちます。語彙を事前に教えておくと、こうした児童生徒にとって相互関係のある概念の理解が容易になります。また、教師が児童生徒に現実的な賞賛とフィードバックを与えることで、児童生徒は自信を高めていきます。

　観察は科学的プロセスの1つであるだけでなく、インクルーシブなプロセスの1つでもあります。観察によって、教室という名の実験室に合った現実的で合理的な配慮を与えられます。結局のところ、教育とは科学なのです！　教師は、聴覚・視覚・そしてより実践的な経験に価値をおく授業と方略によって、児童生徒の多様性と興味を尊重する学習環境を共に作り出すのです。

第2部　効果的なカリキュラム実践のための方略

コピーOK

PEP

人物	出来事	場所（時間）

Inclusion Strategies and Interventions © 2011 Solution Tree Press

第 7 章　社会科・理科

<u>コピー OK</u>

知識を深める項目

トピック：	知識を深める項目	私の考え・経験
語彙：		

Inclusion Strategies and Interventions © 2011 Solution Tree Press

第2部　効果的なカリキュラム実践のための方略

第8章
図工（美術）・音楽・体育

木曜日が待ち遠しいよ。だって、木曜日は体育館に行く日だから。パラシュートで遊んで、旗を持って、友達と走り回るだけでとても楽しい。教室の中でももっと走り回ることができればいいのに。じっと座って、つまらないノートをたくさん取るなんてもう嫌だ。

　もし、学習発表のレベルが、学習困難のある児童生徒の多様な感覚様相や多重知能を尊重しなければ、彼らは、注意を傾ける、衝動をコントロールする、長時間集中するなどが難しくなる場合が多くあります。図工（美術）、音楽、そして体育は、児童生徒の参加、集中、そして全般的な学習能力を高めます。これらの教科は多くの場合、学習困難のある児童生徒に、限定された典型的なドリルや授業を超えて、輝くチャンスを与えます。つまり、興味をふくらませ、結果的に理解を深めることになります。特別なニーズのある児童生徒に対する図工（美術）プログラムは、彼らの感覚スキルや知覚スキル、認知スキルを伸ばす手助けをします。(Guthrie & Su, 1992)。音楽は、図工（美術）の遠い親せきであり、児童生徒の耳を癒すだけでなく、微細な動きをする器用さや自己管理力、聴く力、そして思考スキルにつながる教科です。音楽は、対人関係の改善、理論的─数学的、言語的、身体的、運動学的、そして音楽的─リズム的知能に関係します。体育やその他身体表現の活動もまた、カリキュラムの機能を高めます。知識を身につけるために体を動かす授業をすることで、より知識が定着するという結果を支持する脳研究もあります。(Wolfe, 2002; Sousu, 2007)。この章では、これらの教科を動作や視覚、そして決定的な経験でどのように学んでいくべきかについて示します。

▶ アートフルな教育

　図工（美術）は、セラピーのような効果があり、児童生徒が自分の芸術作品を造っている場合でも、他人の造った作品の写真を見ている場合でも、リラックスできる教科な

第8章　図工（美術）・音楽・体育

のです。図工（美術）は、児童生徒が恐怖を感じずに利用できる媒体物となり、あらゆる能力と考えを対話させることができます。

　児童生徒には、図工（美術）とは、完成させるまでの時間を要する個々のプロセスであり、他の児童生徒の作品と自分の作品とを比較するものではないことを実感できるような説明が必要です。また、すべての絵は、マットや額縁の価値が必要なのではないこと、そして、モデリングや指示された練習を積み上げても良いこともきちんと確認しておきましょう。児童生徒が何か絵を描く前に、基本的な全体像を理解する必要があります。例えば、花の細部を描くことに集中するよりも、まず、花は円形または楕円形であることを理解する必要があります。

■カリキュラムにおける図工（美術）

　児童生徒が、フィンガーペイント、影絵、肖像画、風刺画、あるいは抽象画のどれを制作していようと、その制作プロセスにおいて知覚的で批判的な思考力を使用することになります。Guthurie and Su（1992）は、幼い子どもの知覚スキルを研究し、図工（美術）で使われるスキルが他の教科でも使用されることを証明しています。

- 認知─その物体（対象物）に対して知っていることは何か
- 知覚─何を見たか
- グラフィック製作─マークメイキング

　例えば、認知、知覚、そしてグラフィック制作は読み書き能力と関連しており、児童生徒が音とアルファベットの文字とを関連づけ、1対1対応の能力を示し、そしてどのように文章を書くかを学ぶことができます。認知は、これまでに獲得した知識を確立させることに影響します。優れた知識、正確な観察力を含む知覚力、そして何を学び、感じたかを文字によって再現した表現によるグラフィック制作を含むスキルは、図工（美術）や他のほとんどの教科などにもかかわります。

　図工（美術）は、単にリラックスできる表現ではありません。図工（美術）は、カリキュラムに不可欠であり、算数（数学）、理科、国語（読み書き能力）、そして社会（歴史）の短期、長期目標と関連づけられる可能性があります。他の市民（民主化）運動や時代について学ぶとき、芸術家はさまざまなメディアを通じてどのように自分たちのことを表現したのかを理解することができます。例えば、移住シリーズにあるジェイコブ・ローレンス（アフリカ系アメリカ人）の絵以上に、アメリカ南部における戦争後のアフリカ系アメリカ人に対する差別をより深く学習できる方法があるでしょうか。絵に

第2部　効果的なカリキュラム実践のための方略

することで、それをさまざまな教科において会話・対話を始めるために使用するきっかけになります。例えば、「星月夜」（ゴッホ）は、その作品自体が天文学から円周、そして地形という範囲まで議論を呼び起こします。もし、児童生徒がエジプトの文化について学んでいるのなら、エジプトの美術、建築、絵画、象形文字、彫刻を社会科のカリキュラムと関連する美術活動に加え、図工（美術）の教師と共に情報を共有しましょう。図工（美術）は、児童生徒の授業の目当てと関連づけるためにいくつかの方法が利用できます。例えば、幾何学的な形を描く、地図の縮尺を作る、絵芝居を作る、理科の実験を図表化する、多様性のある文化によってつくられる工芸品を調査する、などです。

　それから、図工（美術）は、どんな教科を学習している間でも、考えやエネルギーを放出するための素晴らしい方法になることを覚えておきましょう。例えば、児童生徒は、コラージュやジオラマ、ポスター（彼らがどんな知識を得るかを示すための）を製作することによって、彼らの視覚スペースの知的能力を保障することができます。

■合理的配慮

　インクルーシブな学級に在籍する児童生徒の中には、微細運動、マッチング、分別、分類スキルを発達させ、それらをさらに洗練されたものにするために、追加的支援が必要な者がいます。異なる形、大きさ、触覚の物体を操作することが求められる図工（美術）の活動に児童生徒を参加させることで、これらのスキルを発達させることができます。

　衝動的な傾向にある児童生徒の中には、図工（美術）のそれぞれのステップなしには作品の全体を作ることができないことに気づかせるための追加的な構造化や指示が必要な場合があります。教師はこのような児童生徒に対して、長期間にわたるチェックリストや、それぞれの課題に必要とされる短期目標を作る必要があります。図工（美術）には、自分のスキルを磨き、時には課題を完成までの作業速度を遅めることが必要です。

　異なる身体的、感覚的なニーズのある児童生徒は、ブロックや色づけの活動に使用する作業台や適切な高さに合わせた机のような合理的配慮によって効果が上がる可能性があります。児童生徒の中には、もし協調運動が困難な場合、鉛筆用のグリップやマスキングテープで紙を机に貼っておくことなどが必要な場合があります。その他にも、もし紙の切断や手描きでのトレーシングが困難な場合に、すでに切ってあるひな形が必要な場合もあります。微細運動能力は、チョーク、絵の具、ひげそり用のクリーム、塩、プ

第 8 章　図工（美術）・音楽・体育

リン、ゼリー、パイプクリーナー、毛糸などといった道具や材料によって向上させられる可能性があります。

　図工（美術）は、視覚に困難のない人を排除することはありませんが、視覚に困難があったとしても、ことばによる説明、線をさわること、そして抽象的な表現をより具体的にするための点字のように、他の感覚を通して経験することができます。粘土、絵具や紙、マジック、毛糸、のり、ひな形、ストリングアート（針と糸で作る作品）、ジオボード上の輪ゴムなどのさまざまな媒体や材料は、特別なニーズのある児童生徒に図工（美術）を感じ、創造する方法を与えます。

　もちろん、アートフルなインクルージョンにはたくさんの価値や明暗、濃淡の色合い、色相があります。しかし、教師が個々にまず注目し、それから図工（美術）に注目することが最も重要です（James, 1983）。

▶ 音楽について

　バケツの中の絵筆を打ち鳴らすことからコンピュータプログラムで音楽を創作することまで、教師は児童生徒の興味に合った音楽を利用することができます。音楽は、すべての教科における注意力、記憶力、集中力、概念を改善するために使用することができます。

　構造化された音楽の設定は、児童生徒間の交流や協力関係を育みます。学習活動中に音楽を聴くことで、児童生徒の精神を安定させる教育のムードや雰囲気を創造することができます。もし児童生徒の中に、このような追加刺激によって学習が阻害される児童生徒がいれば、ヘッドホンを使用すると良いかもしれません。自閉症スペクトラム障害の児童生徒の多くは、音楽を使用した指導によく応答します（Hourigan & Hourigan, 2009）。また、重度の情緒（感情）障害のある児童生徒の感情コントロール力を伸ばします（Foran, 2009）。

　教師が教えようとしている概念と関連づけるために、児童生徒を支援するさまざまなカリキュラムに関連した歌があります。例えば、「頭、肩、ひざ、足と手」のような歌は、体の部位についての知識を高めますし、「We Didn't Start the Fine」あるいは「The Night They Drove Old Dixie Town」のような歌は、アメリカの歴史の知識を高めます。また、楽譜として、音楽を算数（数学）に組み合わせることで、分数と関連づけることができます。音楽は、無脊椎動物から愛国心までを含む、画期的な教科です。

第2部　効果的なカリキュラム実践のための方略

現在学級で教えている単元を音楽科の教師に伝え続けましょう。そうすれば、その教師は摩擦や重力、磁力に関する原理や掛け算表を覚えるための授業に関連した歌詞を創作することで、児童生徒を支援することができます。

音楽を感じ、理解するには、児童生徒に優れた聴力や理解力は必要ではありません。聴覚障害のある児童生徒には、振動やリズム、ビートを感じる機会を与えましょう。歌っても良いことも覚えておきましょう。必要であれば、絵カード交換式コミュニケーションシステムを導入しましょう。学習に困難のある児童生徒の中には、音楽作品を通してストーリーの意味を理解することに手助けを必要とする場合もあります。

ヘンリー・ワーズワース・ロングフェロー（詩人）は、「音楽は人類の普遍的な言語である」とすでに見抜いていたのです。

▶ 本を使った学習を超えた体育

児童生徒の身体的スキルや経験に関する情報を教師が事前に入手しておくことで、その児童生徒が安全で刺激的な体育の授業を受けるために必要な適応力について知ることができます。必要な合理的配慮やモディフィケーション、そして支援については、IEPやリハビリテーション法第504条による指導計画に書かれています。

多動な児童生徒には、注意力を増加させ、学習を促進するための活動が必要なことがしばしばあります（Cloud, 2009）。ADHDの児童生徒に関する研究では、公園を歩くことで、児童生徒が教室内の授業に戻ったときの集中力が高まることが明らかになっています（Taylor & Kuo, 2009）。遊びの活動を増やすことが、健全で創造的なはけ口となり、衝動性をうまく調整する方法になることも明らかにされています（Chmelynski, 2006）。

■ストラテジー

もちろん、すべての授業がその活動をやめて遊んだり、公園を歩いたりすることはできません。しかし、運動によって学習を伸ばす方法は他にもあります。児童生徒は、協力しながら情報カードに書かれた単語を使って作文を書いたり、学級内を歩き回りながら同じ単語の書いてあるカードを持っているパートナーを見つけたり、同意する場合は頭を触り、同意しない場合はつま先をさわったりということが可能です。児童生徒は、スキップカウンティング（1、3、5、7、9、など、特定の数を飛ばして数を数えること）

をしている間ジャンプをしたり、方位磁石と同じ方向を指すために腕を伸ばしたりすることも可能です。もし、地球のプレートの動きを説明するプレート理論やソーラーシステムについて教えているのであれば、例えば、収束型境界を表すために集まったり、発散境界を表すために離れたり、あるいは自転の模倣をするために想像上の軸を回ったりという形で概念を体で表現させましょう。児童生徒に作文の書き始めの案ができるたびに教室をスキップさせてみましょう。また、教室内の壁に貼ってある時刻になると動くという活動から、時計の知識を得ることができます。児童生徒が、ホップ、ステップ、ジャンプできる用紙の上に、授業で登場する新たな学習内容や新出語彙を書くという案もあります。児童生徒は柔らかいスポンジボールを投げることができます。学ぶことが楽しくなる方法として、お互いの疑問を尋ねるときに、柔らかいスポンジボールを投げるというやり方もあります。こうしたやり方の可能性はいくらでもあります。

　ブレーンブレイクとは、あらゆる教科などで導入可能な、児童生徒が参加可能な運動できる活動の1つです。ブレーンブレイクは、児童生徒の脳を長らく休めるという意味ではありません。これは、単に児童生徒が教室内で長時間座っている状態から、その後の活動に集中するために一時休憩するという意味です。インクルーシブな学級では、児童生徒は多くの場合、授業に参加するためには、1～2分間の休憩時間が必要です。ブレーンブレイクは、集中、注目そして聴く力を向上させます。サイモン・セッズ（遊び）、廊下でのケンケンパ、セブンスイニングストレッチ（メジャーリーグの試合の7回裏の攻撃に入る前にストレッチをすること）、ボキャブラリービーチボール投げ（しりとりをしながらビーチボールをトスし合う）などがその例です。

　教室内で児童生徒がどこまで体を使う機会が許可されるかについての情報を得るために、体育教師、コーチ、作業療法士、理学療法士、養護教諭、そして家族からの情報が重要になります。これは、微細あるいは粗大運動に限界がある児童生徒に適合した授業を行なうことや、栄養面、運動面での良い習慣を促したり定着させたりする、あるいはどのように児童生徒チームプレイヤーの一員となり、彼らをトレーニングするかにかかわってくるでしょう。

■ 合理的配慮
　身体面に困難のある児童生徒は、例えばブザー音、発光するボール、当たると音のなる的のように、適切な指示には、視覚的または聴覚的な代替物が必要かもしれません。もちろん必要に応じて学習活動間の適切な休憩時間や時間短縮も許可しましょう。創造

第2部　効果的なカリキュラム実践のための方略

的なアイデアを出し、大き目または小さ目の装置や低くしたバレーボールのネットやバスケットボールのゴール、改良されたにぎり手、そしてシュート前にボールを跳ねさせることを許可するといったルールの改良など、適応のためのさまざまな配慮ができます。

運動面に障害のある児童生徒は、必要な支援を申し出ることが必要です。しかし、大人の支援に頼り過ぎることは、子どもの自立や自律を阻害することにもなります。さらに、モディフィケーションは、児童生徒の能力を高めるものでなければなりません。すぐに目標を下げようとせずに、児童生徒が安全に学習活動に挑戦するために必要な余地を確保しましょう。例えば、教育支援員は、児童生徒が自立の共感を経験できる最近接領域で指導を維持することが必要です（Egilson & Traustadottir, 2009）。もし、児童生徒が授業に物理的に参加できなければ、応援者、コーチ、あるいはスコアキーパーなどの中に児童生徒を入れるように挑戦してみましょう。

■栄養・食事

質が保障された体育教育プログラムでは、バランスの良い食事の摂取や運動習慣を児童生徒に教えることも必要です。教師は、学校場面以外でも健康的なライフスタイルを確保させるためのエクササイズや、食事の摂取状況を記録する連絡帳を確立することで、パートナーとして家族の支援を得ることができます。これは、栄養学の本や栄養に関する学校と家庭間での双方向によるやりとりによって成し遂げられます（Blom-Hoffman, Wilcox, Dunn, Leff, & Power, 2008）。

▶ ライフスキル

これらの教科におけるそれぞれの指導により、児童生徒はいつの間にかライフスキルを学んでいきます。組織的なスキルが欠けている児童生徒は、より適切な学習分野を続けるよう促されますし、教材教具をどのように扱うかについての指導も受けられます。例えば、絵の具筆の使い方、学期の維持方法、体育道具の片づけ方などです。発達上支援の必要な児童生徒にとって、ハサミを安全に使用する、理解を促進するために自身の氏名の型やデザインを作る、順番を変わる、安全なルールを守るといった機能的スキルに授業を関連づけることができます。感情・情緒面にニーズがある児童生徒は、彼らの学習の批判をするような決めつけた目や耳ではなく、思いを表現するための信頼できる

第 8 章　図工（美術）・音楽・体育

機会が必要です。感情面や、行動上の困難がある児童生徒は、バンドやオーケストラ、コーラスのようなグループの一員になれる良好な人間関係を形成するための指導とチェックを受けます。

　児童生徒に対して、彼らの想像や感情を表す機会を与えましょう。そして、図工（美術）、音楽、体育を必須科目として価値づけをし、時間、人的、物的な支援リソースを割り当て、そして彼らの多様性を尊重することを通して重要な生活指導を行ないましょう。

考えてみましょう

ピープルファインダーとは？

　ピープルファインダーとは、児童生徒を呼び覚まし、学習へと向かわせる方策です。それは、児童生徒の生活とカリキュラムを結びつけ、あらゆる年齢の児童生徒に適用可能な身体的動作や筋肉運動を伴う、対人的かつ個人的な方法です。児童生徒に以下に示された描写のリストを渡します。その後、彼らは教室内を歩き回り、その描写に合った人を探し、横にサインしてもらいます。表 8.1 は、カリキュラムを横断してさまざまな教科に関する描写体を使用したピープルファインダーの例です。

表 8.1：ピープルファインダーの例

次に当てはまる人を探しましょう	本人のサイン
"S" で始まる単語を 5 つ知っている人	
机の周囲の長さを言うことができる人	
今週自転車に乗った人	
今日果物を食べた人	
7 大陸の名前をすべて知っている人	
58 × 12 を概算できる人	
合唱団で歌っている人	

第 2 部　効果的なカリキュラム実践のための方略

楽器を演奏できる人	
ペットを飼っている人または飼いたいと思っている人	
スペイン語で「幸せ」という単語を知っている人	
今月の娯楽として本を読んでいる人	
雲の種類を説明できる人	
詩を書くことが好きな人	
お勧めの映画を観た人	
酸素の化学記号を知っている人	

第9章
学際的アプローチ

「そのうちわかるようになるよ。うまくいくよ」。小さいときから何度も聞かされてきた。「大丈夫だよ」と3年生のときの担任に先生が言った。「もう少し大きくなるまで待っていたらいいよ。そうすれば、本当にわかるようになるよ」。今、ルネッサンスについて学んでいる。ヨーロッパ復興の時代、すごく昔のことだ。これにどんな意味があるんだ？　私はこの授業を終えたら代数や化学の授業に出る。それには何の再生や復興もない。ただ死物だけが私の頭の中をかけめぐる。何もピンとこない。

　児童生徒は、学校を、自分たちの生活や人生とは何ら関係のない分離した教科を学ばされる場であると考えています。反対に、学際的アプローチでは、概念をつなげるような「ひらめき思考」をもたらす機会を学習者に提供するため、学習者はより深い探求をするようになります。学際的な単元、つまり、共通のテーマを築き、カリキュラムを掘り下げる楽しくて創造的な方法が、教師の後押しとなるのです。スキルとして相互に関連づけられる教科は、その教科間で連携して教えられます（Gardner, Wissick, Schweder, & Canter, 2003, Northwest Regional Educational Laboratory, 2001）。

　こうした学際的な単元を設定するには、どの主要教科の学習到達基準を導入するかを概略化し、児童生徒の興味をもたせ、他の教職員と連携することが必要です。例えば、児童生徒が車好きなら、それが単元の目当てになり得るということです。学習の深化には、ヘンリー・フォードの経歴を書いたり、フォード社に対してビジネスレターを書いたり、燃焼の科学的な面を実験したり、昔から現在までの自動車の質と価格について調べたり、車についての歌のメドレーを創作したり、大型車と高級車の比較をしたり、好きな車の特徴を示した広告をデザインしたり、車の試作モデルを製作したりといったことに、国語、理科、算数・数学、図工（美術）、音楽の教科などが含まれます。

　分断した教科間をつなぐことはまた、1つの教科で学んだことや別の学年で学んだことを、翌年度以降に関連づけたり適用したりする機会が与えられます。教師は、児童生徒の生活や人生を学びとリンクさせ、仕事や生活における日常的な課題へと概念を適用

第2部　効果的なカリキュラム実践のための方略

することにより、現実世界との関連づけを構築し、支援します。教師も児童生徒も、刺激的でより豊かになる方法で、教室における聞き手や教科についての知識を獲得します（Lee, 2007）。

▶ 授業ストラテジー

　教師は、児童生徒が通常の学級で学際的グループごとに学習をするとき、そのグループは異種混合であり、分離するわけではないことを確認しておく必要があります。リソースや指示は、児童生徒の興味や学習レベルによって変わるでしょう。教師は、カリキュラムを楽しく、全員にとって意味のあるものにし、児童生徒のニーズに合わせて簡単に単元を作り替えることができます（Jenkins, 2005）。

　教師は、1つの幅広いテーマから始め、それから異なる教科内での関連する概念やスキルについてブレーンストーミングします（Jenkins, 2005）。例えば、栄養をテーマにする場合、算数・数学、読み、書きの短期目標を保障するために、学習レベルに合った物語を読み、理解力問題に答え、特定の用語を定義づけ、リストにある単語を音節に分解し、詩を創作し、そして物質の成分を測定することができます。もし、学校の食堂でヘルシーなメニューを作るとしたら、先ほど述べたスキルの多くは，学習到達基準やつまらないワークシートの代わりとして導入した個々の研究や協力グループの活動に組み込まれるでしょう。テクノロジーも、メニューや広告のグラフィックデザインや、ワープロ、データベース、研究などのために使用することが可能です。その学習課題は、児童生徒の個別の指導計画や学習到達基準の短期目標にリンクさせることができます。

　3年生の担任グループが、木について児童に教える単元で協力し合った事例があります（Shaw, Baggett, Daughenbaugh, Santoli, & Daugenbaugh, 2005）。授業内容は、国語、社会、図工（美術）、技術、理科に関するものでした。児童は、木について調べ、その研究について発表しあい、質問しあい、木についての知識を深めました。一方で内省的なさまざまな要求に取り組みました。社会科では、森林と物理的な環境について、それから持続可能資源と持続不可能資源についての議論が行なわれました。テクノロジーとしては、児童がさらなる情報を研究するためにコンピュータを使用し、木についてのアニメーション化されたネット上のビデオ動画を見て、それから木の絵や概要を作るために考えを視覚的にまとめるソフトウェアを活用しました。児童は、アートラビングを創作し、シェル・シヴァスタイン作の「大きな木」のような本を読み、授業用の本

の「Po-e-tree」のために「木についての詩」を創作したりしました。

　米国の開拓史についての単元作りをするとき、教師は学習課題と児童生徒ごとの個別の指導計画や、そのカリキュラムを横断する興味関心の提供が簡単であることを発見しました（Jenkcins, 2005）。児童生徒は兵士になりきって隊列を組んで行進し、イギリスからアメリカへの入植者、そしてアメリカ原住民の観点からの歌を作って歌ったり、当時の絵を分析したり、入植者の人口を比較するグラフを作成したり、開拓時代についてのまとめを発表するパワーポイント資料を作成したりしました。国語、算数・数学、体育、そして音楽の短期目標に対しては、異なる教科を横断的に取り扱ったため、口頭や筆記の学習課題について朱書きで成績が付与されました。次の３つの学際的アプローチの例は、トピックを教科群につなげ、それと同時に児童生徒のレベルを保障する差別化された短期目標を提供する方法を示しています。

■小学校段階の例

- トピック／概念：時（時間）
- 学習目標：時計の時刻を述べる。
- 機能的な目標：授業スケジュールや家庭でのスケジュールに従う。
- 基盤となる知識：０分、30分のときの時刻を言うことができる。
- より高度な目標：さらに細かい時刻に気づくことで、15分、45分という時間がわかる。
- さらなる知識：経過時間を含む単語の問題や機能的な授業のシナリオを作り、解決できる。
- 読み書きの短期目標：教師が、エリック・カール著『The Grouchy Ladybug』を読む。児童は口頭と筆記による質問に答え、それから児童が作った時計と短い段落の文で何をしていたかをまとめる。
- 算数の短期目標：時計の絵による時刻の問題は小グループで回答する。チーム・ティーチングを行なうもう１人の教師は、ニーズに応じた支援を行なうために観察する。
- 理科の短期目標：アナログ時計やデジタル時計のように時計の種類について調べる。教師がモデルを示した後、児童は協力しながら、プレート、ストロー、鉛筆、定規、ハサミ、テープのような道具や影の測定を使いながら、太陽時計を作る。
- 社会科の短期目標：地球上の異なる場所における時刻を述べる。

第2部　効果的なカリキュラム実践のための方略

- 知覚／音楽科の短期目標：歌詞や時間の方角を歌うために，時計廻り、反時計廻りに動く
- 学習スキルの短期目標：児童は、家庭や学校での活動のための時間を述べるための個人の時間測定器をつけ続ける。他の考えられる活動は、ビンゴゲーム、Brain Pop, Brain Pop Jr.（www.brainpop.com and www.brainpopjr.com）、短いストーリー、図工プロジェクト、動作を伴う活動、歌、スキップカウンティングなどがある。

■中学校の例

- トピック／概念：C.S. ルイス著「ライオンと魔女」
- 学習目標：この小説について読み、議論し、感想を書く。
- 機能的目標：品格教育スキルを見つけ、適用する。
- 基盤となる知識：ファンタジー小説と現実的なフィクションの比較をする。
- より高度な目標：登場キャラクターの分析を通して善対悪の、この本のテーマを理解する。
- さらなる知識：自己犠牲と誘惑について話しあう。
- 読み／書き短期目標：この小説の章を読み、選択された語彙の同義語、対義語を見つけ、詳細にわたる要約を書き、そして口頭と筆記による理解テストに答える。
- 数学の短期目標：ルイスの品格に関する代数の文章題を作成し、解く。登場する教授の家の模型を製作する生徒もいる。
- 理科の短期目標：活動を利用しながら、自分たちで作った地球や太陽のモデル（地球儀のような教材）を通して、科学博物館のホームページ（www.exploratorium.edu/ansientobs/chaco/HTML/TG-seasons.html）で示されている四季を調べる。
- 社会科の短期目標：年表を作成し、この時代のロンドンやヨーロッパの地図を作成する。
- 知覚／音楽科の短期目標：www.puzzlemaker.com を使い、クロスワードパズルを作成し、解くことができる。また、第二次世界大戦時に人気の高かった歌を研究する。
- 学習スキルの短期目標：選択肢問題、マッチング問題、記述問題によるテストを作成するために相互に協力する。

■高校の例

- トピック／概念：ホロコースト（ナチス・ドイツによるユダヤ人大虐殺）

第9章　学際的アプローチ

- 学習目標：ホロコーストに関する資料に基づく質問に答え、小説を読む。
- 機能的目標：協力的に課題を完成させる。
- 基盤となる知識：すべての生徒が、大学サークルの次の本のうち1冊を読み、ホロコースト時代に何が起こったかを見つけ、他の生徒と情報を共有する（興味と読みレベルに応じてどの本を読むか割り当てる）。John Boyne "The Boy in the Striped Pajamas"、Lois Lowry "Number the Stars"、Markus Zusak "The Book Thief"、Johanna Reiss "The Upstairs Room"、Peter W. Schroeder & Dagmar Schroeder-Hildebrand "Six Million Paper Clips: The Making of a Children's Holocaust Memorial"
- より高度な目標：生徒は第一次世界大戦から1940年代までのドイツにおける文化的、社会的、経済的状況を調査する。
- さらなる知識：生徒はドイツのホロコーストとダルフールやルワンダで起こった出来事と比較する。
- 読み／書きの目標：生徒は以下に示す基礎的な資料についてクリティカルリーディング（批判的読み）を行なう（割り当てられた課題は生徒の読みレベルによって異なる）：the Kristallnacht Order（www.jewishvirtuallibrary.org/jsource/Holocaust/kristallnacht_order.html）、Emanuel Ringelblum の Yad Vashem Documents "Life in the Warsaw Ghetto"（www.jewishvirtuallibrary.org/jsource/Holocaust/life_in_warsaw.html）、a Ghetto ration card、アンネフランクの日記からの引用、あるいは "I Never Saw Another Butterfly."。生徒は2人組になってこれらの資料に基づく詩やエッセイ、イラストを作る。
- 数学と理科の目標：1日あたりに摂取するカロリーを記録し、1週間や1年に摂取する合計カロリーを推計する。その後、集中キャンプやゲットーで存在した飢餓の中で摂取されていた収容者の摂取カロリーと比較する。収容所に入れられた人々の栄養状態が彼らの身体的健康状態や精神への影響について調査する。
- 社会科の目標：1940年代のヨーロッパの政局地図と現在のヨーロッパの政局地図（political map）とを比較する。
- 知覚／音楽科の目標：ユダヤ人が収容された物語の要素を視覚化し、コラージュにそれらを示す。生徒は彼らの主要なドキュメントの気分を描いている曲を選択する。
- 学習スキルの目標：共同で、ホロコーストについてサイモン・ウィーゼンタール・センター（博物館）の36のジグソー質問（www.jewishvirtuallibrary.org/jsource/

第２部　効果的なカリキュラム実践のための方略

Holocaust/36quest1/html#2%22）に取り組み、正しい答えを共有する。

▶ テーマ別の計画

　学際的な授業を計画するときには、多くの場合、教師がカリキュラムや家族、そして児童生徒自身の要求を抱えるという問題があります。しかし、テーマ別の授業は、地域のサービスや、メールの添付ファイルとして送信することで、学年レベルの会議における、専門的な学びのコミュニティに到達することができます。各学際的テーマのテーマ別プランナー（167 ページ）への記入は、迅速かつ容易にこれまでに得た知見や目標を整理するのに役立ちます。現在進行中の共同のシステムを設定している場合、このテーマ別のアプローチは、教師の負担とはならず、有意義な共同的作業になります。

　多くの教科に概念を関連づけることにより、児童生徒の内面に概念を植えつけられます。このことは、基本的に教える側も、学ぶ側も、より楽しく、テーマの具体性を減らし、児童生徒を学習指向にさせるのです。これは、長期記憶につながる概念の一般化、適用、および統合を少しずつ増やしていきます。

｜考えてみましょう｜

　学際的な授業は、特別な教育的ニーズのある児童生徒にとってどのような利点がありますか？

　特別な教育的ニーズのある児童生徒の中には、停滞を否定し、多くの学術的、社会的、芸術的、そして個人的な利益をもたらす新たな方向で再覚醒が必要となる者がいます。カリキュラム間でつながりを提供しながら、創造的で楽しい学際的な授業を行なうことで、そのような再覚醒につなげることができます。学際的アプローチは、児童生徒にとってその後の人生で必要となる会社とのつながりを形成するのに役立ちます。理解力を伸ばすために、アイデアや専門性を統合し、活用するプロジェクト研究による学習形態は、高い理解力を促す組織的スキルが不足している児童生徒の手助けとなるのです（Northwest Regional Education Laboratory, 2001）。

第 9 章　学際的アプローチ

> コピーOK

学際的テーマ別プランナー

話題／概念：

学術的な目標：

機能的な目標：

基本的な知識：

より高度な知識：

さらに超越して知っていること：

読み／書きの短期目標：

算数・数学の短期目標：

理科の短期目標：

社会科の短期目標：

知覚／音楽科の目標：

学習スキルの目標：

その他の短期目標：

合理的配慮またはモディフィケーション：

Inclusion Strategies and Interventions © 2011 Solution Tree Press

第2部 効果的なカリキュラム実践のための方略

第10章
移行支援計画

両親は、そろそろ将来何になりたいのかを考え始める時期だと私に言い続ける。でも何になりたいのかさっぱりわからない。まだ中学1年生だし。将来のことなんて何とでもなるんだから、いちいちそんなことを私に言ってこないでほしい。iPhoneに新曲をダウンロードできればそれでいいんだ。

　障害の有無にかかわらず、10代の生徒は、自分が何者であり、どのような人になりたいか、どうすれば自分が望む進路に進めるのかを探求しようとするときに、混乱を経験します。教師は、児童生徒が学校を卒業した後、就職するか進学するかといった外の世界へ出発する準備を保障するという難しい課題に直面します（Spence, 2007 ; Neubert & Moon, 2006）。個別の指導計画（IEP）による指導を受けている児童生徒が14歳になると、移行に向けたニーズについての話しあいが始まり、IDEAによると、16歳までに、有効な個別の移行支援計画を作成しなくてはなりません。

　個別の移行支援計画は、高校卒業後の世界への移行に向けた準備をする児童生徒にとって、特定の指導可能な目標を概略化します。この個別の移行支援計画は大学や、中等教育修了後のトレーニング、就労、あるいは必要な青年期サービスに向けた特定のステップを考慮します。通常の学級担任教師、特別支援教育担当教師、IEPチームメンバー、家族、そして児童生徒が参加し、こうした個別の移行支援計画を作成します。14歳、あるいはもし適切であればそれよりも低年齢の段階で、児童生徒のIEPにおける移行支援サービスに関するニーズについて、移行アセスメントの基準や環境的なバリアに関する議論、そして将来の目標を含んで言及される場合も多くあります。これらの移行に関する目標が立てられた後、インクルーシブな学校は、児童生徒が学校の壁を超えたインクルーシブな世界において、自発的で目標の実現を可能とする参加者となるための準備をします。

▶ 目標の設定

　変化というものは、誰にとっても恐怖を感じるものですが、個別の移行支援計画は、学校を卒業し、準備不足のまま将来の世界に入っていくことによる無駄な恐れの感情を避けるために作成されています。特別なニーズのある児童生徒は、将来を見通し、目標を設定するために、積極的な活動計画を作成することができます。それが、ある状態から次の状態へとスムーズに移行する手助けとなります。目指す結果にたどり着くために目標設定をすることは、重要な1つのライフスキルなのです。

　教育は、学校での話しあいや、個別の会議、筆記あるいはインターネットによるアンケートなどを増やすことで、児童生徒の興味や長所、実力を見出すことができます。「興味のあることや長所についての質問紙」（175ページ）は、児童生徒の興味を見つける手助けとなり、教師が将来の計画を導くのに役立つでしょう。児童生徒の興味が特定されたら、目標を立て、彼らの個々の進路のための授業選択や必要なスキルに合わせた指導を行ないます。

　学校の職員や家族、そして児童生徒は、彼らの目標達成を後押しするために絶え間なく協力していく必要があります。その際に有益なことは、継続的に家庭―学校間でコミュニケーションを図ることです。児童生徒の学習ポートフォリオをその児童生徒や家族と共有し、長所や実力、成果、そして継続する価値のある方法に注目しましょう。支援チームやケースマネージャー、通常の学級担任教師、特別支援教育担当教師、家族、そして児童生徒自身と、今いる学校から次の場所へと移るときに、移行支援ミーティングを設けましょう。例えば、生徒指導主事と会議の場をもつように、児童生徒のニーズに応じて、他のスタッフメンバーとコミュニケーションを図り、支援プログラムや関連サービスを個に応じたものにアレンジしましょう。児童生徒や家族に、高等教育機関や障害者協会、職業リハビリテーション機関、そして自立した生活を支援する機関のような、地域の支援機関や団体を紹介しましょう。米国高等教育法は、知的障害のある学生が特定の基準を満たしていれば、Pell Grants や Federal Work Study に応募し、その権利を得ることを許可しています。

▶ ストラテジー

　教師は、どの学年を教えていようとも、積極的に生活していく機会と授業とを関連づ

第2部　効果的なカリキュラム実践のための方略

ける方法を見据える必要があります。例えば、算数・数学における論理思考、国語における推論、理科における観察は、すべて生活に応用可能なライフスキルです。教師が授業を生活に関連づけることで、学習者は、学校で教わったスキルや概念が、卒業後の多くの選択肢や経験のための準備となっていることに気づきます。学習における目標と、学校外の状況や個々の興味との橋渡しをすることは、個別の移行支援計画を達成するために不可欠です。例えば、もし児童生徒が自身の履歴書を書くことを嫌がるようであれば、まず、正式な書式を学ぶために好きな歌手や映画スターの要約や履歴を書くように依頼しましょう。

　パフォーマンスのサマリー（SOP）は、生徒が高校教育最後の1年で完成します。SOPには、後期中等教育修了後の目標を達成させるための支援となる生徒の学習到達度や機能的パフォーマンス、それらに対する提案が書かれています。多くの場合、IEPと関連づけられますが、SOPは高校で受けていた合理的配慮やモディフィケーション、支援テクノロジーを含め、生徒が記載するスペースもあります。この情報はその後、継続的な学習到達度を確認するために、後期中等教育修了後の教育機関などに伝えられます。スキルや好みに着目する一方で、究極の目標は、自立した経済力のある大人として、それぞれの子どもが成功を手にする手助けとなることです。

　カリキュラムと適合した学習スキルのストラテジーによって、情報の整理、自己コントロール、そしていつどうやって助けを求めるかといった多くのライフスキルの指導をします。教師が協力グループや共同プロジェクトを作るとき、児童生徒は他人と仲良くし、チームとして納得したあるいは与えられた目標を完遂するという重要なスキルを学びます。これらのスキルは、労働生活や人生において多大なメリットを与えます。

　カリキュラムと移行支援プログラムは、児童生徒の短所や診断されている障害において想定される特性ではなく、彼らの長所や能力に注目しなければなりません（Karten, 2008; British Columbia Ministry of Children and Family Development, 2001）。例えば、もし生徒が書くことに興味を示したものの、微細運動や身体能力に困難がある場合、ポータブルキーボードや語予測変換プログラムのような適切なテクノロジーが必要となります。その児童生徒に学校の新聞部に入るように勧めるか、見習い中のジュニア記者として、地方紙の編集部あてに記事を投稿させてみましょう。実社会や実生活とのつながりを作るため、インターンシップに採用されるよう、その生徒を支援しましょう。もし自閉症スペクトラム障害の児童生徒が、動物に惹かれ、動物の小さな変化に気づく鋭い目があるならば、その児童生徒は地域の動物園でボランティアをするように、あるい

は図書館で本の蔵書整理を手伝うように勧めると良いでしょう。

　もし知的障害と判定されたら、児童生徒は地下鉄の地図あるいはオンラインの時刻表を読んだり、店で買い物をしたり、予算を準備したり、時刻を伝えたり、あるいはEメールに返信するといったような、日常生活機能のために必要な読み書きスキルや計算スキルを身につけるための授業をより多く提供する、追加科目を設定することが効果的でしょう。知的障害のある児童生徒は、機能的な日常生活動作についてさらに理解するために、地域における具体的な経験が必要です（Hartman, 2009）。トレーニングや準備には、自己決定力やセルフ・アドボカシー（自己権利擁護）スキル、そして他人とコミュニケーションを図ること、正しく服の着脱ができること、時刻に正確であることといった専門的なスキルを児童生徒が身につけられるような支援をすることなども挙げられます。例えば面接中、バス乗車中、あるいは映画館で映画を見ている最中にどう行動すべきかといったような実際のシナリオに似た仮想の会話を練習しましょう。大学関係者や、実際に職場訪問が許可された生徒が就労する可能性のある会社など、職場訪問を許可してくれるような外部組織とも連携しましょう。教室にゲストスピーカーを呼ぶことで、知識を高め、親密度を高め、恐怖を取り除くことができます。児童生徒もまた、どのようにコンピュータツールを使用するか、あるいはどうやって貯金をするかを学習するといったように、後期中等教育修了後の進路を見つける手助けになる学習スキルへと広げていく必要があります。要するに、練習や個別の課題分析を通して、読み書きスキルや計算スキル、思考スキルは、活発に行なわれる必要があります。

　もし、児童生徒に感情または行動上の困難があるならば、仮定した状況やロールプレイを通して、社会性の獲得に向けたより多くの練習をしましょう。これには、一触即発の状況をどのように解決させるか、自己コントロールをし、怒りを自己コントロールし、予期していなかった出来事に対しても適切に対応する学習などがあります。学習面に困難のある児童生徒は、個別の移行支援計画を行なう段階で、情報あるいは記述された要求事項に圧倒されてしまうかもしれません。このような児童生徒には、代わりに視覚的に満足できるひな形を提示しましょう。

　カリキュラムには、児童生徒が学校で獲得した知識を将来活用する方法を説明する必要があります。学校場面において児童生徒がよりポジティブな経験をすることで、移行はよりうまくいくでしょう。

　概して、特別なニーズのある青年に対する個別の移行支援計画立案の目的は、在学期間中に成人としての生活に向けて、より万全な準備をするための機会や経験を逃さない

第 2 部　効果的なカリキュラム実践のための方略

ことです（Johnson, Brown, & Edgar, 2000）。念入りに作成された個別の移行支援計画は、個々の到達すべき内容や能力を再検討し、児童生徒が自分たちの潜在能力に気づく支援をするための将来の成果に対する見識を与えます。

考えてみましょう

　教育は、どのように障害のある児童生徒のさらなる自己決定力を育てるのでしょうか？

　教師は、児童生徒と面談を行ない、より考える学習機会を提供することができます。継続的な励ましを行ないながら話しあいを増やすことで、彼ら自身が 6 つの長所と短所を認識する手助けとなります。児童生徒は、個人的そして学力面での目標と、これらの目標達成を止めてしまうと考えられるバリアを概略化する必要があります。もし、児童生徒が成長すべき能力があるとみなしているならば、学校や家族の支援の元で、進歩は現実的なものとなります。もし教師が、以下の 5 つのステップを授業に導入すれば、さらなる自己決定力が見本となり、吸収され、適用されるでしょう（Sharon Field & Alan Hofman, 1996）。

1. あなた自身のこと、そしてあなたを取り巻く環境を知りましょう。
2. あなた自身が自分の価値を見いだしましょう。
3. 計画を練りましょう。
4. その計画を実行しましょう。
5. 実行した結果を経験しましょう。

　インクルーシブな教師は、学習スキルを学ぶためのスキルを提供できますし、特定の構造化されたフィードバックを与えることができますし、児童生徒に自分の力を信じるように導くことができます。児童生徒の現状の IEP に書かれている学習獲得レベルや機能的パフォーマンス（PLAAFP）、リハビリテーション法第 504 条に書かれている文章には、児童生徒の自己決定力のレベルや目標についての情報が含まれる必要があります。これらのレベルや目標は、個別の移行支援計画を作成

第10章　移行支援計画

し、自信のもてる将来計画と共に児童生徒を学校や家庭、地域に適応できるように方向づけする支援を行なうために使用されなければなりません。以下は、学習スキル、機能的スキル、そして自己決定につながる理論に基づいた PLAAFP の一部です。

　エボニー・ライトは中学1年生であり、現在、通常の学級において、読み、国語科、理科、社会科の支援を学級内で受けている。彼女の読み発達アセスメント（DRA）によるレベルは50であり、国語科、理科、社会科の2学期の成績は通知表によるとC－（マイナス）である。彼女は、インクルージョンや足場かけ（モデリングやガイド学習）、新出語彙の予習、とても興味のある本の読み、そして繰り返し、による効果がある。時に、エボニーは彼女の5年生の読みレベル以上の課題が与えられるとイライラし、もし、彼女がそれまでに獲得した知識以上のことを授業で求められれば、教師を無視するようだ。彼女はまた、宿題や課題の正確さに関するやさしいリマインダーや期日までに宿題や課題を完成させるための頻繁なチェックが必要である。エボニーは、協力的なグループの中では仲間と生産的に学習し、多感覚アプローチを使用した発表に対して良い反応をする。彼女は、数学は得意だが、文章題の中には、支援者が口頭で読む必要があるものもある。着実に上達していることは、読み、社会科、理科、国語で、小テスト、単元テスト、観察、彼女のポートフォリオのワークサンプルを見ればわかる。彼女にはホームページから得た教材の読み活動が大好きで、難しい単語のいくつかを支援する読みのピア（クラスの仲間）コーチがついている。

　彼女の母親にも、エボニーが予習できるように、授業の1週間前には、登場予定の単語リストが渡されている。エボニーは、彼女のスライドを記録し、上達について価値を見いだし、そしてフィードバックを反映させることでさらに前進するための計画を作成している。

　エボニーは音楽が大好きで、合唱部でも歌っている。彼女の音楽教師と国語教師は授業時間を共有するという連携を図っている。エボニーは時折、彼女が最近読んだ物語の登場人物について、授業に導入されている曲に歌詞を作ってつけることさえある。このスキルの移行は、エボニーの単語解読スキルの向上に役立っている。彼女はある日、音楽教師になりたいという意思も示した。

　エボニーは、今年の IEP ミーティングに参加するよう招待されたが、彼女はまだその準備はできていないと言った。エボニーは良好な学習成果を経験し始めてお

第 2 部　効果的なカリキュラム実践のための方略

> り、自己決定力は増していた。彼女の母親は、次回の IEP ミーティングでさらなる個別の移行支援計画と関連サービスについて話しあいたいと考えている。

　児童生徒が卒業後の人生へと移行するとき、彼らは、積極的に立ち向かわなければならないますます多くのプレッシャーや要求に直面することになります。移行支援サービスは、児童生徒の現在のレベルや合理的配慮、支援、将来への希望、そしてもたらされる成功を見つけ出します。個別の移行支援計画が設定されることで、児童生徒が卒業し、彼らの住む地域に入った時にも進歩し続けることになるのです。

第 10 章　移行支援計画

コピーOK

興味のあることや長所についての質問紙

自分や他人の好きなところ

自分の支えたいところや他人の支えた方が良いと思うところ

好きな教科や活動

あまり好きではない教科や活動

仲良しの友達

好きな歌、本、映画

いつかやってみたい仕事

その仕事をするために役立つスキル

やりたいことを邪魔するもの（人、弱点）

目標の実現に向けて力になってくれる人

他に考えていること

Inclusion Strategies and Interventions © 2011 Solution Tree Press

第3部

インクルーシブな学級の維持

第3部　インクルーシブな学級の維持

第11章
専門家間の連携

えっと、僕は数学の先生が何の話をしているかわからないけど、先生もよくわかっていないはずだよ。先生は、初めにみんなに言ったことを、直後に「それは正しくない」って言うんだ。先生でさえわからないことを、どうして僕がわかるっていうの？　先生は僕たちが数学を学べているかどうかなんて全然気にしていないんだ。その点、英語の先生は違うよ。先生は本や作品が好きで、いつも先生が参加した講習会や会議とか、読んだばかりの本に出てきた面白い内容について話をしてくれるもん。

　教師は、初任者としての初日であっても、教師生活最後の日であっても、児童生徒に対して、最善のカリキュラムを適用する義務があります。研究成果に基づいた教育的介入は今、学習者が21世紀へのスタートを切れるよう促すために、障害の有無にかかわらずすべての児童生徒に必要とされています。つまり、継続した専門的な研修経験は、通常教育と特別支援教育いずれの教師にとっても「時間割」の一部なのです。
　インクルージョンは、学校のチームメンバー、チーム・ティーチングを行なう教師、家族、そしてもちろん児童生徒からの情報提供が必須となる連携の成果です。学校のチームは、通常教育と特別支援教育の教師、関係者、その他児童生徒の強みや教育的ニーズ、必要なリソースや資料の決め手となる当該者で成り立っています。これらチームのメンバーは全員、インクルーシブ教育をきちんと作りあげる役割があり、そのためには全員が効果的に連携することが重要です。

▶ インクルージョンの実践者

　インクルージョンの実践者には、IEPの作成者や介入者、さらにデータ収集グループと呼ばれるメンバーが含まれます。データ収集グループは、児童研究チーム、指導支援チーム、児童生徒支援チーム、学際的チームのような名称で、チーム活動を行なっています。これらのチームメンバーは、個別のニーズを必要とする児童生徒の情報やデータ

収集を行ない、教師や家族を集めてミーティングを行ないます。チームは、児童生徒の観察、機能面の状況や学習到達度、心理検査、これまでの指導記録、行動評価、感情的・社会的機能、現在そして過去の指導プログラムの内容、教育的介入に対する応答（RTI）を基に、IEP の質が保証されたものかどうかを決めます。チームの構成員は、特別支援教育コーディネーター、学校心理士、ソーシャルワーカー、校長、生徒指導主事、特別支援教育担当教師、通常の学級担任教師、言語聴覚士、作業療法士、理学療法士、歩行訓練士、時には弁護士などを含みます。児童生徒の生い立ちに関する家族からの情報提供、家庭環境、興味関心などは、学校のチームにとって、学校外での様子を知り、子どもの全体像を思い浮かべるにあたって有益です。

■地域の教育機関

地域の教育機関（LEA）は、特別なニーズのある児童生徒が適切なサービスを受けているかを確認します。例えば、視覚障害のある児童生徒のための歩行訓練士、自閉症スペクトラム障害の児童生徒のための言語指導、脳性まひの児童生徒のための理学療法、あるいは、より専門的なサービスを受けるために、校区外の学校へ通う聴覚障害児童生徒のための通学支援サービスなどです。

地域の教育機関は、就学前の重要な低年齢段階にある、特別なニーズのある児童生徒が、必要に応じた早期介入サービスを受けることができるように、新聞やその他の地域や都道府県の情報源を通して、住民にサービス内容を告示する必要があります。これは、早期介入プログラムと IDEA の就学前サービスと関連しています。発達に遅れのある乳幼児は、早期にこのようなサービスを受けますが、当然、すべての年齢の子どもたちが、適切なサービスを受けなければなりません。IDEA における Child Find（www.childfindidea.org）は、誕生から 21 歳までの支援が必要な障害のある幼児児童生徒をチームワークによって見つけ出します。

■家族

インクルージョンは、介助者を含む家族が最善のパートナーとして尊重された場合に最も効果的です。彼らの貴重な提案と支援は、IEP や授業の目的と実践内容、指導計画の有効性に多くの影響を与えます。教師を目指す学生は、家族との友好な連携や協力関係を生み出す方法を学ぶことが重要です（Patterson, Webb & Krudwig, 2009）。全員が同じインクルーシブな考えのときは、児童生徒は家庭と学校において二重の支援を受け

第3部 インクルーシブな学級の維持

られます。

　障害のある児童生徒の家族は、診断を聞き、認め、学校から尊重されるという、重責から否認、そして受容という幅広い感情を経験します。もし、あなたが障害のある子どもを育てた経験がない場合、関係するダイナミクスを完全に理解することは難しいということを心に留めておきましょう。家族のニーズについては、家族や児童生徒の生活の質を向上させるために、適切なサービスや支援と継続的な配慮が必要であり、これらが良い結果へとつながります（Wang & Brown, 2009）。

　IEPチームは、家族に対して彼らの権利を伝えます。保護者がIEPの決定に同意しない場合には、聴聞官を含めた調停によって、より正式な適正手続のヒアリングが行なわれる前に、不一致を解決させようとします。全員が児童生徒のために効果的にコミュニケーションを図り、意見を出しあった結果、妥協点に達したときには最善の状況になります。支援プログラムが決定されると、特別支援教育担当教師は、児童生徒の学習進捗度を記録し、3ヵ月に一度の報告書の作成や、電話、電子メールなどを通した保護者との定期的なやりとりを行ないます。

■関連スタッフとサービス

　関連サービスには、これらに限定されるものではありませんが、児童生徒の送迎、レクリエーション、リハビリテーション、カウンセリング、拡大・代替コミュニケーション、音声言語、整形外科、視覚障害、歩行訓練、聴覚障害や難聴、自閉症スペクトラム障害、ソーシャルワーク、臨床心理、親のカウンセリングやトレーニング、介護、医療サービスなどの分野があります。評価は、児童生徒の発達および機能のレベルと、必要なサービスの種類を決定するために行なわれます。IEPチームは、サービスの内容や頻度、期間、場所の属性または種類を話しあい、決定します。その後、有資格者がこれらのサービスを行ないます。

　間接的なサービスにおいては、その他の関係者が支援を行なうこともあります。例えば、行動療法士が、集中的な行動のチェックと応用行動分析アプローチを必要とする行動上の困難がある児童生徒への理解を促すために、保護者や教師を支援する場合があります。このような言語聴覚士や作業療法士などの関連サービス提供者は、教室や学校内の別の教室で臨床を行なう場合もあります。適切なサービスが児童生徒のレベルやニーズに合致しているかを継続的に確認するために、すべてのスタッフ、家族、児童生徒とのコミュニケーションと連携を図ることが不可欠です。

スタッフは、状況によってどのように目標を果たすことができるかを話しあうために、チームとして相互に協力しなければなりません。例えば、言語聴覚士がインクルーシブな学級でより良い言語表現を育てるための方法を提供する一方で、作業療法士は通常教育または特別支援教育の教師に手書きの支援ストラテジーを提供することができます。これと同様の連携やコミュニケーションを通して、家族や、IEPの学習および機能的な目標と現在のレベルにかかわる他の専門科目の教師に広がっていきます。

■管理職

管理職は、教師や児童生徒にも普及する法令によって影響を受けます。校長は、彼らが直面するであろう特別支援教育の事例の多くを効果的に取り扱い、学校内で効果的なリーダーシップを示す役割を担っていることを確認するために、継続的な準備、トレーニング、それから家庭や地域、スタッフの支援をすることが必要です（Angelle & Bilton, 2009）。

管理職がインクルージョンの指針を価値づけるとき、適切なスケジュールの作成やチーム・ティーチング、教育的介入に対する応答（RTI）、介入支援チームを支援するための組織は、すべての児童生徒に対する公平性と長所を尊重するようになります（National Association of Secondary School Principals, 2009; National Association of State Directors of Special Education, 2010）。すべての関係者が、彼らの究極の目標は児童生徒の成功であると断言できれば、どんな問題が浮上しようとも、それらは効果的に解決していけるでしょう。

▶ コミュニケーション

インクルーシブな学級の教師は、チームメンバーや家族、チーム・ティーチングを行なう教師、教育支援員たちと協力的に仕事をする必要があります。つまり、効果的なコミュニケーションを図り、情報を共有し、敬意を表し、相互の意見を聞き、時に互いに指導しあうことが大切です。指導しあうことは、同僚よりも児童生徒に何をすべきかを教えることに自信があり、その準備ができている教師にとっては時に難しい課題です（Carnahan, Williamson, Clarke, & Sorensen, 2009）。

管理職とコミュニケーションを図るとき、インクルーシブな追加的支援が必要かどうかを記録しましょう。追加の支援とは、例えば、通常教育の中で学習環境を高めるため

第3部　インクルーシブな学級の維持

に、インクルージョンまたは応用行動分析の専門家を雇用するなどです。児童生徒の学習記録のサンプルや形成的テストや単元テスト、児童生徒が単独あるいは協同してどのように活動しているかについての観察記録などのデータに基づく分析結果を、現実的な指導支援へと結びつけましょう。もし専門家のワークショップに参加したいのなら、なぜあなたがそのワークショップに参加したいのかを管理職や同僚に伝えて許可を得て、参加後は、そこで得られた情報を他のスタッフと共有しましょう。全員が同じチームにいることを忘れないでください。

　コミュニケーションを図る中で、家族の心配ごとや提供された情報を尊重しましょう。家族によっては完全なインクルージョンを信じていますし、一方で、通常教育では、子どもたちのニーズに最適な指導や方略が欠けていると考え、分離教育を希望する家族もいます。おそらく彼らは、通常教育には情報や適切なプログラムが少なく、物理的な環境が不適切であると思っているのでしょう（Tomasho, 2007）。

　学校や家族は、子どもが自立する、つまり自己調整ができ、自ら考えることができる人となるよう導くインクルーシブパートナーであることを認識しておくことが大切です。教育プログラムの効果をチェックし、家族と教育効果についてコミュニケーションを図るための計画が欠かせません。チェックには、次の内容が含まれますが、これらに限定されるものではありません（教師の観察、小テスト、指導実施前後のテスト、成績にかかわる宿題、授業への参加、ポートフォリオ、読み・算数の記録表など）。家族とのコミュニケーションの場は、学期ごとのレポートカードや週ごとの教師のメール、年1回予定されているIEPミーティング以外の相談会のように、期間ごとに設けることができます。また、効果的なものとしては、すべてうまくいっていることを伝えるための家族への前向きな電話もあります。学校と家族が頻繁にコミュニケーションを図って連携するとき、どれだけの利益が得られたかを心に留めておきましょう。

　インクルーシブな学級の中で児童生徒とコミュニケーションを図り、連携するための方法はたくさんあります。児童生徒のことをもっと良く知るために、年少の子どもには口頭による聞き取り調査をしたり、年長の子どもには簡単な質問紙に記入してもらうなど、児童生徒にとって負担にならない方法で彼らのことを把握しましょう。児童生徒が彼ら自身の能力をどのようにみなしており、それらの力を測っているかを知りましょう。児童生徒に、彼らの進歩や、習得に向けてのステップに対して価値の高い、現実的で、タイムリーなフィードバックを提供しましょう。児童生徒が質問をしたり、彼らの心配ごとについて頻繁に話したりすることを常に許可し、むしろそうすることを勧めま

しょう。

　時に、インクルーシブな学級の中で共に働くチーム・ティーチングを行なう教師は、お互いに気が合えば良いのですが、そうでない場合の状況は、教師としての権限や領分、管理、あるいはアイデアや助言を失うことに対する恐怖心により、調和がとれない状況になるかもしれません。チーム・ティーチング計画案（188 ページ）では、インクルーシブな学級における教師間の建設的で効果的なコミュニケーションを促す長い道のりを進み、毎週のミーティングで議論することが可能なチーム・ティーチングの中心的な問題に焦点を当てることができるでしょう。

　正確なことばは効果的なコミュニケーションに重要な要素です。例えば、教育支援員に「○○さんは足し算ができない」と言う代わりに、「○○さんは、足し算をするとき、計算器かプレースバリューボード（数字の位を学習するための教具）が必要です」と言うと良いでしょう。漠然としたことばは、誤解を招く可能性があります。正確なことばはあいまいでその場しのぎな活動をなくし、その児童生徒に応じた指導を提供します。

　例えば、チーム・ティーチングを行なう教師にとって、以下に示すような「もしこんなときどうする？」と言ったシナリオを示してくれるワークショップや教職員研修の機会に参加することも、彼ら自身の知識を増やし、他の同僚と共に実践し、連携し、共有するためにはとても有意義です。

- もし児童生徒が呼んだら、私は＿＿＿＿＿＿＿＿＿＿します。
- もし授業がうまくいかなかったならば、私は＿＿＿＿＿＿＿＿＿＿します。
- もし追加的支援が必要ならば、私は＿＿＿＿＿＿＿＿＿＿します。

　全般的に、協力的な態度や実践には、家族やチーム・ティーチングを行なう教師、教育支援員、その他関連スタッフと継続的で生産的な関係が含まれます。Marilyn Friend と Lynne Cook（2009）は、連携とは、関係者が共通した目標に向けての意志決定を分担し合うときに発展する対人関係のこと、と明確に定義しています。継続的な連携がなされたインクルージョンは、すべての学校や地域にとってのユニバーサルな目標でなければなりません。

第3部　インクルーシブな学級の維持

▶ 専門性の向上

　専門性の向上を図ることは、給食調理員から管理職までの全教職員の力を強めます。例えば、教育支援員は、過剰に支援をするのではなく、いつ・どのように支援を減らしていくかに着目した、自閉症スペクトラム障害の児童生徒のソーシャルスキルをチェックする方法を教えるワークショップに参加することも可能です。バスの運転手は、特定の身体あるいは情緒（感情）障害について、移動中に起こりうるシナリオにより適切に対処する方法について、さらに学びを深めることも可能です。障害についての知識は、児童生徒の教育経験に建設的な影響を与えうる感性の鋭敏化をもたらします。

　根拠（エビデンス）に基づく実践の応用に対する共同計画を立てる専門性向上委員会に所属している教師は、彼らの教室内の児童生徒に高い水準の教育効果をもたらします（Boscardin, 2005）。教師が、ワークショップや会議、教職員研修、個人研究、同僚との議論や計画会議から学んだことをもとに、授業や健全な環境調整の準備を積極的に行なうことで、児童生徒に良い効果をもたらします。

　良質な教師の初任者研修とベテラン教師や管理職、スタッフのための継続的な専門性向上プログラムは重要です。これは内省的な議論から、アセスメントや多重知能、あるいは障害の種類のような、特定の話題に焦点を当てた専門的な読書会まで広範囲に渡ります。同僚と考えを分かち合い、共有することはすべての学習者にとって最高の道を舗装するようなものです。

　管理職が専門的な学びのコミュニティー（PLC）を育成するとき、学校の環境はスタッフにとって前向きで生産的になります。PLCは教えることよりも学ぶことにより着目し、協働を強調し、結果の報告を評価します（DuFour, 2004）。PLCには、多くの場合、さらなる集中的な治療教育が必要とされる前に、支援の必要な児童生徒に実践する通常の学級内における指導ストラテジーを含みます。

　もし時間的に難しいなら、教師は国内の複数の都市や世界の国のギャップを埋めるデジタル技術を通じて共に学ぶことが可能です（Ferriter, 2009）。教育のウィキシステム（wikis）や教師のブログは、教師が教科や領域を越えた専門性やストラテジー、経験を学び、共有するための連携ツールとなります。

　児童生徒が主体的な学びの経験から効果を得られるように、教師も実践や共有、継続的で連携した、平等な参加型の学びによって、どのように児童生徒を教えるのかについての内容や知識の吸収から効果を得ます（Darling-Hammond & Richardson, 2009）。

第 11 章　専門家間の連携

▶ 教育的介入

　先述したように、RTI サービスは集中的な教育的介入と適切な段階において提供されます。段階、あるいは支援のレベルには、通常の学級の中の、教師、チーム・ティーチングを行なう教師、特別支援教育コーディネーター、その他の支援スタッフ間における多くのコミュニケーションと連携が求められます。連携チームは、個別の指導計画、リハビリテーション法第 504 条に基づく指導計画、教育的介入計画を、はっきりと児童生徒の個別の目標や目的、指導計画に対する実践結果の報告を強調するような方法で書きます。すべての段階にいる児童生徒が、インクルーシブな学級の中でしばしば起こる、これらの協力的に計画された教育的介入から効果を得られるようにしています。

　効果的な教員研修プログラムでは、RTI 介入の第 2 段階や第 3 段階で効果的に適用される共同的スキルや教育的スキルを教師に指導します（Brownell, Sindelar, Kiely, & Danielson, 2010）。児童生徒の学習進捗状況の再評価に続いて、チームは集中的介入の提供を増減すべきか決定します。RTI は、段階あるいは障害種にかかわらず、良い指導ストラテジーを提供します。しかし、効果的に提供するためには、これらの介入はすべての関係者で協力して計画され、文書化されたものでなければなりません。

　インクルーシブな教育的介入は、まず、管理職が教職員や児童生徒、家族のニーズを聞き、そのニーズに応じた計画を立て、彼らのニーズを尊重することから始まります。最善な実践を行なうための方法として、授業実践ストラテジーやその計画のための時間を作ります。建設的な支援や助言を行なう特別支援教育コーディネーターは、教育的介入と教職員や家族、児童生徒をつなげる必要不可欠な役割です。適切なカリキュラムによって得られる利益は、教職員が彼らの根拠（エビデンス）に基づく実践についての知識を広げ、通常の学級での授業にそのカリキュラムをどう適用させるかを学んだときのみに生じます。結局、担任教師やその他教職員の声や懸念が、インクルージョンや介入の形を決めていくので、彼らも毎日の教育における主人公と言えます。

　教師の中には、障害のある児童生徒に介入を行なう際に何ら適切な準備をしない者もいます（Jenkins & Ornelles, 2009; Kamens, Loprete, & Slostad, 2003）。そのような教師は、適切な合理的配慮やモディフィケーションを提供できるか以前に、障害の分類や児童生徒の教育的ニーズについてもっと知る必要があります。学校内や地域で行なうワークショップでは、これまで蓄積したデータを活用し、なおかつ特定の障害や適切な計画・指導についてのアイデア、児童生徒のスキルを向上させるための適切なインク

第3部　インクルーシブな学級の維持

ルージョンの介入について調査した教師のニーズに基づいている可能性があります。

　質の高い教師の研修プログラムは、通常の学級に在籍する障害のある児童生徒のインクルージョンに関わる将来の教師を支援するために重要です（Winter, 2006; Mintz, 2007）。すべての教師は、専門性の向上と連携とは、適切な教育的介入やインクルーシブな指導ストラテジーを、児童生徒により適切に提供することを意味していることを理解しておく必要があります。

考えてみましょう

　物事を自分の思い通りの方法だけで進めることが好きな同僚とどうやって連携をすれば良いでしょうか？

　小さなことから始め、ていねいに無理なく計画を進め、革命的な変化の要素の価値づけを行ないましょう。同僚教師に対し、学習し、その成果を経験する時間を提供しましょう。常に同僚やチーム・ティーチングを行なう教師の話を聞き、その教師が進めている方法について改善できる点を見つけましょう。それから、異なる視点や見方を提供しましょう。あなたの視点やアドバイスのポイントを妥当化させる専門的な情報あるいは優れた実践研究も併せて紹介しましょう。相互の違いを尊重し、「これを一緒にやってみましょう」と互いに言いあえるような協力的な環境を作りましょう。

第 11 章　専門家間の連携

コピー OK

授業のレビュー

通常の学級担任教師も特別支援教育担当教師も、今日観察した授業を評価するためにこのシートを使用しましょう。今回観察した授業に該当する箇所にチェックし、改善させるためのコメントを書きましょう。

シートの内容

授業日：
単元・授業内容：
全体的な本授業の評価点（1 ～ 5 点、5 点が最高点）：

	通常の学級担任教師	特別支援教育担当教師	コメント
・授業の目当て、目標は達成された。			
・理にかなった支援が提供された。			
・必要以上の支援が提供された。			
・多くの児童／生徒がこの授業を理解した。			
・チーム・ティーチング（または支援員による支援）は効果的だった。			
・児童／生徒の知識レベルはさまざまだった。			
・授業中の課題や作業は複雑すぎた。			
・追加的支援や教材が必要だった。			
・学級全体がこの授業内容をおさらいする必要がある。			
・児童／生徒の中にはこの授業内容をおさらいする必要のある者がいる。			
・授業内容の理解を深化させるための活動が必要な児童／生徒がいる。			

Inclusion Strategies and Interventions © 2011 Solution Tree Press

第 3 部　インクルーシブな学級の維持

コピーOK

チーム・ティーチング計画案

このシートには、連携を推進させるために、通常の学級担任教師と特別支援教育担当教師の両者が記入してください。

単元／授業のめあて・目標：

教材：

必要な時限数：

ステップ・バイ・ステップの方法：

チーム・ティーチングの方法（例：1 人の教師がリードし、もう 1 人の教師が補助者になる、あるいは同時進行で役割分担しながら指導する）：

支援・テクノロジー：

カリキュラムに基づく評価：

宿題：

おさらい：

必要な合理的配慮：

必要な環境整備：

必要な関連スタッフ：

家庭への連絡体制：

管理職による支援：

その他の支援・介入：

Inclusion Strategies and Interventions © 2011 Solution Tree Press

第 11 章　専門家間の連携

> コピーOK

連携チェックリスト

☐ 通常の学級担任教師には、チーム・ティーチングを行なう教師や教育支援員と、どうすればその週の授業内容やカリキュラムを最善の方法で児童生徒に提供できるかを明らかにするための計画を練る時間が与えられている。

☐ 支援ストラテジーを導入する特別支援教育担当教師は、チーム・ティーチングを行なう教師や教育支援員、関連スタッフ、そしてチームメンバーと、適切な事前・最中・事後の計画について話しあう機会が提供されている。

☐ 教育支援員は、彼らの考えやアドバイスが尊重され、必要とされる、教室内の不可欠なインクルーシブな一員として取り扱われている。児童生徒のノートをチェックしたり、作業を行なっている間の時間を管理したり、児童生徒が意欲的に取り組めるよう勇気づけを行なったりといったように、どのように児童生徒を支援できるかについて、教育支援員に適切な助言が与えられている。

☐ 管理職や特別支援教育コーディネーターは、教職員の話を傾聴し、協力している。それから、効果的に問題解決を図り、相互にコミュニケーションを図ることができるよう、教師のスケジュールにミーティングの時間を毎週設けている。

☐ 教示による児童生徒への支援あるいは学際的チームは、スケジュールされた IEP ミーティングあるいはテスト実施日以外にも、継続的な支援を提供している。

☐ 関連スタッフは、彼らの考えや意見を提供するインクルーシブな一員である。例えば、言語聴覚士は児童生徒が会話スキルを身につけられるように支援し、作業療法士は児童生徒の手書きによる書字能力向上の支援をしたり、他の運動機能向上の支援を行なったりする。

☐ 家族はわが子の学習進捗度について常に情報提供されている。そして学校側の努力を支援する方法を提供している。

☐ 児童生徒は、日ごと、週ごと、月ごとの授業目標（目当て）を把握し、彼らの学習進捗状況について現実的なフィードバックが提供されている。

Inclusion Strategies and Interventions © 2011 Solution Tree Press

第3部　インクルーシブな学級の維持

第12章
インクルージョンの賞賛

みんなの中に入れてうれしい！

　この簡潔な一文は、児童生徒にとってのインクルーシブな学級の最も重要な側面を表しています。この本全体の目的は、児童生徒の目標や感情、意欲を考慮しながら教育的介入を提供することです。児童生徒に、より良い知能や学習スタイル、感情、目標について認識させ、それらをうまく利用する方法を教えてから、その後教科指導をします。

▶ 障害への自覚

　通常の学級担任教師は、障害のある児童生徒に効果的に指導するために、継続的に障害への自覚、態度、そして自信のレベルを高める必要があります。教師が、特別なニーズのある児童生徒がインクルーシブな環境に存在していると信じていても、障害の枠組から児童生徒を見て、彼らのできないことだけに着目するならば、彼らの成果は高まらないでしょう（Campbell, Milbourne & Silrerman, 2001）。学習環境や学校環境は、どのように児童生徒が自身の価値を見いだすかにおいて強い影響力をもっています（Tomlinson, 2003）。ですから、教師は児童生徒に対して、IDEA上の障害種が何であるか、あるいは教育的介入に対する応答（RTI）のどの段階にあるかに関係なく、彼らは学習プロセスに不可欠な一員であることを理解させる必要があります。

> 　以下のディック・ソブセシー作の詩は、1976年に書かれたものですが、今日の教師や児童生徒にも当てはまる内容です。

「特別」なエディのバラード

第1部

これは、「特別」なエディについてのお話です。

エディは、脳神経回路の混線と診断されました。

それを聞いたエディの母親は、友人とへたり込んで泣きました。

エディの父親は、その事実をすべて胸の内にしまいこんでしまいました。

(もしこの話に聞き覚えがあるなら、もう少し読み進めると、はっきりと思い出すかもしれません。)

エディが5歳になったとき、母親は学校に連れて行きました。しかし教師は、彼はまだ学校に行ける準備が整っていないと言いました。

エディはおもらしをしてパンツを汚すでしょう。ケンカもするでしょう。蛍光灯の下でパニックを起こすでしょう。だから、この学校ではなく、障害のある子どもが通う「特別」な保育園が良いでしょう。まだ暖かい9月、エディにとって忘れられない日、彼はその後10年間の「特別」な教育を受けることになりました。教師も教科書も「特別」、ついでに見た目も「特別」汚い。脳損傷？学習障害？知的障害？結局エディは何者なの？　エディの生活は単調でしたが、彼にはスペインの王よりもたくさんの名前が与えられました。

学校心理士は言いました。彼は神経的な障害に加え、社会性や生活環境にも問題があります、と。

それは単に彼の1つの側面でしかないのに。

この症例はとてもあわれで、原因はおそらく遺伝でしょう、と。

エディはそれを否定しませんでした。

彼は座ったまま、ずっと黙っていました。

1年、また1年と歳月が過ぎました。

16歳の誕生日が近づいたとき、ついにエディは学校から姿を消しました。

彼の担任は、一体何がいけなかったのかが不思議でなりませんでした。彼女はしば

第3部　インクルーシブな学級の維持

らくの間、エディのことを心配しましたが、それも長くは続きませんでした。
こうした事例は以前にもありましたし、今後も同じようなことがあるでしょう。時が経てば忘れてしまうでしょう。正直なところ、彼女のエディに対する思いはその程度でした。

第2部
私の隣にある男性が座っています。
バーテンダーがその男性に生ビールを持ってきました。彼女は笑顔で「エディ、お待たせ」と言いました。
その後、この美しい女性はフロアを走って行きました。ふと隣の男性を見ると、どうも見覚えのある顔なのです。

彼女は、「もしあなたが帰りたければ私はいつでもいいわよ。でもあなたって本当に「特別」よね、エディ」と言います。それから彼は一緒に飲んでいた友達に、また戻ってくることを伝えました。そして青のキャデラックで去っていきました。
私は動揺を抑えることができませんでした。
あれは間違いなくあの時の「特別」なエディだ。

私は飲み物を飲み、気持ちを落ち着かせてから彼の友達に尋ねました。「今、外へ出て行ったのは誰？」と。彼らは笑いました。そして「エディだよ。あの顔を知らないのかい？　彼はこの土地とコインランドリー、ボーリング場、それからあの谷の土地の半分を持ってる男だよ」と言いました。
それから彼は、小さな飲み屋をいくつか経営しているのだそうです。
何が教訓で何が問題点なのか？
私はしばらく座り込んで飲み続けました。
考えに考え、考え続けました。
金を稼ぐのに必要なものは何か？
貧しい仲間たちは、それはただ幸運なだけと言います。
しかし、エディは幸せそうに見えました。

第12章 インクルージョンの賞賛

> 誰が何と言おうが、彼は成功者です。
>
> 彼はトップでもなければ、最下位でもありません。
> 誰かが彼を"成功者"へと引っ張ったようです。
> 私たちは彼を成功へと導くために何をしたのでしょうか。
> そして、果たして彼の「特別」な学習ニーズを満たせていたのでしょうか？
> それとも私たちは、彼の生まれつきの特性を見せつけるためだけに、彼に困難な状況を押しつけていたのでしょうか？
>
> 学校は、評価というゲームをします。成果を分かち合い、責任を他に押しつけます。
> 金銭的な支援を得ることが、そのゲームに勝ったことになるのです。
> プロとして自信のなさを見せてはいけません……だから、決して「知らない」と言ってはなりません。
> もう私たちは引退すべきなのでしょう。私たちはまだたくさん学ぶべきことがあると言うべきです。そして私たちが"自分の"宿題を仕上げたとき、いつか私たちが誰かを本当に支援することができるようになるのかもしれません。
> 子どもが自立するその日に乾杯
> 教育が手品でなく根拠のある科学になることを祈って
>
> （Dick Sobsey, University of Alberta, 1976 の許可を経て掲載）

▶ すべての学習者を成功へと導く支援

　本書で概説してきたように、インクルーシブな教育的介入の方法は多岐に渡ります。直接的な指導、追加的支援、強化子、繰り返し、小グループ指導、1対1の介入、関連サービス、そして他の行動面、社会性、感情面、コミュニケーション面、身体運動面、そして学習上の合理的配慮と支援などです。教育的介入が特別なニーズのある児童生徒を支援する目的がある一方で、それらは実際にはその学級にいるすべての児童生徒にも有効であると言えます。卓越した教師は、それぞれの児童生徒に対し、最高の環境で最高の学習経験を積ませることにより保証される最高の実践を行なうことができます。
　自閉症スペクトラム障害の児童生徒には、状況をより予想しやすくするために、物事

第3部　インクルーシブな学級の維持

の推移や構造を見せるための視覚教材を利用することが効果的です（Fittipaldi & Mowling, 2009）。インクルージョンの素晴らしいところは、スケジュールなどの継続的に注目を集めることのできる視覚教材などの提示は、すべての児童生徒に効果があり、単に自閉症スペクトラム障害の児童生徒や、IEPやリハビリテーション法第504条に基づく指導計画を作成している児童生徒だけに効果があるのではないということです。

　特別なニーズの有無にかかわらず児童生徒は、多くの場合、一般化、応用、そして概念とトピックをつなげるための、そして異なる観点や側面から物事を見るための支援が必要です。どの学年であっても、児童生徒は学校で退屈な経験をしたことがあります。学習に対する意欲は、学習内容をどの程度理解しているかによって評価することができます。授業内容を児童生徒の日常生活につなげることのできる教師は、児童生徒がさらに理解できるよう意欲を高めながら効率的に概念を教えることができます。このストラテジーは、特別なニーズのない児童生徒にとって効果的であると同時に、特別なニーズのある児童生徒にとっても効果的です。

　インクルーシブな学級の中で、すべての児童生徒に教えるということは、時に困難を伴う仕事です。しかし、もしあなたが成功すると信じていれば、不可能なものではありません。インクルージョンには多くの準備が求められますし、より多くの連携や柔軟性、そして忍耐が必要です。しかし、それらの努力は、児童生徒をその学級に不可欠な一員として尊重することになりますし、インクルーシブな社会の中で将来優れた成果をもたらす大人として尊重することとなります。

▶ 革命的なプロセスとしてのインクルージョン

　インクルージョンは革命的なプロセスであり、ゆるやかに成功を積み重ねていく、よく計画された授業のことです。学び方に違いのある1人の児童生徒にとって効果的に作用するものは、学び方に違いのあるもう1人の児童生徒にとっても最善の実践になるとは限りません。すべての児童生徒には個性があるため、教師は児童生徒の違いを尊重するインクルージョンの方略を提供するときには、児童生徒の能力を理解し、尊重し、その児童生徒に応じた適用をしなければなりません。学習、感情、行動、そしてソーシャルスキルは、児童生徒の年齢と共に成長し、強くなっていきます。

　インクルージョンの介入と連携を継続的に探究し、拡大させ、そしてそれを児童生徒の学びに反映させるとき、私たちは良い結果を得られます。私たちは、学習を感情や目

標、興味、そしてそれぞれの児童生徒にとって真に特別な教育をつくることに結びつけることで、児童生徒の能力を尊重します。

> ## 考えてみましょう
>
> インクルージョンの次は何が待っているのでしょうか？
>
> 　通常教育と特別支援教育の水晶玉には、まだはっきりしたイメージは映っていません。インクルージョンの教育的介入によって、世界の国々や、国の中の州や県、そして州や県の中にある地域ごとの実践の多様性が増えていきます。多くの場合、学校の役割や可能性は、より多くの教職員や児童生徒に関連する法令の改正に影響されます。テストで良い点を取ることや、説明責任が増えることが、一見あるべき最終目標のようですが、それらがインクルーシブな学級の中で、どのように多様な児童生徒への指導へと推移していくのでしょうか。これらの結果が現実的なものであるか、さらに、統計の結果が、生産的な学習に向けてきちんと解釈されているかどうかについては、時の経過によって答えを知るしかないのです。もし連携や専門性向上の研修、継続的な学習、そして増加した需要に基づいた実践であるならば、将来は明るくなるでしょう。障害の判定を実施する以前のすべての児童生徒に対する、高い期待レベルを継続した通常の学級における早期介入は、正しい方向に着実に向かっています。要するに、学年や学校レベルの成功には、インクルージョンの介入が影響するということです。効果的なインクルージョンの介入は、個々の児童生徒につながっていきます。

第3部　インクルーシブな学級の維持

コピーOK
まとめ

以下の表に、あなたのインクルージョンについての考えをまとめましょう。♥の欄には、あなたがインクルージョンのどこが好きかを書きましょう。？の欄には、インクルージョンについての疑問や懸念について書きましょう。そして★の欄には、インクルージョンの重要なポイントについて書きましょう。このまとめは、児童生徒が使用するすべての教科の一般的なグラフィックオーガナイザーとしても利用することができます。

♥	?	★

Inclusion Strategies and Interventions © 2011 Solution Tree Press

訳者あとがき

　2014年、わが国も障害者の権利に関する条約を批准・発効しました。この条約の第24条教育では、「障害のある人が成人教育や生涯学習も含めて、インクルージョン教育制度（インクルーシブ教育システム）の下に良質な教育を受けられる公平な機会を与えられること。個人に必要とされる合理的配慮が提供されること。さらに障害のある人も教員に採用し、点字や手話の学習やそれらの利用できる機会を確保する」と明記され、いよいよわが国でも「インクルーシブ教育元年」がスタートしたことになります。

　学校現場の様子もこの10年で随分と変わりました。平成18年度から、LD、ADHDの児童生徒が通級による指導の対象となり、その数は年々増え続けています。また、通常の学級に在籍し、通級による指導を受けていない児童生徒に対しても、特別支援教育支援員が配置されたり、個別の指導計画が作成されたりするなど、特別な教育的ニーズのある児童生徒に対する支援も広がりつつあります。ただ、約6.5％に及ぶ通常の学級に在籍する発達障害の可能性のある特別な教育的ニーズを必要とする児童生徒への支援を、いつまでも教員個人の努力のみに依存していては、持続可能な教育システムとは言えませんし、学力のみならず、貧困や外国籍児童生徒の増加など、「多様性」の定義が広がりつつある中、10年先、20年先のわが国におけるインクルーシブ教育システムの在り方を今から考えなくてはなりません。

　今後、さらにインクルーシブ教育システムを発展させていくためには、少なくとも次の3つのことが必要になるでしょう。1つ目は、学級編制の標準を少なくとも30名以下に減らすことです。多様な児童生徒が35〜40名在籍する中で、個々の教育的ニーズに応じつつ、学級集団を意識した適切な指導を行なうには多くの時間と努力が求められますし、家庭の経済的状況や保護者の教育に対する価値観も多様化しており、学校と家庭の連携が困難なケースも目立ってきています。連携して取り組むシステムが構築されている学校もあれば、結局担任1人にすべてが任されている学校もあり、後者の状態では、こうした状況に対応するには無理があります。2つ目は、教科教育と特別支援教育の連携による、学びの多様性を考慮したカリキュラム・マネジメントやモディフィケーションを行なうことです。通常の学級に在籍する平均的な児童生徒に照準を合わせた教

育課程の編成に限界がきている中、学級の児童生徒の実態に応じた教育課程の編成や授業の展開を行なっていかなければ、いつまでも児童生徒の教育的ニーズに寄り添えない教育が行なわれ続けることでしょう。今までは、特別支援教育の専門家が中心となって取り組んできた事項ですが、今後は、教科教育の中で、多様な学びを考慮した教育課程や授業の在り方を考え、相互の知見を融合させていく必要があると思います。また、これまで私学などに一任してきたギフテッドや学力の高い児童生徒に対する公教育の在り方も議論されなくてはなりませんし、平均域を超えた、ギフテッドや障害のある児童生徒に対する、リソースルームとしての通級による指導の充実が求められます。3つ目は、教員養成の問題です。教育現場においては、通常の学級に在籍する児童生徒への支援の在り方が大きな課題の1つですが、幼小中高等学校の教員養成段階において、そうした課題について学ぶ機会が限られていますし、特に大学の附属学校のみで実習をすれば、ある程度学力の高い幼児児童生徒への指導経験しかもたないまま卒業し、教員になってから、附属学校とは全く異なる実態に戸惑うということはよく耳にします。また、通級による指導の担当者や特別支援教育支援員の養成など、通常の学級における特別支援教育を充実させていくには欠かせない人材の養成や専門性の向上への取り組みも欠かせません。

　本書は、『インクルーシブ教育の実践—すべての子どものニーズにこたえる学級づくり—』に続く、インクルーシブ教育関係では2冊目の訳本になります。特に教科指導場面において、どのようにして多様な学びを保障するかについて、具体的な示唆がなされている点がポイントです。本書をお読みいただくことで、通常の学級に在籍する多様な教育的ニーズのある児童生徒に役立つ各教科などの指導支援の在り方に関する基礎の部分をつかんでいただければ幸いです。

　本書の訳業に際しては多くの方々のご協力を得ました。元ゼミ生で現愛媛県立松山ろう学校教諭の渡部愛香氏、広島大学大学院教育学研究科学習開発専攻特別支援教育分野博士課程後期1年の河原麻子氏、広島大学教育学部第一類特別支援教育教員養成コース4年の松尾咲氏には、日本語の校正や翻訳の補助をしていただきました。表紙の素敵なイラストは、The Speech Pathology Group, Inc.の鑓溝純子氏に描画していただきました。また、本書が晴れて出版されるまで、辛抱強く原稿のやりとりや翻訳の校正にお付き合いくださった学苑社社長の杉本哲也氏に心よりお礼を申し上げます。

2016年1月　川合紀宗

文献

Abeel, S. (2007). *My thirteenth winter: A memoir*. New York: Scholastic.

Adams, G., & Carnine, D. (2003). Direct instruction. In H. L. Swanson, K. R. Harris, & S. Graham (Eds.), *Handbook of learning disabilities* (pp. 403–416). New York: Guilford Press. Accessed at www.nichcy.org/Research/Summaries/Pages/Abstract1.aspx on May 3, 2010.

Ahlfeld, K. (2010). Hands-on learning with a hands-off approach for professional development. *School Library Month, 26*(6), 16–18.

Algozzine, B., Browder, D., Karvonen, M., Test, D. W., & Wood, W. M. (2001). Effects of interventions to promote self-determination for individuals with disabilities. *Review of Educational Research, 71*, 219–277.

Allsopp, D., Kyger, M., Lovin, L., Gerretson, H., Carson, K., & Ray, S. (2008). Mathematics dynamic assessment: Informal assessment that responds to the needs of struggling learners in mathematics. *Teaching Exceptional Children, 40*(3), 6–16.

American Educational Research Association (AERA). (2009). Ensuring early literacy success. *Research Points, 6*(1), 1–4. Accessed at www.aera.net/uploadedFiles/Journals_and_Publications/Research_Points/RP_Winter09_PDF.pdf on February 16, 2010.

American Speech-Language-Hearing Association. (2002). *Augmentative and alternative communication: Knowledge and skills for service delivery*. Rockville, MD: Author. Accessed at www.asha.org/docs/html/KS2002-00067.html on May 5, 2009.

Angelle, P., & Bilton, L. (2009). Confronting the unknown: Principal preparation training in issues related to special education. *AASA Journal of Scholarship & Practice, 5*(4), 5–9.

Arreaga-Mayer, C., Utley, C. A., Perdomo-Rivera, C., & Greenwood, C. R. (2003). Ecobehavioral assessment of instructional contexts in bilingual special education programs for English language learners at risk for developmental disabilities. *Focus on Autism and Other Developmental Disabilities, 18*(1), 28–40.

Artiles, A., Trent, S., & Palmer, J. (2004). Culturally diverse students in special education: Legacies and prospects. In J. A. Banks & C. A. McGee Banks (Eds.), *Handbook of research on multicultural education* (2nd ed., pp. 716–735). San Francisco: Wiley.

Artiles, A. J., Rueda, R., Salazar, J. J., & Higareda, I. (2005). Within-group diversity in minority disproportionate representation: English language learners in urban school districts. *Exceptional Children, 71*, 283–300.

Atherton, J. T. (2010). Learning and teaching: Assimilation and accommodation. Accessed at www.learningandteaching.info/learning/assimacc.htm on September 4, 2010.

Atwood, T. (2005). *What is Asperger syndrome?* Accessed at www.aspergersyndrome.org/Articles/What-is-Asperger-Syndrome-.aspx on February 15, 2010.

Baca, L., & Cervantes, H. (2004). *The bilingual special education interface* (4th ed.). Upper Saddle River, NJ: Pearson/Merrill/Prentice Hall.

Baker, J. (2003). *The social skills picture book*. Arlington, TX: Future Horizons.

Baker, J. (2008). *No more meltdowns*. Arlington, TX: Future Horizons.

Baker, S., Gersten, R., & Scanlon, D. (2002). Procedural facilitators and cognitive strategies: Tools for unraveling the mysteries of comprehension and the writing process, and for providing meaningful access to the general curriculum. *Learning Disabilities Research & Practice, 17*, 65–77.

Bandura, A. (1977). *Social learning theory*. New York: General Learning Press.

Barton, R., & Stepanek, J. (2009). Three tiers to success. *Principal Leadership, 9*(8), 16–20.

Barton-Arwood, S., Murrow, L., Lane, K., & Jolivette, K. (2005). Project IMPROVE: Improving teachers' ability to address students' social needs. *Education & Treatment of Children, 28*(4), 430–443.

Bausch, M., & Ault, M. (2008). Assistive technology implementation plan: A tool for improving outcomes. *Teaching Exceptional Children, 41*(1), 6–14.

Bausch, M. E., Quinn, B. S., Chung, Y., Ault, M. J., & Behrmann, M. M. (2009). Assistive technology in the individualized education plan: Analysis of policies across ten states. *Journal of Special Education Leadership, 22*(1), 9–23.

Baxter, J., Woodward, J., Voorhies, J., & Wong, J. (2002). We talk about it, but do they get it? *Learning Disabilities Research & Practice, 17*, 173–185.

Beattie, J., Jordan, L., & Algozzine, B. (2006). *Making inclusion work: Effective practices for ALL teachers*. Thousand Oaks, CA: Corwin Press.

Beck, I. L., McKeown, M. G., & Kucan, L. (2002). *Bringing words to life: Robust vocabulary instruction*. New York: Guilford Press.

Begeny, J., & Martens, B. (2007). Inclusionary education in Italy: A literature review and call for more empirical research. *Remedial and Special Education, 28*, 80–94.

Bellini, S. (2006). *Building social relationships: A systematic approach to teaching social interaction skills to children and adolescents with autism spectrum disorders and other social disorders*. Shawnee Mission, KS: Autism Asperger Publishing.

Bernstein, S. (2009). Phonology, decoding, and lexical compensation in vowel spelling errors made by children with dyslexia. *Reading and Writing: An Interdisciplinary Journal, 22*(3), 307–331.

Bhattacharya, A., & Ehri, L. (2004). Graphosyllabic analysis helps adolescent struggling readers read and spell words. *Journal of Learning Disabilities, 37*, 331–348.

Black, P., & Wiliam, D. (1998). Assessment and classroom learning. *Educational Assessment: Principles, Policy, and Practice, 5*(1), 7–74.

Blair, K. S. C., Umbreit, J., & Dunlap, G. (2007). Promoting inclusion and peer participation through assessment-based intervention. *Topics in Early Childhood Education, 27*(3), 134–147.

Blom-Hoffman, J., Wilcox, K., Dunn, L., Leff, S., & Power, T. (2008). Family involvement in school-based health promotion: Bringing nutrition information home. *School Psychology Review, 37*(4), 567–577.

Bock, M. A. (2001). SODA strategy: Enhancing the social interaction skills of youngsters with Asperger's syndrome. *Intervention in School and Clinic, 36*, 272–278.

Bond, M., & Wasik, B. (2009). Conversation stations: Promoting language development in young children. *Early Childhood Education Journal, 36*(6), 467–473.

Boon, R., Fore, C., Ayres, K., & Spencer, V. (2005). The effects of cognitive organizers to facilitate content-area learning for students with mild disabilities: A pilot study. *Journal of Instructional Psychology, 32*(2), 101–117.

Boscardin, M. L. (2005). The administrative role in transforming secondary schools to support inclusive evidence-based practices. *American Secondary Education, 33*(3), 21–32.

Brennan, H. R. (2005). *Behavioral and social effects of inclusion at the preschool level: Exploring an integrated early childhood classroom*. Unpublished master's thesis, Keuka College. Accessed at www.eric.ed.gov on May 6, 2010.

British Columbia Ministry of Children and Family Development. (2001). *Transition planning for youth with special needs*. Victoria, British Columbia, Canada: Author. Accessed at www.mcf.gov.bc.ca/spec_needs/pdf/support_guide.pdf on April 17, 2009.

Broer, S., Doyle, M., & Giangreco, M. (2005). Perspectives of students with intellectual disabilities about their experiences with paraprofessional support. *Exceptional Children, 71*, 415–430.

Browder, D., Ahlgrim-Delzell, L., Courtade-Little, G., & Snell, E. (2006). General curriculum access. In M. Snell & F. Brown (Eds.), *Instruction of students with severe disabilities* (6th ed., pp. 489–525). Upper Saddle River, NJ: Pearson/Merrill/Prentice Hall.

Browder, D., Flowers, C., Ahlgrim-Delzell, L., Karvonen, M., Spooner, F., & Algozzine, R. (2004). The alignment of alternate assessment content with academic and functional curricula. *Journal of Special Education, 37*(4), 211–223.

Browder, D., Spooner, F., Ahlgrim-Delzell, L., Harris, A., & Wakeman, S. (2008). A meta-analysis on teaching mathematics to students with significant cognitive disabilities. *Exceptional Children, 74*(4), 407–432.

Browder, D. M., Spooner, F., Algozzine, R., Ahlgrim-Delzell, L., Flowers, C., & Karvonen, M. (2003). What we know and need to know about alternate assessment. *Exceptional Children, 70*, 45–61.

Browder, D., Wakeman, S., Spooner, F., Ahlgrim-Delzell, L., & Algozzine, B. (2006). Research on reading instruction for individuals with significant cognitive disabilities. *Exceptional Children, 72*, 392–408.

Brownell, M., Adams, A., Sindelar, P., Waldron, N., & Vanhover, S. (2006). The role of teacher qualities in collaboration. *Exceptional Children, 72*, 169–185.

Brownell, M., Sindelar, P., Kiely, M., & Danielson, L. (2010). Special education teacher quality and preparation: Exposing foundations, constructing a new model. *Exceptional Children, 76*, 357–377.

Bryant, D. P., Vaughn, S., Linan-Thompson, S., Ugel, N., Hamff, A., & Hougen, M. (2000). Reading outcomes for students with and without reading disabilities in general education middle-school content area classes. *Learning Disability Quarterly, 23*, 238–252.

Buckley, S., Bird, G., & Sacks, B. (2006). Evidence that we can change the profile from a study of inclusive education. *Down Syndrome Research and Practice, 9*(3), 51–53.

Burdette, P. (2007). *Response to intervention as it relates to early intervening services*. Alexandria, VA: National Association of State Directors of Special Education. Accessed at www.projectforum.org on January 30, 2010.

Burke, K., & Sutherland, C. (2004). Attitudes toward inclusion: Knowledge vs. experience. *Education, 125*(2), 163–172.

Burns, M. (1994). *I hate mathematics! book*. New York: Scholastic Books.

Campbell, P., Milbourne, S., & Silverman, C. (2001). Strengths-based child portfolios: A professional development activity to alter perspectives of children with special needs. *Topics in Early Childhood Special Education, 21*(3), 152–162.

Capizzi, A. (2008). From assessment to annual goal: Engaging a decision-making process in writing measurable IEPs. *Teaching Exceptional Children, 41*(1), 18–25.

Carnahan, C., Williamson, P., Clarke, L., & Sorensen, R. (2009). A systematic approach for supporting paraeducators in educational settings: A guide for teachers. *Teaching Exceptional Children, 41*(5), 34–43.

Cascella, P., & McNamara, K. (2005). Empowering students with severe disabilities to actualize communication skills. *Teaching Exceptional Children, 37*(3), 38–43.

Causton-Theoharis, J. (2009). The golden rule of providing support in inclusive classrooms: Support others as you wish to be supported. *Teaching Exceptional Children, 42*(2), 36–43.

Causton-Theoharis, J. N., & Malmgren, K. W. (2005). Increasing peer interaction for students with severe disabilities via paraprofessional training. *Exceptional Children, 71*, 431–444.

Chamberlain, S. (2005). Kathleen McConnell Fad and James R. Patton: A practical perspective on functional assessments and behavior intervention plans. *Intervention in School & Clinic, 40*(3), 161–170.

Chandler-Olcott, K., & Kluth, P. (2009). Why everyone benefits from including students with autism in literacy classrooms. *The Reading Teacher, 62*(7), 548–557.

Childre, A., Sands, J., & Pope, S. (2009). Backward design: Targeting depth of understanding for all learners. *Educational Leadership, 41*(5), 6–14.

Chitiyo, M., & Wheeler, J. (2009). Challenges faced by school teachers in implementing positive behavior support in their school systems. *Remedial and Special Education, 30*(1), 58–63.

Chmelynski, C. (2006). ADHD play teaches what testing can't touch: Humanity. *Education Digest: Essential Readings Condensed for Quick Review, 72*(3), 10–13.

Chorzempa, B., & Lapidua, L. (2009). To find yourself, think for yourself: Using Socratic discussions in inclusive classrooms. *Teaching Exceptional Children, 41*(3), 54–59.

Cloud, J. (2009, April 13). Better learning through fidgeting. *TIME, 173*(14), 61.

Cochran-Smith, M. (2004). *Walking the road: Race, diversity, and social justice in teacher education*. New York: Teachers College Press.

Cole, J., & Wasburn-Moses, L. (2010). Going beyond "the math wars." *Teaching Exceptional Children, 42*(4), 14–20.

Conderman, G. (2003). Using portfolios in undergraduate special education teacher programs. *Preventing School Failure, 47*(3), 106–112.

Conroy, M. A., Dunlap, G., Clarke, S., & Alter, P. J. (2005). A descriptive analysis of positive behavioral intervention research with younger children with challenging behavior. *Topics in Early Childhood Special Education, 25*, 157–166.

Cook, R. (2004). *Adapting early childhood curricula in inclusive settings*. Upper Saddle River, NJ: Pearson/Merrill/Prentice Hall.

Cortiella, C. (2005). *NCLB: Determining appropriate assessment accommodations for students with disabilities*. New York: National Center for Learning Disabilities. Accessed at www.ncld.org/publications-a-more/parent-advocacy-guides/no-child-left-behind-determining-appropriate-assessment-accommodations-for-students-with-disabilities on March 1, 2010.

Council for Exceptional Children. (2007). *CEC performance-based standards*. Accessed at www.cec.sped.org/ps/perf_based_stds/standards.html on February 23, 2010.

Courtade, G., Spooner, F., & Browder, D. (2007). A review of studies with students with significant cognitive disabilities that link to science standards. *Research and Practice in Severe Disabilities, 32*, 45–49.

Crain, W. (1985). *Theories of development.* Upper Saddle River, NJ: Prentice-Hall.

Crisman, B. (2008). Inclusive programming for students with autism. *Principal, 88*(2), 28–32.

D'Allura, T. (2002). Enhancing the social interaction skills of preschoolers with visual impairments. *Journal of Visual Impairment & Blindness, 96*(8), 576.

Damasio, A. (2003). *Looking for Spinoza: Joy, sorrow, and the feeling brain.* New York: Houghton Mifflin Harcourt.

Darling-Hammond, L., & Richardson, N. (2009). Teaching learning: What matters? *Educational Leadership, 66*(5), 46–53.

Deshler, D., Ellis, E., & Lenz, B. K. (1996). *Teaching adolescents with learning disabilities: Strategies and methods.* Denver, CO: Love.

Diamond, K., Hong, S., & Tu, H. (2009). Physical disability preschool children's inclusion decisions. *Journal of Applied Developmental Psychology, 30*(2), 75–81.

Dillon, N. (2006). Multiple choice. *American School Board Journal, 193*(1), 22–25.

Doing What Works. *School principal/reflective leadership strategies.* Accessed at http://dww.ed.gov/ on September 7, 2009.

Dollaghan, C. A. (2007). *The handbook of evidence-based practice in communication disorders.* Baltimore: Brookes.

Dong, Y. (2009). Linking to prior learning. *Educational Leadership, 66*(7), 26–31.

DuFour, R. (2004). Schools are learning communities. *Educational Leadership, 61*(8), 6–11.

Dukes, C., & Lamar-Dukes, P. (2009). Inclusion by design: Engineering inclusive practices in secondary schools. *Teaching Exceptional Children, 41*(3), 16–23.

Dull, L., & van Garderen, D. (2005). Bringing the story back into history: Teaching social studies to children with learning disabilities. *Preventing School Failure, 49*(3), 27–31.

Hawkins, J. D., Kosterman, R., Catalano, R. F., Hill, K. G., & Abbott, R. D. (2008). Effects of social development intervention in childhood 15 years later. *Archives of Pediatrics & Adolescent Medicine, 162*(12), 1133–1141.

Dunst, C. J., Trivette, C. M., & Cutspec, P. A. (2002). Toward an operational definition of evidence-based practices. *Centerscope: Evidence-Based Approaches to Early Childhood Development, 1,* 1–10.

DuPaul, G., & Eckert, T. (1997).The effects of school-based interventions for attention deficit hyperactivity disorder: A meta-analysis. *School Psychology Review, 26,* 5–27.

Edgemon, E., Jablonski, B., & Lloyd, J. (2006). Large-scale assessments: A teacher's guide to making decisions about accommodations. *Teaching Exceptional Children, 38*(3), 6–11.

Edward, B. (1999). *The new drawing on the right side of the brain.* New York: Tarcher/Penguin Books.

Egilson, S., & Traustadottir, R. (2009). Assistance to pupils with physical disabilities in regular schools: Promoting inclusion or creating dependency? *European Journal of Special Needs Education, 24*(1), 21–36.

Epstein, M., Atkins, M., Cullinan, D., Kutash, K., & Weaver, R. (2008). *Reducing behavior problems in the elementary school classroom: A practice guide* (NCEE No. 2008–012). Washington, DC: National Center for Education Evaluation and Regional Assistance, Institute of Education Sciences, U.S. Department of Education. Accessed at http://ies.ed.gov/ncee/wwc/publications/practiceguides on February 3, 2010.

Ervin, R. A. (2008). *Considering tier 3 within a response-to-intervention model.* Accessed at www.rtinetwork.org on February 1, 2010.

Espin, C., Shin, J., & Busch, T. (2005). Curriculum-based measurement in the content areas: Vocabulary matching as an indicator of progress in social studies learning. *Journal of Learning Disabilities, 38*(4), 353–363.

Ferguson, D. (2008). International trends in inclusive education: The continuing challenge to teach each one and everyone. *European Journal of Special Needs, 23*(2), 109–120.

Ferri, B. A., & Connor, D. J. (2005). In the shadow of Brown: Special education and overrepresentation of students of color. *Remedial and Special Education, 26*, 93–100.

Ferriter, B. (2009). Learning with blogs and wikis. *Educational Leadership, 66*(5), 34–38.

Field, S. (1996). Self-determination instructional strategies for youth with learning disabilities. *Journal of Learning Disabilities, 29*, 40–52.

Field, S., & Hoffman, A. (1996). *Steps to self-determination.* Austin, TX: Pro-Ed.

Fittipaldi, J., & Mowling, C. (2009). Using visual supports for students with autism in physical education. *The Journal of Physical Education & Dance, 80*(2), 39–43.

Fletcher, J., Lyon, G., Fuchs, L., & Barnes, M. (2007). *Learning disabilities: From identification to intervention.* New York: Guilford Press.

Foorman, B. R., & Al Otaiba, S. (2009). Reading remediation: State of the art. In K. Pugh & P. McCardle (Eds.), *How children learn to read: Current issues and new directions in the integration of cognition, neurobiology and genetics of reading and dyslexia research and practice* (pp. 257–275). New York: Psychology Press.

Foran, L. (2009). Listening to music: Helping children regulate their emotions and improve learning in the classroom. *Educational Horizons, 88*(1), 51–58.

Frankel, H. (2007, October 12). Another way of working. *Times Educational Supplement, 4758*, 44–45.

Fredembach, B., de Boisferon, A. H., & Gentaz, E. (2009). Learning of arbitrary association between visual and auditory novel stimuli in adults: The "bond effect" of haptic exploration. *PLoS ONE, 4*(3), e4844. Accessed at www.plosone.org on May 6, 2010.

Frederickson, N., Simmonds, E., Evans, L., & Soulsby, C. (2007). Assessing the social and affective outcomes of inclusion. *British Journal of Special Education, 34*(2), 105–115.

Friend, M., & Cook, L. (2009). *Interactions: Collaborative skills for school professionals* (6th ed.). Boston: Allyn & Bacon.

Fuchs, D., Fuchs, L., & Stecker, P. (2010). The blurring of special education in a new continuum of general education placements and services. *Exceptional Children, 76*(3), 301–323.

Fuchs, D., Mathes, P. G., & Fuchs, L. S. (1995). *Peabody peer-assisted learning strategies (PALS): Math methods.* Nashville, TN: Peabody College, Vanderbilt University.

Galef Institute. (2004). *The Different Ways of Knowing Arts Integration Framework™: Accelerates achievement for all students and student groups.* Accessed at www.differentways.org/services/integrating.html on May 6, 2010.

Galley, M. (2004). Not separate, but equal. *Teacher Magazine, 15*(5), 47.

Garcia, S. B., & Ortiz, A. A. (2006). Preventing disproportionate representation: Culturally and linguistically responsive pre-referral interventions. *Teaching Exceptional Children, 38*(4), 64–68.

Gardner, J., Wissick, C., Schweder, W., & Canter, L. (2003). Enhancing interdisciplinary instruction in general and special education. *Remedial and Special Education, 24*(3), 161–172.

Garner, J. (2009). Conceptualizing the relations between executive functions and self-regulated learning. *The Journal of Psychology, 143*(4), 405–426.

Gavish, B. (2009). Book review. *Journal of International Special Needs Education, 12,* 25-28.

Gersten, R., Beckmann, S., Clarke, B., Foegen, A., Marsh, L., Star, J. R., et al. (2009). *Assisting students struggling with mathematics: Response to intervention (RtI) for elementary and middle schools* (NCEE No. 2009-4060). Washington, DC: National Center for Education Evaluation and Regional Assistance, Institute of Education Sciences, U.S. Department of Education. Accessed at http://ies.ed.gov/ncee/wwc/publications/practiceguides/ on February 6, 2010.

Goldstein, A. P. (1999). *The PREPARE curriculum.* Champaign, IL: Research Press.

Gresham, F. M., Cook, C. R., Crews, S. D., & Kern, L. (2004). Social skills training for children and youth with emotional and behavioral disorders: Validity considerations and future directions. *Behavior Disorders, 30,* 32-46.

Grigal, M., & Hart, D. (2010). *Think college! Postsecondary education options for students with intellectual disabilities.* Baltimore: Brookes.

Grisham-Brown, J., Pretti-Frontczak, K., Hawkins, S., & Winchell, B. (2009). Addressing early learning standards for all children within blended preschool classrooms. *Topics in Early Childhood Special Education, 29*(3), 131-142.

Guiberson, M. (2009). Hispanic representation in special education: Patterns and implications. *Preventing School Failure, 53*(3), 167-176.

Gurgur, H., & Uzuner, Y. (2010). A phenomenological analysis of the views of co-teaching applications in the inclusion classroom. *Educational Sciences: Theory and Practice, 10*(1), 311-331.

Guthrie, P., & Su, C. M. (1992, September 17-19). *The significance of young children's visual skills in graphic depiction of spatial representation: The testimony from two drawing researchers.* Paper presented at the Making Meaning Through Art: Art in Early Childhood Education Conference, Urbana, IL.

Haager, D., Klinger, J., & Vaughn, S. (Eds.). *Evidence-based reading practices for response to intervention.* Baltimore: Paul H. Brookes.

Haager, D., & Mahdavi, J. (2007). Teacher roles in implementing interventions. In D. Haager, J. Klingner, & S. Vaughn (Eds.), *Evidence-based reading practices for response to intervention* (pp. 245-264). Baltimore: Paul H. Brookes.

Hall, T., Strangman, N., & Meyer, A. *Differentiated instruction and implications for UDL implementation.* Wakefield, MA: Center for Applied Special Technology. Accessed at www.cast.org/publications/ncac/ncac_diffinstruc.html on July 22, 2010.

Halvorsen, A., & Neary, T. (2001). *Building inclusive schools: Tools and strategies for success.* Needham Heights, MA: Allyn & Bacon.

Hamilton, L., Halverson, R., Jackson, S., Mandinach, E., Supovitz, J., & Wayman, J. (2009). *Using student achievement data to support instructional decision making* (NCEE No. 2009-4067). Washington, DC: National Center for Education Evaluation and Regional Assistance, Institute of Education Sciences, U.S. Department of Education. Accessed at http://ies.ed.gov/ncee/wwc/publications/practiceguides/ on January 30, 2010.

Hardy, L. (2009). *Looking ahead to ESEA reauthorization: What will happen to NCLB?* Alexandria, VA: National School Boards Association. Accessed at www.nsba.org/HPC/Features/AboutSBN/Embrace-change.aspx on September 22, 2009.

Harmon, J. M., Katims, D. S., & Whittington, D. (1999). Helping middle school students learn with social studies texts. *Teaching Exceptional Children, 32,* 70-75.

Hart, J. (2009). Strategies for culturally and linguistically diverse students with special needs. *Preventing School Failure*, 53(3), 197-208.

Hartman, M. (2009). Step by step: Creating a community-based transition program for students with intellectual disabilities. *Teaching Exceptional Children*, 41(6), 6-11.

Hasbrouck, J. (2006). For students who are not yet fluent, silent reading is not the best use of classroom time. *American Educator*, 30, 2. Accessed at www.readingrockets.org/article/27202 on April 27, 2009.

Hess, F. (2009). The new stupid. *Educational Leadership*, 66(4), 12-17.

Hessler, T., & Konrad, M. (2008). Using curriculum-based measurement to drive IEPs and instruction in written expression. *Teaching Exceptional Children*, 41(2), 28-37.

Heward, W. L. (2006). *Exceptional children: An introduction to special education* (8th ed.). Upper Saddle River, NJ: Pearson/Prentice Hall.

Hilte, M., & Reitsma, P. (2008). What type of computer-assisted exercise supports young less skilled spellers in resolving problems in open and closed syllable words? *Annals of Dyslexia*, 58(2), 97-114.

Hines, J. (2008). Making collaboration work in inclusive high school classrooms: Recommendations for principals. *Intervention in School & Clinic*, 43(5), 277-282.

Hinshaw, C. (2006). Connecting to Curious George. *School Arts*, 105(7), 37.

Hoerr, T. (2009). Data that count. *Educational Leadership*, 66(4), 93-94.

Hollingsworth, H., Boone, H., & Crais, E. (2009). Individualized inclusion plans at work in early childhood classrooms. *Young Exceptional Children*, 13(1), 19-35.

Horvath, L., Kampfer-Bobach, S., & Kearns, J. (2005). The use of accommodations among students with deaf-blindness in large-scale assessment systems. *Journal of Disability Policy Studies*, 16(3), 177-187.

Hourigan, R., & Hourigan, A. (2009). Teaching music to children with autism: Understandings and perspectives. *Music Educators Journal*, 96(1), 40-45.

Hughes, C., & Rollins, K. (2009). RtI for nurturing giftedness: Implications for the RtI school-based team. *Gifted Child Today*, 32(3), 31-39.

Huitt, W., & Hummel, J. (2003). *Piaget's theory of cognitive development*. Valdosta, GA: Valdosta State University. Accessed at http://chiron.valdosta.edu/whuitt/col/cogsys/piaget.html on May 1, 2009.

Hyde, A. (2007). Mathematics and cognition. *Educational Leadership*, 65(3), 43-47.

Idol, L. (2006). Toward inclusion of special education students in general education. *Remedial and Special Education*, 27(2), 77-94.

Individuals with Disabilities Education Act of 1990 (IDEA), Pub. L. No. 101-476.

Individuals with Disabilities Education Improvement Act of 2004 (IDEIA), Pub. L. No. 108-466.

Interstate New Teacher Assessment and Support Consortium. (2001). *Model standards for licensing general and special education teachers of students with disabilities: A resource for state dialogue*. Washington, DC: Author. Accessed at www.ccsso.org/content/ pdfs/SPEDStds.pdf on February 22, 2010.

Irving, M., Nti, M., & Johnson, W. (2007). Meeting the needs of the special learner in science. *International Journal of Special Education*, 22(3), 109-118.

Isbell, C., & Isbell, R. (2005). *The inclusive learning center for preschool children with special needs*. Beltsville, MD: Gryphon House.

Iseminger, S. (2009). Keys to success with autistic children: Structure, predictability, and consistency are essential for students on the autism spectrum. *Teaching Music*, 16(6), 28.

Jacobs, H. (2006). *Active literacy across the curriculum: Strategies for teaching reading, writing, speaking and listening*. Larchmont, NY: Eye on Education.

James, P. (1983). *Teaching art to special students*. Portland, ME: J. Weston Walch.

Jenkins, A., & Ornelles, C. (2009). Determining professional development needs of general education educators in teaching students with disabilities in Hawaii. *Professional Development in Education, 35*(4), 635-654.

Jenkins, R. (2005). Building strong school communities: Interdisciplinary instruction in the inclusion classroom. *Teaching Exceptional Children, 37*(5), 42-48.

Johns, B., Crowley, E., & Guetzloe, E. (2005). The central role of teaching social skills. *Focus on Exceptional Children, 37*(8), 1-8.

Johnson, C., Brown, P., & Edgar, G. (2000). *Transition guide for Washington State*. Seattle: The C Services, University of Washington.

Johnson, E., Mellard, D. F., Fuchs, D., & McKnight, M. A. (2006). *Responsiveness to intervention (RTI): How to do it*. Lawrence, KS: National Research Center on Learning Disabilities.

Johnson, G., & Bonaiuto, S. (2009). Accountability with roots. *Educational Leadership, 66*(4), 26-29.

Joseph, N. (2010). Metacognition needed: Teaching middle and high school students to develop strategic learning skills. *Preventing School Failure, 54*(2), 99-103.

Just Read, Florida!. (2005). *An example of the 90 minute reading block*. Tallahassee, FL: Author. Accessed at www.justreadflorida.com on May 4, 2010.

Kamens, M. W., Loprete, S. J., & Slostad, F. A. (2003). Inclusive classrooms: What practicing teachers want to know. *Action Teacher Education, 25*(1), 20-26.

Karten, T. (2007a). *Inclusion activities that work! Grades K-2*. Thousand Oaks, CA: Corwin Press Classroom.

Karten, T. (2007b). *Inclusion activities that work! Grades 3-5*. Thousand Oaks, CA: Corwin Press Classroom.

Karten, T. (2007c). *Inclusion activities that work! Grades 6-8*. Thousand Oaks, CA: Corwin Press Classroom.

Karten, T. (2007d). *More inclusion strategies that work! Aligning student strengths with standards*. Thousand Oaks, CA: Corwin Press.

Karten, T. (2008a). *Embracing disABILITIES in the classroom: Strategies to maximize students' assets*. Thousand Oaks, CA: Corwin Press.

Karten, T. (2008b). *Facilitator's guide to* More inclusion strategies that work!. Thousand Oaks, CA: Corwin Press.

Karten, T. (2008c). *Inclusion succeeds with effective strategies: Grades K-5* [Laminated guide]. Port Chester, NY: National Professional Resources.

Karten, T. (2008d). *Inclusion succeeds with effective strategies: Grades 6-12* [Laminated guide]. Port Chester, NY: National Professional Resources.

Karten, T. (2010a). *Inclusion strategies that work! Research-based methods for the classroom* (2nd ed.). Thousand Oaks, CA: Corwin Press.

Karten, T. (2010b). *Inclusion lesson plan book for the 21st century*. Port Chester, NY: Dude Publishing.

Kauffman, J. (1999). Today's special education and its messages for tomorrow. *Journal of Special Education, 32*(4) 244-254.

Kearsley, G. (2009). Social development theory Vygotsky. Accessed at http://tip.psychology.org/vygotsky.html on September 13, 2010.

Keefe, E., Moore, V., & Duff, F. (2004). The four "knows" of collaborative teaching. *Teaching Exceptional Children, 36*, 36-42.

Kilpatrick, J., Swafford, J., & Findell, B. (Eds.). (2001). *Adding it up: Helping children learn mathematics.* Washington, DC: National Academies Press. Accessed at www.nap.edu/catalog.php?record_id=9822 on March 20, 2008.

King-Sears, M. (2005). Scheduling for reading and writing small-group instruction using learning center designs. *Reading and Writing Quarterly, 21*, 401-405.

King-Sears, M. (2007). Designing and delivering learning center instruction. *Intervention in School and Clinic, 42*, 137-147.

King-Sears, M. (2008). Facts and fallacies: Differentiation and the general education curriculum for students with special education needs. *Support for Learning, 23*(2), 55-62.

King-Sears, M., Maccini, P., McNaughton, D., & Ruhl, K. (1999). Algebra instruction for students with learning disabilities: Implications from a research review. *Learning Disability Quarterly, 22*, 113-126.

Kirch, S., Bargerhuff, M., Turner, H., & Wheatly, M. (2005). Inclusive science education: Classroom teacher and science educator experiences in CLASS workshops. *School Science & Mathematics, 105*(4), 175-196.

Klein, S. D., & Schive, K. (Eds.). (2001). *You will dream new dreams: Inspiring personal stories by parents of children with disabilities.* New York: Kensington Books.

Kliewer, C. (2008). *Seeing all kids as readers: A new vision for literacy in the inclusive early childhood classroom.* Baltimore: Brookes.

Klingner, J. K., & Harry, B. (2006). The special education referral and decision-making process for English language learners: Child study team meetings and placement conferences. *Teachers College Record, 108*, 2247-2281.

Klingner, J. K., Vaughn, S., & Schumm, J. S. (1998). Collaborative strategic reading during social studies in heterogeneous fourth-grade classrooms. *Elementary School Journal, 99*, 3-22.

Knight-McKenna, M. (2008). Syllable types: A strategy for reading multisyllabic words. *Teaching Exceptional Children, 40*(3), 18-24.

Konrad, M., & Test, D. (2007). Effects of GO 4 IT . . . NOW! Strategy instruction on the written IEP goal articulation and paragraph-writing skills of middle school students with disabilities. *Remedial and Special Education, 28*(5), 277-291.

Konrad, M., Walker, A., Fowler, C., Test, D., & Wood, W. (2008). A model for aligning self-determination and general curriculum standards. *Teaching Exceptional Children, 40*(3), 53-64.

Kroesbergen, E. H., & Van Luit, J. E. H. (2003). Mathematics interventions for children with special educational needs. *Remedial and Special Education, 24*(2), 97-114.

Kunsch, C., Jitendra, A., & Sood, S. (2007). The effects of peer-mediated instruction in mathematics for students with learning problems: A research synthesis. *Learning Disabilities Research & Practice, 22*(1), 1-12.

Lachat, M., & Smith, S. (2004). *Data use in urban high schools.* Providence, RI: Education Alliance at Brown University.

Lahm, E. (2003). Assistive technology specialists: Bringing knowledge of assistive technology to school districts. *Remedial and Special Education, 24*(3), 141-153.

Lamar-Dukes, P., & Dukes, C. (2005). Consider the roles and responsibilities of the inclusion support teacher. *Intervention in School & Clinic, 4*(1), 55-61.

Lane, K. L., Gresham, F. M., & O'Shaughnessy, T. E. (Eds.). (2002). *Interventions for children with or at-risk for emotional and behavioral disorders*. Boston: Allyn & Bacon.

Lane, K. L., & Wehby, J. (2002). Addressing antisocial behavior in the schools: A call for action. *Academic Exchange Quarterly*, *6*, 4–9.

Learning Disabilities Association of Minnesota. (2005). Dysgraphia defined. *NetNews*, *5*(3), 1–4. Accessed at www.eric.ed.gov:80/ERICDocs/data/ericdocs2sql/content_storage_01/0000019b/80/1b/ed/7e.pdf on May 6, 2010.

Learning-Theories.com. (2010). Learning theories knowledgebase. Accessed at www.learning-theories.com on September 12, 2010.

LeDoux, J. (2002). *Synaptic self: How our brains become who we are*. New York: Viking.

Lee, J., Grigg, W., & Dion, G. (2007). *The nation's report card: Mathematics 2007* (NCES No. 2007-494). Washington, DC: National Center for Education Statistics. Accessed at http://nces.ed.gov/pubsearch/pubsinfo.asp?pubid=2007494 on March 20, 2009.

Lee, J., Grigg, W., & Donahue, P. (2007). *The nation's report card: Reading 2007* (NCES No. 2007-496). Washington, DC: National Center for Education Statistics.

Lee, M. (2007). Spark up the American Revolution with math, science and more: An example of an integrative curriculum unit. *Social Studies*, *98*(4), 159–164.

Light, J. C., Roberts, B., DiMarco, R., & Greiner, N. (1998). Augmentative and alternative communication to support receptive and expressive communication for people with autism. *Journal of Communication Disorders*, *31*, 153–180.

Littky, D. (2004). *The big picture: Education is everyone's business*. Alexandria, VA: Association for Supervision and Curriculum Development.

Luke, S. (2006). The power of strategy instruction evidence for education. Washington, DC: National Dissemination Center for Children with Disabilities. Accessed at http://research.nichcy.org/NICHCY_EE_Strategy.pdf on May 1, 2009.

Luiselli, J., McCarty, J., Coniglio, J., Zorilla-Ramirez, C., & Putnam, R. (2005). Social skills assessment and intervention review and recommendations for school practitioners. *Journal of Applied School Psychology*, *21*(1), 21–38.

Lynch, S., & Adams, P. (2008). Developing standards-based individualized education program objectives for students with significant needs. *Teaching Exceptional Children*, *40*(3), 36–39.

Maccini, P., McNaughton, D., & Ruhl, K. (1999). Algebra instruction for students with learning disabilities: Implications from a research review. *Learning Disabilities Quarterly*, *22*(2), 113–126.

Macswan, J., & Rolstad, K. (2006). How language proficiency tests mislead us about ability: Implications for English language learner placement in special education. *Teachers College Record*, *108*, 2304–2328.

Marchant, M., & Womack, S. (2010). Book in a bag: Blending social skills and academics. *Teaching Exceptional Children*, *42*(4), 6–12.

Marzano, R. (Ed.). (2010). *On excellence in teaching*. Bloomington, IN: Solution Tree Press.

Mastropieri, M. A., Scruggs, T. E., & Graetz, J. E. (2003). Reading comprehension instruction for secondary students: Challenges for struggling students and teachers. *Learning Disability Quarterly*, *26*, 103–116.

Mastropieri, M., Scruggs, T., Graetz, J., Norland, J., Gardizi, W., & McDuffie, K. (2005). Case studies in co-teaching in the content areas: Successes, failures, and challenges. *Intervention in School & Clinic*, *40*(5), 260–270.

Mathur, S., Quinn, M., Forness, S., & Rutherford, R. (1998). Social skills interventions with students with emotional and behavioral problems: A quantitative synthesis of single-subject research. *Behavioral Disorders, 23*(3), 193–201.

McCrimmon, D. (2003). Nothing wrong with being wrong! *Independent School, 62*(3), 12.

McGarrell, M., Healy, O., Leader, G., O'Connor, J., & Kenny, L. (2009). Six reports of children with autism spectrum disorder following intensive behavioral intervention using the preschool inventory of repertoires for kindergarten. *Research in Autism Spectrum Disorders, 3*(3), 767–782.

McIntosh, A. S., Graves, A., & Gersten, R. (2007). The effects of response to intervention on literacy development in multiple-language settings. *Learning Disability Quarterly, 30*(3), 197–212.

McKinley, L., & Stormont, M. (2008). The school supports checklist: Identifying support needs and barriers for children with ADHD. *Teaching Exceptional Children, 41*(2), 14–19.

McLanahan, B. (2009). Help! I have kids who can't read in my world history class! *Preventing School Failure, 53*(2), 105–112.

McLeskey, J., & Waldron, N. L. (2002). Inclusion and school change: Teacher perceptions regarding curricular and instructional adaptations. *Teacher Education and Special Education, 25*(1), 41–54.

McNamee, G., & Chen, J. (2005). Dissolving the line between assessment and teaching. *Educational Leadership, 63*(3), 72–76.

McNary, S., Glasgow, N., & Hicks, C. (2005). *What successful teachers do in inclusive classrooms: 60 research-based strategies that help special learners succeed.* Thousand Oaks, CA: Corwin Press.

Meadan, H., & Halle, J. W. (2004). Social perceptions of students with learning disabilities who differ in social status. *Learning Disabilities Research and Practice, 19*, 71–83.

Meadan, H., & Monda-Amaya, L. (2008). Collaboration to promote social competence for students with mild disabilities in the general classroom: A structure for providing social support. *Intervention in School & Clinic, 43*(3), 158–167.

Miami Museum of Science. (2001). Constructivism and the five E's. Accessed at www.miamisci.org/ph/lpintro5e.html on April 5, 2009.

Miller, M. (2008). What do students think about inclusion? *Phi Delta Kappan, 89*(5), 389–391.

Miller, T. W., Kraus, R. F., & Veltkamp, L. J. (2005). Character education as a prevention strategy in school-related violence. *The Journal of Primary Prevention, 26*(5), 455–466.

Mintz, J. (2007). Attitudes of primary initial teacher training students to special educational needs and inclusion. *Support for Learning, 22*, 3–8.

Moats, L., & Tolman, C. (2008). *Types of reading disability.* Accessed at www.readingrockets.org/article/28749 on May 6, 2010.

Montague, M., & Applegate, B. (2000). Middle school students' perceptions, persistence, and performance in mathematical problem solving. *Learning Disability Quarterly, 23*, 215–226.

Montgomery County Public Schools. (2009). *Montgomery schools preschool education.* Rockville, MD: Author. Accessed at www.montgomeryschoolsmd.org/curriculum/pep/description.shtm on May 2, 2009.

Moran, S., Kornhaber, M., & Gardner, H. (2006). Orchestrating multiple intelligences. *Educational Leadership, 64*(1), 22–27.

Munro, J. (2003). The influence of student learning characteristics on progress through the extended essay. *Journal of Research in International Education, 2*(1), 5–24.

Murawski, W., & Dieker, L. (2004). Tips and strategies for co-teaching at the secondary level. *Teaching Exceptional Children, 36*, 52–58.

Murawski, W., & Dieker, L. (2008). 50 ways to keep your co-teachers: Strategies for before, during, and after co-teaching. *Teaching Exceptional Children, 40*(4), 40–48.

Murawski, W., & Hughes, C. (2009). Response to intervention, collaboration, and co-teaching: A recipe for successful systematic change. *Preventing School Failure, 53*, 267–275.

Myers, C. (2007). "Please listen, it's my turn": Instructional approaches, curricula and contexts for supporting communication and increasing access to inclusion. *Journal of Intellectual & Developmental Disability, 32*(4), 263–278.

Nasir, N. (2008). Everyday pedagogy: Lessons from basketball, track, and dominoes. *Phi Delta Kappan, 89*(7), 529–532.

National Association of Secondary School Principals. (2009). *Recommendations for the reauthorization of IDEA*. Accessed at www.principals.org/portals/0/content/60910.pdf on February 28, 2010.

National Association of State Directors of Special Education. (2010). *Project Forum: Principal preparedness to support students with disabilities and other diverse learners—A Project Forum proceedings document*. Accessed at www.projectforum.org on February 26, 2010.

National Council for the Social Studies. (2002). *National standards for social studies teachers*. Accessed at http://mmf.cu.edu.tr/dokuman/NCSS.pdf on September 10, 2010.

National Council of Teachers of Mathematics. (n.d.). Curriculum focal points for prekindergarten through grade 8. Accessed at www.nctm.org/standards/content.aspx?id=270 on September 5, 2009.

National Early Literacy Panel. (2008). *Developing early literacy: Report of the National Early Literacy Panel—A scientific synthesis of early literacy development and implications for interventions*. Louisville, KY: National Center for Family Literacy.

National Institute of Child Health and Human Development. (2000). *Report of the National Reading Panel: Teaching children to read—An evidence-based assessment of the scientific research literature on reading and its implications for reading instruction* (NIH Publication No. 00-4769). Washington, DC: U.S. Government Printing Office.

National Research Council. (2001). *Educating children with autism*. Washington, DC: National Academies Press.

Nelson, J., Caldarella, P., Young, K., & Webb, N. (2008). Using peer praise notes to increase the social involvement of withdrawn adolescents. *Teaching Exceptional Children, 41*(2), 6–13.

Neubert, D., & Moon, M. (2006). Postsecondary settings and transition services for students. *Focus on Exceptional Children, 39*(4), 1–8.

Neuschwander, C. (2001). *Sir circumference and the great knight of Angleland*. Watertown, MA: Charlesbridge.

Nevin, A., Cramer, E., Voigt, J., & Salazar, L. (2008). Instructional modifications, adaptations, and accommodations of coteachers who loop. *Teacher Education and Special Education, 31*(4), 283–297.

Northwest Regional Educational Laboratory. (2001). *Thematic or integrated instruction*. Accessed at www.ncrel.org/sdrs/areas/issues/students/atrisk/at7lk12.htm on May 1, 2009.

Obi, S. O., Obiakor, F. E., & Algozzine, B. (1999). *Empowering culturally diverse exceptional learners in the 21st century: Imperatives for U.S. educators* (Tech. Rep. No. 307730). Frankfort, KY: Kentucky State University, Division of Educational and Human Services. (ERIC Document Reproduction Service No. ED439551)

Odom, S. (2000). Preschool inclusion: What we know and where we go from here. *Topics in Early Childhood Special Education, 20*(1), 20–27.

Ollerton, M. (2009). Inclusive mathematics classrooms. *Mathematics Teaching, 216*, 5–7.

Olson, J., & Mokhtari, K. (2010). Making science real. *Educational Leadership, 67*(6), 56–62.

OSEP Technical Assistance Center on Positive Behavioral Interventions and Supports. (2006). *PBIS goals.* Accessed at www.pbis.org/main.htm on September 9, 2009.

OurChildrenLeftBehind.org. (2006). *Position paper on the reauthorization of the Individuals with Disabilities Education Act.* Accessed at www.ednews.org/articles/position-paper-on-the-reauthorization-of-the-individuals-with-disabilities-education-act-(idea)-.html on February 12, 2010.

PACER Center. (2007). Your 3-step plan to stopping childhood bullying. *Exceptional Parent, 37*(2), 64–66.

Paine, S. (2008). Supporting a school-wide reading initiative with curriculum, instruction and assessment. Accessed at www.readingrockets.org/article/25035 on July 21, 2010.

Palincsar, A. S., & Brown, A. L. (1984). Reciprocal teaching of comprehension-fostering and comprehension-monitoring activities. *Cognition and Instruction, 1*(2), 117–175.

Palincsar, A. S., Magnusson, S. J., Collins, K. M., & Cutter, J. (2001). Making science accessible to all: Results of a design experiment in inclusive classrooms. *Learning Disability Quarterly, 24*, 15–32.

Paris, C., & Combs, B. (2006). Lived meanings: What teachers mean when they say they are learner-centered. *Teachers and Teaching: Theory and Practice, 12*(5), 571–592.

Pashler, H., Bain, P., Bottge, B., Graesser, A., Koedinger, K., McDaniel, M., et al. (2007). *Organizing instruction and study to improve student learning* (NCER No. 2007-2004). Washington, DC: National Center for Education Research. Accessed at http://ncer.ed.gov on February 15, 2010.

Paterson, D. (2007). Teachers' in-flight thinking in inclusive classrooms. *Journal of Learning Disabilities, 40*(5), 427–435.

Patterson, K., Webb, K., & Krudwig, K. (2009). Families as faculty parents: Influence on teachers' beliefs about family partnerships. *Preventing School Failure, 54*(1), 41–50.

Paulson, F., Paulson, P., & Meyer, C. (1991). What makes a portfolio? *Educational Leadership, 48*(5), 60–63.

Pereles, D., Omal, S., & Baldwin, L. (2009). Response to intervention and twice-exceptional learners: A promising fit. *Gifted Child Today, 32*(3), 40–51.

Porter, G. (2008). Making Canadian schools inclusive: A call to action. *Canadian Education Research, 48*(2), 62–66.

Pransky, K. (2009). There's more to see. *Educational Leadership, 66*(7), 74–78.

Pressley, M. (2006, April 29). *What the future of reading research could be.* Paper presented at the International Reading Association's Reading Research 2006, Chicago, IL.

Qirmbach, L., Lincoln, A., Feinberg-Gizzo, M., Ingersoll, B., & Andrews, S. (2009). Social stories: Mechanisms of effectiveness in increasing game play skills in children diagnosed with autism spectrum disorder using a pretest posttest repeated measures randomized control group design. *Journal of Autism and Developmental Disorders, 39*(2), 299–321.

Quenemoen, R., Rigney, S., & Thurlow, M. (2002). *Use of alternate assessment results in reporting and accountability systems: Conditions for use based on research and practice* (Synthesis Report 43). Minneapolis, MN: National Center on Educational Outcomes. Accessed at http://education.umn.edu/NCEO/OnlinePubs/Synthesis43.html on April 16, 2009.

Rasinski, T., Padak, N., McKeon, C., Krug-Wilfong, L., Friedauer, J., & Heim, P. (2005). Is reading fluency a key for successful high school reading? *Journal of Adolescent and Adult Literacy, 49*, 22–27.

reachAbility. (n.d.). The rights of special needs children. Accessed at http://reachability.org/news/articles/the-rights-of-special-needs-children/ on September 8, 2010.

Reeves, D. (2009). Looking deeper into the data. *Educational Leadership, 66*(4), 89–90.

Regan, K., & Page, P. (2008). "Character" building: Using literature to connect with youth. *Reclaiming Children and Youth: The Journal of Strength-Based Interventions, 16*(4), 37–43.

Rice, D., & Zigmond, N. (2000). Co-teaching in secondary schools: Teachers' reports of developments in Australian and American classrooms. *Learning Disabilities Research and Practice, 15*(4), 13–25.

Richburg, R. (2000). Learning from mistakes in history: A thematic instructional unit. *Social Studies, 91*(6), 279–285.

Ringelblum, E. (1999). Life in the Warsaw Ghetto. Accessed at www.jewishvirtuallibrary.org/jsource/Holocaust/life_in_warsaw.html on September 8, 2010.

Roach, A., & Elliott, S. (2008). Best practices in facilitating and evaluating intervention integrity. In A. Thomas & J. Grimes (Eds.), *Best practices in school psychology V*. Bethesda, MD: National Association of School Psychologists.

Roberts, J., Keane, E., & Clark, T. (2008). Making inclusion work: Autism Spectrum Australia's satellite class project. *Teaching Exceptional Children, 41*(2), 22–27.

Roberts, G., Torgesen, J., Boardman, A., & Scammacca, N. (2008). Evidence-based strategies for reading instruction of older students with learning disabilities. *Learning Disabilities Research & Practice, 23*(2), 63–69.

Roeber, E. (2002). *Setting standards on alternate assessments* (Synthesis Report No. 42). Minneapolis, MN: National Center on Educational Outcomes. Accessed at http://cehd.umn.edu/NCEO/OnlinePubs/Synthesis42.html on November 28, 2005.

Rogers, G. (2004). Interdisciplinary lessons in musical acoustics. *Music Educators Journal, 91*(1), 25–30.

Rogers, J. (1993). The inclusion revolution. *Phi Delta Kappa Research Bulletin, 11*, 2–7.

Rossow, A., & Hess, C. (2001). Engaging students in meaningful reading: A professional development journey. *Teaching Exceptional Children, 33*(6), 15–20.

Sackett, D., Rosenberg, W., Muir Gray, J., Haynes, R., & Richardson, W. (1996). Evidence based medicine: What it is and what it isn't. *British Medical Journal, 312*, 71–72.

Salend, S. (2005). *Creating inclusive classrooms: Effective and reflective practices for ALL students* (5th ed.). Upper Saddle River, NJ: Pearson Education.

Salisbury, J., Jephcote, M., Rees, G., & Roberts, J. (2007). *The learning journey: Young people's experiences of further education*. Cardiff, United Kingdom: Cardiff School of Social Sciences, Cardiff University.

Samuels, C. (2010, September 2). New common core tests to shelve "Modified Achievement Standards." Accessed at http://blogs.edweek.org/edweek/speced/2010/09/duncan_common_core_tests_to_be.html on September 13, 2010.

Sangster, M. (2007). Reflecting on pace. *Mathematics Teaching, 204*, 34–36.

Sasso, G., Conroy, M., & Stichter, J. (2001). Slowing down the bandwagon: The misapplication of functional assessment for students with emotional or behavioral disorders. *Behavioral Disorders, 26*(4), 282–296.

Scherer, M. (2009). Driven dumb by data? *Educational Leadership, 66*(4), 5.

Scruggs, T., Mastropieri, M., & McDuffie, K. (2007). Co-teaching in inclusive classrooms: A metasynthesis of qualitative research. *Exceptional Children, 73*(4), 392–416.

Shapiro, L., Hurry, J., Masterson, J., Wydell, T., Taeko, N., & Doctor, E. (2009). Classroom implications of recent research into literacy development: From predictors to assessment. *Dyslexia, 15*(1), 1–22.

Sharkey, W. (1997). *Erik Erikson*. Accessed at http://fates.cns.muskingum.edu/%7Epsych/psycweb/history/erikson.htm on May 6, 2010.

Shaw, E., Baggett, P., Daughenbaugh, R., Santoli, S., & Daughenbaugh, L. (2005). From boxed lunch to learning boxes. *Science Activities, 42*(3), 16–25.

Sheridan, S. (1995). *The tough kid social skills book*. Frederick, CO: Sopris West.

Shure, M. B. (2001). *I can problem solve: Interpersonal cognitive problem solving (ICPS)*. Champaign, IL: Research Press.

Silva, J. (2004). *Teaching inclusive mathematics to special learners, K–6*. Thousand Oaks, CA: Corwin Press.

Siperstein, G., Parer, R., Bardon, J., & Widaman, K. (2007). A national study of youth attitudes toward the inclusion of students with intellectual disabilities. *Exceptional Children, 73*(4), 435–455.

Smith, M. K. (2002). *Jerome Bruner and the process of education*. Accessed at www.infed.org/thinkers/bruner.htm on July 22, 2010.

Snowman, J., & Biehler, R. (2009). *Psychology applied to teaching*. Boston: Houghton Mifflin.

Sousa, D. (2007). *How the special needs brain learns*. Thousand Oaks, CA: Corwin Press.

Spear-Swerling, L. (2005). *Components of effective mathematics instruction*. Accessed at www.ldonline.org/article/5588 on February 10, 2009.

Spellings, M. (2008). *U.S. Secretary of Education Margaret Spellings announces proposed regulations to strengthen No Child Left Behind*. Accessed at www.ed.gov/news/pressreleases/2008/04/04222008.html on April 26, 2009.

Spence, D. (2007). A roadmap to college and career readiness. *Education Week, 26*(11), 93–96.

Spencer, T., Petersen, D., & Gillam, S. (2008). Picture exchange communication system (PECS) or sign language. *Teaching Exceptional Children, 41*(2), 40–47.

Spinney, L. (2009). How dyscalculia adds up. *New Scientist, 201*(2692), 40–43.

Spooner, F., Ahlgrim-Delzell, L., Kohprasert, K., Baker, J., & Courtade, G. (2008). Content analysis of science performance indicators in alternate assessment. *Remedial and Special Education, 29*(6), 343–351.

Spooner, F., Baker, J., Harris, A., Ahlgrim-Delzell, L., & Browder, D. (2007). Effects of training in universal design for learning on lesson plan development. *Remedial and Special Education, 28*, 108–116.

Stage, S., Jackson, H., Jensen, M., Moscovitz, K., Bush, J., Violette, H., Thurman, S., et al. (2008). A validity study of functionally-based behavioral consultation with students with emotional/behavioral disabilities. *School Psychology Quarterly, 23*(3), 327–353.

Stage, S., Jackson, H., Moscovitz, K., Erickson, M., Thurman, S., Jessee, W., et al. (2006). Using multimethod-multisource functional behavioral assessment for students with behavioral disabilities. *School Psychology Review, 35*(3), 451–471.

Steedly, K., Dragoo, K., Arafeh, S., & Luke, S. D. (2008). *Effective mathematics instruction*. Washington, DC: National Dissemination Center for Children With Disabilities. Accessed at www.nichcy.org/Research/EvidenceForEducation/Documents/NICHCY_EE_Math.pdf on May 6, 2010.

Steedly, K. M., Schwartz, A., Levin, M., & Luke, S. D. (2008). *Social skills and academic achievement*. Washington, DC: National Dissemination Center for Children With Disabilities. Accessed at www.nichcy.org/Research/EvidenceForEducation/Pages/SocialSkillsIntro.aspx on May 6, 2010.

Steen, L. (2007). How mathematics counts. *Educational Leadership*, *65*(3), 8–14.

Stiggins, R. (2007). Assessment through the student's eyes. *Educational Leadership*, *64*(8), 22–26.

Stuart, S., & Rinaldi, C. (2009). A collaborative planning framework for teachers implementing tiered instruction. *Teaching Exceptional Children*, *42*(2), 52–57.

Swanson, H. L. (2001). Searching for the best model for instructing students with learning disabilities. *Focus on Exceptional Children*, *34*(2), 1–15.

Swanson, H. L., & Hoskyn, M. (2001). Instructing adolescents with learning disabilities: A component and composite analysis. *Learning Disabilities Research & Practice*, *16*(2), 109–119.

Taylor, A., & Kuo, F. (2009). Children with attention deficits concentrate better after walk in the park. *Journal of Attention Disorders*, *12*(5), 402–409.

Teaching history's big picture. (2005). Accessed at www.fossils-facts-and-finds.com/history.html on May 6, 2010.

Thangham, C. V. (2008, December 7). *No two snowflakes are alike*. Accessed at www.digitaljournal.com/article/263168 on May 6, 2010.

Thousand, J. S., Villa, R. A., & Nevin, A. I. (Eds.). (2002). *Creativity and collaborative learning: The practical guide to empowering students, teachers, and families* (2nd ed.). Baltimore: Paul H. Brookes.

Thurlow, M. (2002). Positive educational results for all students. *Remedial and Special Education*, *23*(4), 195.

Thurlow, M., Elliott, J., & Ysseldyke, J. (1998). *Testing students with disabilities: Practical strategies for complying with district and state requirements*. Thousand Oaks, CA: Corwin Press.

Tincani, M. (2004a). Improving outcomes for college students with disabilities. *College Teaching*, *52*(4), 128–132.

Tincani, M. (2004b). Comparing the picture exchange communication system and sign language training for children with autism. *Focus on Autism and Other Developmental Disabilities*, *19*, 152–163.

Tomlinson, C. (2003). *Fulfilling the promise of the differentiated classroom: Strategies and tools for responsive teaching*. Alexandria, VA: Association for Supervision and Curriculum Development.

Tomlinson, C. (2008). The goals of differentiation. *Educational Leadership*, *66*(3), 26–30.

Tomlinson, C. (2010). One kid at a time. *Educational Leadership*, *67*(5), 12–16.

Tomlinson, C., & McTighe, J. (2006). *Implementing differentiation of instruction with understanding by design: Connecting content and kids*. Alexandria, VA: Association for Supervision and Curriculum Development.

Tomsho, R. (2007, November 27). Parents of disabled students push for separate classes. *Wall Street Journal*, pp. A1–A17.

Towles-Reeves, E., Kleinert, H., & Muhomba, M. (2009). Alternate assessment: Have we learned anything new? *Exceptional Children*, *75*(2), 233–252.

University of Florida Department of Special Education. (2003). *Study of personnel needs in special education (SPeNSE)*. Accessed at http://ferdig.coe.ufl.edu/spense/ on May 6, 2010.

U.S. Department of Education. (2005). *Alternate achievement standards for students with the most significant cognitive disabilities: Non-regulatory guidance*. Washington, DC: Office of Elementary and Secondary Education.

U.S. Department of Education. (2007). *Modified academic achievement standards: Non-regulatory guidance*. Washington, DC: Author. Accessed at http://vvTvw.ed.gov/policy/speced/guid/modachieve-summary.html on July 30, 2007.

U.S. Department of Education. (2008). *Foundations for success: The final report of the National Mathematics Advisory Panel*. Washington, DC: Author. Accessed at www.ed.gov/about/bdscomm/list/mathpanel/report/final-report.pdf on July 21, 2010.

U.S. Department of Education, Office for Civil Rights. (2007). *Students with disabilities preparing for postsecondary education: Know your rights and responsibilities*. Washington, DC: Author. Accessed at www.ed.gov/about/offices/list/ocr/transition.html on July 15, 2009.

U.S. Government Accountability Office. (2005). *Federal science, technology, engineering, and mathematics programs and related trends* (GAO-06-114). Washington, DC: Author. Accessed at www.gao.gov/new.items/d06114.pdf on April 10, 2009.

Vaughn, S., & Ortiz, A. (n.d.). *Response to intervention in reading for English language learners*. Accessed at www.RTInetwork.org/Learn/Diversity/ar/EnglishLanguage on May 6, 2010.

Vincent, C. G., Horner, R. H., & Sugai, G. (2002). *Developing social competence for all students: ERIC/OSEP digest*. Arlington, VA: ERIC Clearinghouse on Disabilities and Gifted Education. Accessed at www.eric.ed.gov:80/ERICDocs/data/ericdocs2sql/content_storage_01/0000019b/80/1a/63/b4.pdf on May 6, 2010. (ERIC Document Reproduction Service No. ED468580)

Voltz, D., Sims, M., Nelson, B., & Bivens, C. (2008). Engineering successful inclusion in standards-based urban classrooms. *Middle School Journal, 39*(5), 24–30.

Vygotsky, L. (1962). *Thought and language*. Cambridge, MA: MIT Press.

Waddington, E., & Reed, P. (2009). The impact of using the "Preschool Inventory of Repertoires for Kindergarten" (PIRK[R]) on school outcomes of children with autism spectrum disorders. *Research in Autism Spectrum Disorders, 3*(3), 809–827.

Wagner, K. (n.d.). *Kohlberg's theory of moral development*. Accessed at http://psychology.about.com/od/developmentalpsychology/a/kohlberg.htm on September 22, 2009.

Wagner, M., Newman, L., Cameto, R., & Levine, P. (2005). *Changes over time in the early postschool outcomes of youth with disabilities: A report of findings from the National Longitudinal Transition Study (NLTS) and the National Longitudinal Transition Study-2 (NLTS2)*. Menlo Park, CA: SRI International. Accessed at www.nlts2.org/pdfs/str6_completereport.pdf on April 10, 2009.

Walker-Dalhouse, D., Risko, V. J., Esworthy, C., Grasley, E., Kaisler, G., McIlvain, M., et al. (2009). Crossing boundaries and initiating conversations about RTI: Understanding and applying differentiated classroom instruction. *Reading Teacher, 63*(1), 84–87.

Wang, M., & Brown, R. (2009). Family quality of life: A framework for policy and social service provisions to support families of children with disabilities. *Journal of Family Social Work, 12*(2), 144–167.

Wanzek, J., & Haager, D. (2003). Teaching word recognition with blending and analogizing: Two strategies are better than one. *Teaching Exceptional Children, 36*(1), 32–38.

Watson, S., & Johnston, L. (2004). Teaching science to the visually impaired. *Science Teacher, 71*(6), 30–35.

Wehmeyer, M. L., & Palmer, S. B. (2003). Adult outcomes for students with cognitive disabilities three years after high school: The impact of self-determination. *Education and Training in Developmental Disabilities, 38*, 131–144.

Wei, R., Andree, A., & Darling-Hammond, L. (2009). How new nations invest in teachers. *Educational Leadership, 66*(5), 28–33.

Wiener, J., & Mak, M. (2009). Peer victimization in children with attention deficit/hyperactivity disorder. *Psychology in the Schools, 46*(2), 116–131.

Wiggins, G., & McTighe, J. (2006). *Understanding by design* (2nd ed.). Upper Saddle River, NJ: Prentice Hall.

Williams, J. (2008). Lev Semenovich Vygotsky, 1896-1934. *Times Educational Supplement, 4816*(3), 25.

Willis, C. (2009). *Creating inclusive learning environments for young children: What to do on Monday morning.* Thousand Oaks, CA: Corwin Press.

Winebrenner, S. (2003). *Teaching gifted kids in the regular classroom: Strategies and techniques every teacher can use to meet the academic needs of the gifted and talented.* Minneapolis, MN: Free Spirit.

Winter, E. C. (2006). Preparing new teachers for inclusive schools and classrooms. *Support for Learning, 21,* 85-91.

Winzer, M., & Mazurek, K. (2009). Inclusive schooling: Global ideals and national realities. *Journal of International Special Needs Education, 12,* 1-9.

Witzel, B., Mercer, C., & Miller, M. (2003). Teaching algebra to students with learning difficulties: An investigation of an explicit instruction model. *Learning Disabilities Research & Practice, 18,* 121-131.

Wolfe, P. (2002). *Brain matters: Translating research into classroom practice.* Alexandria, VA: Association for Supervision and Curriculum Development.

Wolfe, P. (2008). *Brain compatible practices for the classroom: Grades K-6* [DVD]. Port Chester, NY: National Professional Resources.

Woodward, J., Monroe, K., & Baxter, J. (2001). Enhancing student achievement on performance assessments in mathematics. *Learning Disability Quarterly, 24,* 33-46.

Worell, J. (2008). How secondary schools can avoid the seven deadly school "sins" of inclusion. *American Secondary Education, 36*(2), 43-56.

Wormeli, R. (2006). *Fair isn't always equal: Assessing and grading in the differentiated classroom.* Portland, ME: Stenhouse.

Wright, J. (2007). *RTI toolkit: A practical guide for schools.* Port Chester, NY: National Professional Resources.

Wright, P., & Wright, P. (2006). *Wrightslaw: From emotions to advocacy—The special education survival guide* (2nd ed.). Hartfield, VA: Harbor House Law Press.

Young, S., & Amarasinghe, J. M. (2010). Practitioner review: Non-pharmacological treatments for ADHD—A lifespan approach. *Journal of Child Psychology and Psychiatry, 51*(2), 116-133.

Zins, J., Weissbert, R., Wang, M., & Walberg, H. (2004). *Building academic success on social and emotional learning: What does the research say?* New York: Teachers College Press.

索 引

A
AA-AAS 84
AAC 36, 110
AA-GLAS 84
AA-MAS 84
ABA 36
ADHD 15, 34, 56, 57, 79, 128, 156
APD 57
ASD 58
ASHA 58, 59

B
BICS 110
BIP 87, 88

C
CALP 110
CBM 23, 24, 43
Child Find 179

D
DI 25, 26

E
Ed's Car（エドズ・カー） 105, 106

F
FBA 61, 87, 88
FM 補聴システム 13

G
GO 4 IT NOW 106

I
IDEA 35, 84, 168, 179, 190
IEP 76, 90, 156, 168, 170, 178–182, 194
IEP ミーティング 174, 189

K
KWL 表 49, 74

L
LEA 479
LD 15

N
NCLB 84
NCTM 123, 128
NELP 96

P
PDD 58
PECS 36, 110, 112
PEP 143, 145
PLAAFP 172, 173
PLC 184

Q
QIAT 36

R
RTI 17–19, 22–24, 126, 127, 185

S
SLD 63
SOP 170

T
TBI 64
TS 64

U
UbD 27, 28
UDL 28, 31, 32

V
VAKT 33, 34, 35, 61

W
Wilson Fundations® 20
Wilson Reading System® 20

Z
ZPD 127

あ
アイコンタクト 10, 87, 111
アクロスティック 107
足場かけ 5, 24, 27, 52, 58, 62, 73, 78, 81, 103, 104, 123, 127
アスペルガー症候群 3, 8, 10, 15, 56, 58, 67
アッセンブリー 113

い
移行アセスメント 168
移行支援サービス 168, 174
移行支援プログラム 170
移行支援ミーティング 169
医療サービス 180
インクルーシブ教育 4, 17, 74, 178
インクルーシブな学級 2, 3, 7, 9, 13, 14, 17, 18, 24, 25, 27, 32, 33, 35, 37, 46, 47, 51, 54–56, 69, 71, 73, 74, 78, 89, 100, 102, 109, 113, 123, 137, 138, 140, 148, 154, 157, 181–183, 185, 190, 194, 195
インクルーシブな環境 6, 13, 24, 54, 190
インクルーシブな教師 47, 70, 113, 172
インクルーシブな社会 46, 194
インクルージョン 5, 7, 37, 46–48, 51, 72, 74, 89, 155, 178, 179, 181–183, 185, 186, 190, 194–196
インターンシップ 170

う
ウィキシステム 184
うつ病 11, 15
運動障害 37

え
英語学習者 112
絵カード交換式コミュニケーションシステム 36, 59, 110, 156

お
応用行動分析 36, 180, 182

オーディオブック　14, 95, 100, 112
汚言　64
折句　107
音韻意識　61, 95, 96, 99
音声言語障害　3
音声聴取補助装置　57
音声認識システム　71
オンラインブック　36

か

介護　180
外向的行動　61
外傷性脳損傷　2, 9, 15, 64, 128
概念レベル　141
会話スキル　49
カウンセラー　61
カウンセリング　180
学際的アプローチ　161, 163, 166
学際的チーム　178, 189
学習コーナー　21, 26, 27, 53, 55, 69, 71, 105, 109, 138, 148
学習困難　63, 64, 89, 152
学習障害　8, 15, 37, 67, 137
学習進捗度　9, 18-20, 40, 47, 52, 64, 67, 88, 127, 180, 189
学習スキル　19, 39, 47, 148, 170-172
学習性無力感　81
学習センター　98
学習到達基準　161, 162
学習到達度　22-24, 26, 28, 126, 170, 179
学習様式　4
学習様相　35
学習レベル　162
拡大・代替コミュニケーション　36, 59, 71, 110, 180
学年レベル達成基準における代替的な評価　84
家族　4, 5, 112, 157, 158, 166, 168, 172, 179-182, 185
課題分析アプローチ　63
学校心理士　16, 61, 179
家庭環境　179
過読症　95
カリキュラム基準　39, 90, 124
カリキュラムに基づく測定値　23
カリキュラム目標　123
感覚経路　100
感覚語リスト　104, 120, 121
感覚障害　8
感覚スキル　152

感覚様相　33, 34, 152
管理職　4, 5, 38, 73, 81, 126, 181, 184
関連サービス　174, 180, 193
関連スタッフ　47, 49, 54, 79, 183, 189

き

記憶スキル　96
机間巡視　67
吃音　59
機能的行動評価　61, 87
機能的パフォーマンス　172
ギフティッド　56
給食調理員　184
教育支援員　5, 27, 54, 58, 69, 88, 104, 111, 149, 158, 181, 183, 184, 189
教育的介入　18, 19, 23, 24, 38, 40, 47, 55, 57, 63, 67, 81, 96, 99, 127, 178, 185, 190, 193
教育的介入に対する応答（RTI）　17, 18, 24, 39, 126, 179, 181, 190
教育的介入に対する応答（RTI）学習到達度チェックシート　24, 40, 43
教育的介入に対する応答（RTI）計画　24, 40, 41
教育的ニーズのある児童生徒　166
強化学習　129
強化活動　145
教科間連携　20, 59
強化子　11, 193
協調運動　58, 154
共同（協同）学習　17, 20, 24, 25, 32, 56, 65, 66, 74, 98, 99, 112, 141
共同相互作用　54
強迫観念　61
強迫神経症　11, 15, 61
協力的な読みアプローチ　101, 102
儀礼的な行動　61

く

句切り法　100
グラフィックオーガナイザー　27, 32, 59, 68, 80, 103, 104, 142, 143, 148, 196
グラフィック制作　153
クリティカルシンキングスキル　107

クリティカルリーディング　165

け

計算障害　15, 60
計算スキル　171
形成的テスト　21, 182
形成的評価　53, 85, 138
傾聴スキル　47, 49
ケースマネージャー　169
ゲストスピーカー　39, 141, 171
言語指導　179
言語情報　59
言語聴覚士　13, 37, 58, 59, 99, 103, 110, 111, 179-181, 189

こ

語彙知識の拡充　103
行為障害　61
構音・音韻障害　15
高機能自閉症　67
交互読み　101
構成主義　51, 140
構成主義アプローチ　39
構造化　12, 19, 58, 61, 107
構造の分析　97, 98
肯定的な相互依存　25
行動改善計画　87
行動介入計画　9, 58
行動評価　179
行動分析の専門家　22
行動療法士　180
行動レポートカード　61
広汎性発達障害　58
合理的配慮　13, 34, 47, 54, 55, 63, 64, 73-76, 78-82, 88, 90, 103, 104, 128, 130, 140, 145, 149, 154, 156, 157, 170, 174, 185, 193
コーチング　10
ことばの教室担当教師　13, 58, 59, 99, 103, 110, 111
個別化教授法　25
個別障害者教育法　2, 18, 59, 64, 65
個別の移行支援計画　62, 168, 169, 170-172, 174
個別の指導計画　13, 37, 39, 40, 47, 106, 111, 162, 163, 168, 185
コミュニケーション障害　59
コミュニケーションスキル　13, 83, 94, 110-113
コミュニケーションプロフィール　111
コミュニケーションボード　36

索引

語予測変換プログラム　170
根拠（エビデンス）に基づく実践　4, 18, 46, 184, 185
根拠（エビデンス）に基づく指導プログラム　47
コントロール　38

さ

最近接発達領域　127
作業療法士　37, 63, 157, 179-181, 189
残存聴力　59

し

シェーピング　10
ジェスチャー　12
支援チーム　23, 169
支援テクノロジー　27, 33, 35-37, 57, 59, 63, 65, 71, 82, 104, 170
ジオボード　130
視覚教材　129, 194
視覚支援　57, 59, 80, 97, 104
視覚刺激　51
視覚障害　3, 15, 31, 37, 61, 66, 67, 75, 78, 149, 179, 180
視覚障害児　65
磁気誘導ループ　13
ジグソー法　138, 141, 145
思考スキル　102, 152, 171
自己決定スキル　63
自己決定力　171, 172
自己肯定感　6, 46
自己コントロール　4, 9, 11, 28, 51, 52, 61, 111, 171
自己省察　11
自己評価チェックリスト　49
自己認識度　64
自己認識力　28
自己評価　85
自己有用感　113
システマチックな読みプログラム　96
自尊心　2
肢体不自由　3, 63, 67
実行機能　6
実用的言語　12
児童研究チーム　178
指導支援チーム　178
指導スケジュール　18
児童生徒支援チーム　178
自閉症スペクトラム障害　2, 3, 8, 10-12, 15, 34, 36, 58, 110, 155, 170, 179, 180, 184, 193, 194

社会性　8, 10, 58
社会性の困難　11
社会的孤立　6, 12
社会適応　6
社会適応能力　63
社会的包摂　6
弱視　65
社交性　11
就学前サービス　179
修正達成基準における代替的な評価　84
授業計画　54
主体的な学習　40
受容言語力　14
受容的態度　58
手話　13, 58, 80
小グループ指導　193
情緒（感情）障害　3, 15, 61, 67, 184
小児発語失行　58
職業リハビリテーション　169
触知　79
書字障害　15, 60, 78, 104
触覚文字　100
身体障害　8
親密度　97
心理検査　179
進路指導主事　12, 16

す

遂行機能障害　62
随伴性マネジメント　56
髄膜炎　62
推論スキル　57
スキップカウンティング　129, 156, 164
スクリーンリーダー　36
ストラテジーテーブル　78
スポンジ活動　53, 69, 145
スラントボード　104

せ

整形外科　180
生徒指導主事　12, 169, 179
青年期サービス　168
接続詞リスト　104, 118, 119
説明責任　84, 195
セルフ・アドボカシー（自己権利擁護）スキル　171
セルフトーク　4
全体論的アプローチ　138
選択性緘黙　15
全米社会科協議会　138

全米初期リテラシー委員会　96
全米数学教師協議会　123
全米理科教育スタンダード　139
専門性向上　58, 195
専門性向上委員会　184
専門性向上プログラム　184
専門的な学びのコミュニティー　184
戦略的な学習者　48, 49

そ

早期介入　195
早期介入サービス　18, 179
早期教育　3
双極性障害　11
相互作用　58, 103, 109
ソーシャルインクルージョン　6
ソーシャルスキル　7, 9-12, 61, 65, 87, 88, 109, 184, 194
ソーシャルスキルトレーニング　56, 57
ソーシャルストーリー　10, 11, 56, 61, 112
ソーシャルブックマーク　35
ソーシャルワーカー　141, 179
ソーシャルワーク　180
ソクラテス式問答法　49
ソルトトレー　20, 34, 60, 100

た

体系的な語彙指導　98
退出カード　49, 67, 73, 74, 84
対人関係能力　112
対人コミュニケーションスキル　110
代替キーボード　63
代替的な評価　83, 84
ダウン症候群　4, 8, 13, 67
多感覚アプローチ　60, 61, 64, 99
多重知能　32-34, 64, 80, 145, 152
多重知能調査　40
多職種チーム　36
多様性　32, 47, 55, 66, 97, 149, 159, 195
短期目標　52, 54, 154, 162, 163
単元テスト　20, 21, 73, 74, 85, 182

ち

地域の教育機関　179
チームアプローチ　58
チーム・ティーチング　5, 54, 55, 163, 181, 183, 186, 187

知覚スキル　152
チック　15, 64
知的障害　3, 6, 8, 63, 84, 110, 171
注意欠陥／多動性障害　11, 56
抽象概念　4, 39, 140
中枢性聴覚処理障害　57
聴覚障害　15, 31, 37, 59, 75, 79, 110, 179, 180
聴覚処理障害　34, 57
重複障害　3, 15
聴力補助システム　13

つ
追加的支援　4, 6, 13, 52, 55, 64, 65, 67-69, 95, 154, 181, 187, 193
通学支援サービス　179
通常教育　6, 11, 35, 37, 38, 47, 52, 178, 181, 182, 195
通常教育カリキュラム　65, 81, 83
通常の学級　18, 38, 75, 83, 185
通常の学級担任教師　22, 79, 168, 169, 179, 187, 189, 190

て
ディスカリキュラ　60
ディスグラフィア　60, 104
ディスレキシア　31, 34, 61, 66
テーマ別プランナー　166
適正手続　180
てんかん　62

と
動機づけ　61
糖尿病　15
投薬治療　57, 61
トゥレット障害　15, 64
トークンエコノミー　11
トータルコミュニケーション　80
特異的学習障害　3, 63, 64
読字障害　15, 31, 34, 61, 94, 95, 148
読書術手本　49, 50
読書スキル　38
読書療法　7
読唇法　13
特別支援学級　2, 38
特別支援教育　2, 3, 25, 35, 47, 63, 67, 83, 178, 181, 195
特別支援教育コーディネーター　179, 185, 189
特別支援教育担当教師　22, 79, 168, 169, 179, 180, 187, 189

な
内向的行動　61
内在化　51
難聴　3, 13, 180

に
二重例外　65, 67
偽のインクルージョン　48, 72
日常生活機能　171
日常生活スキル　63, 109, 111
二分脊椎　15
認知スキル　152
認知的学習言語習得アプローチ　110
認知的コミュニケーション　59

の
脳性まひ　15, 79, 179
ノートテイカー　60

は
ハイパーレクシア　95
発達障害　58, 63, 110
パフォーマンスのサマリー　170
バリアフリー　28
般化　47
反抗挑戦性障害　11, 15, 61

ひ
ピアチュータリング　57, 101, 102
ピアメンター　59, 62, 63, 65
ピアモニタリング　25
ピープルファインダー　159
非言語性学習障害　6
微細運動　79, 82, 104, 154
微細運動スキル　128
筆記チェックリスト　106, 122
批判的思考　76, 140
批判的思考スキル　48, 107
批判的思考力　125
批判的読み　165
表出言語力　14
標準テスト　33, 73, 74, 85, 87
ひらめき思考　161

ふ
ファシリテーター　53
フィードバック　11, 28, 80, 81, 172
複式学級　26
腹膜透析　15

2人組での読み　101, 102
ブックフェア　125
ブレーンストーミング　101, 103, 162
ブレーンブレイク　157
プロンプト　10
分離教育　182

へ
米国音声言語聴覚協会　58, 59
米国高等教育法　169
ページブロッカー　78
ベースライン　19, 52, 103, 108
弁護士　141, 179

ほ
報酬　11, 25, 61, 89
ポータブルキーボード　170
ポートフォリオ　20, 21, 74, 80, 84-87, 169, 182
歩行訓練士　179
補聴援助システム　110
ボディーランゲージ　12

ま
マインドマップ　142

み
ミニ授業　103, 110

め
メタ認知　62, 84, 85, 108
メタ認知ストラテジー　4

も
盲　65
盲ろう　2
モディフィケーション　47, 54, 73-76, 79-82, 85, 90, 130, 156, 158, 170, 185
モデリング　9-11, 19, 51, 58, 99, 127, 130, 141, 153
問題解決能力　21, 47
モンテッソーリ式教育法　138

ゆ
ユニバーサルデザイン　17, 28, 36, 64, 80
ユニバーサルな学級設計　109
ユニバーサルな目標　183

よ
養護教諭　57, 157

索引

予備知識　3, 4, 14, 15, 27, 37, 49, 50, 75, 78, 80, 87, 111, 125, 128, 138, 139, 145, 148
読み上げソフトウェア　103
読み書き　28, 47, 94, 95
読み書きスキル　94, 171
読み書き能力　33, 99, 140
読み困難　95, 96, 99
読みスキル　100
読み能力　100, 102

ら

ライフスキル　9, 158, 169, 170
ラベリング　67

り

リーディングトラッカー　78
理解をもたらすカリキュラム設計　27
理学療法士　37, 63, 157, 179
リソース　5, 162, 178
リソースルーム　2
リハビリテーション　180
リハビリテーション法第504条　37, 39, 40, 156, 172, 194
リハビリテーション法第504条に基づく指導計画　185
流暢性障害　59
臨床心理　180
臨床心理士　61

る

累積的評価　85
ルーブリック　80

れ

レッテル　67
劣等感　38

ろ

ろう　3, 13, 15, 59
ロールプレイ　61, 171
ロールモデル　13

わ

ワークシート　27, 54, 60, 75, 78, 80, 125, 128, 162
ワークショップ　182-185

著者・訳者

著者
トビー・J・カルテン（Toby J. Karten）
　1976年以来、特別支援教育に従事してきた、経験豊富な教育者であり、優れた文筆家・研究者でもある。それまで、地方、米国内、米国外の教育者に対し、専門性向上研修の実施し、成果を挙げてきた。ドルー大学の講師とグラッツカレッジ、カレッジ・オブ・ニュージャージー、ワシントンカレッジとこれらのカレッジが提携している地域研修センターで非常勤教授と大学院生の指導を担当している。ニューヨーク州やニュージャージー州の学校、そして国内外の多くの教育委員会で、特別支援教育担当教諭、教員研修担当者、成人教育担当者、そしてインクルージョン指導者として幼稚園から高校3年生、それ以上の年齢の生徒や教育者のために活躍している。

　現在、ニューヨーク市の学校のために、先導的な算数・数学指導コーチとしてTime to Know（情報化社会に対応した教育カリキュラムや教材開発を行う米国の企業）と連携している。指導教諭と特別支援教育担当教諭としての役割の他に、「インクルージョンと障害理解・啓発のための技能と方略」と題した大学院の科目を設定し、3つの州で、この科目を教える他の授業担当者を指導した経験もある。ニュージャージー州最優秀教師賞を2度受賞するなど、模範的な教育者として特殊児童協議会（The Council for Exceptional Children: CEC）とニュージャージー州教育委員会の双方から高く評価されている。

　インクルーシブ教育の実践について、これまでいくつかの書籍や教材を執筆しており、それらは現在、世界中の多くの小・中・高等学校等や短期大学、大学で指導書や教科書として使用されている。ニューヨーク市立大学ブルックリン校にて特別支援教育の学士号を、ニューヨーク市立大学スタテンアイランド校にて特別支援教育の修士号を、そしてジョージアン・コート大学にて教育スーパーバイザーの学位を取得している。

訳者
川合紀宗（かわい　のりむね）
　大阪府に生まれる。広島大学学校教育学部聾学校教員養成課程卒業、同大学院学校教育研究科障害児教育専攻修了［修士（教育学）］、その後渡米。米国コロラド州立コロラド大学ボルダー校（University of Colorado at Boulder）大学院音声聴覚科学研究科音声言語病理学専攻を修了して言語病理学修士（M.A.）を、米国ネブラスカ州立ネブラスカ大学リンカーン校（University of Nebraska-Lincoln）大学院音声言語病理学・聴能学研究科音声言語病理学専攻を修了して言語病理学博士（Ph.D.）を取得。コロラド州アダムス郡教育局言語療法士、ネブラスカ大学リンカーン校附属言語聴覚臨床センター助手などを経て、現在、広島大学大学院教育学研究科・大学院国際協力研究科教授および大学院教育学研究科附属特別支援教育実践センター長を務める。大学院教育学研究科では、言語障害教育・心理、発達障害教育・心理、特別支援教育制度などについての教育・研究に従事し、大学院国際協力研究科では、世界の特別支援教育やインクルーシブ教育システムなどについての教育・研究に従事している。特別支援教育実践センターでは、吃音を中心に、言語・コミュニケーション障害、発達障害の臨床・臨床指導も数多く行なう。米国音声言語聴覚協会（ASHA）認定言語療法士（CCC-SLP）。

　主な訳書・編著書『インクルーシブ教育の実践―すべての子どものニーズにこたえる学級づくり』（単訳、学苑社）『特別支援教育における吃音・流暢性障害のある子どもの理解と支援』（共編著、学苑社）など。

インクルーシブな学級づくり・授業づくり
子どもの多様な学びを促す合理的配慮と教科指導　　Ⓒ 2016

2016年3月18日　初版第1刷発行

著　者　トビー・J・カルテン
訳　者　川合紀宗
発行者　杉本哲也
発行所　株式会社　学苑社
　　　　東京都千代田区富士見2-10-2
　　　　電話㈹　03（3263）3817
　　　　fax.　　03（3263）2410
　　　　振替　00100-7-177379
印　刷　新日本印刷株式会社
製　本　株式会社難波製本

検印省略　　　乱丁落丁はお取り替えいたします。
　　　　　　　定価はカバーに表示してあります。

ISBN978-4-7614-0778-0　C3037

インクルーシブ教育の実践
▼すべての子どものニーズにこたえる学級づくり

C・マグラス 著　川合紀宗 訳●A5判／本体2800円＋税

「もし子どもたちが我々の教え方で学習できないのであれば、我々は子どもたちが学習できる方法を学ばなければならない」と説く著者が、アメリカで実際に行なわれているインクルーシブな学級の経営・実践法を具体的に紹介。特別支援教育が「特別」ではなくなり、どの学級にも特別なニーズのある子どもがいるという新たな時代に向けた教師のためのガイドライン。

特別支援教育における
吃音・流暢性障害のある子どもの理解と支援
▼シリーズ きこえとことばの発達と支援

小林宏明・川合紀宗 編著●B5判／本体3500円＋税

最新の知見を織り交ぜながら、包括的に吃音を評価・指導・支援する方法について具体的に詳述する。

通常学級における
特別支援教育の視点に立った学級経営
▼未来志向の教育デザイン

大石幸二 編　久木健志・石河信雅・中内麻美 著　四六判／本体1400円＋税

「子どもたちの学び」と「教師の学び」を重ね合わせながら、教育イノベーションを生み出すための仕組みについて提示。

学校支援に活かす
行動コンサルテーション実践ハンドブック
▼特別支援教育を踏まえた生徒指導・教育相談への展開

加藤哲文・大石幸二 編著●A5判／本体2800円＋税

行動コンサルテーションを行なう上で必要な概念や技法そしてツールの解説とともに、豊富な実践事例を紹介。

インクルーシブ教育の真実
▼アメリカ障害児教育リポート

安藤房治 著●四六判／本体2000円＋税

インクルーシブ教育は本当に可能なのか？　問題を抱えつつも試行錯誤する本教育の生の姿を現地の取材を踏まえ報告。

先生とできる場面緘黙の子どもの支援

C・A・カーニー 著　大石幸二 監訳　松岡勝彦・須藤邦彦 訳●A5判／本体2200円＋税

短時間で記入できる質問紙やワークシートによる評価方法、行動理論に基づいたアプローチによる解決方法について紹介。

親子でできる引っ込み思案な子どもの支援

C・A・カーニー 著　大石幸二 監訳●A5判／本体2200円＋税

引っ込み思案を克服するためのワークシートを活用した練習方法、ソーシャルスキルやリラクセーションなどを紹介。

子どもにえらばれるためのスクールソーシャルワーク

山下英三郎 監修　日本スクールソーシャルワーク協会 編●A5判／本体2000円＋税

さまざまな観点からスクールソーシャルワークを論じ、子どもたちの権利を尊重し擁護するという点に立脚して詳述。

新スクールソーシャルワーク論
▼子どもを中心にすえた理論と実践

山下英三郎・内田宏明・牧野晶哲 編著●A5判／本体2500円＋税

SSWを「子どもの側からの実践」とするために大切な理論的な事項や実践展開におけるポインドを詳述している。

〒102-0071　東京都千代田区富士見2-10-2　**学苑社**　TEL 03-3263-3817　FAX 03-3263-2410
http://www.gakuensha.co.jp/　info@gakuensha.co.jp